UNIVERSITÉ DE PARIS. — FACULTÉ DE DROIT

LA COURSE A NANTES

AUX XVIIe & XVIIIe SIÈCLES

THÈSE POUR LE DOCTORAT

L'ACTE PUBLIC SUR LES MATIÈRES CI-APRÈS

sera présenté et soutenu le Mercredi 6 juin 1900 à 8 heures 1/2

PAR

ANDRÉ PÉJU

AVOCAT A LA COUR D'APPEL

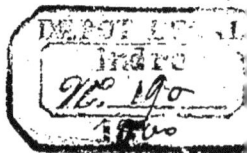

Président : M. LESEUR.

Suffragants : { MM. CHÉNON COLIN } Professeurs.

PARIS

LIBRAIRIE NOUVELLE DE DROIT ET DE JURISPRUDENCE

ARTHUR ROUSSEAU, ÉDITEUR

14, RUE SOUFFLOT ET RUE TOULLIER, 13

1900

THÈSE POUR LE DOCTORAT

UNIVERSITÉ DE PARIS. — FACULTÉ DE DROIT

LA COURSE A NANTES

AUX XVIIe & XVIIIe SIÈCLES

THÈSE POUR LE DOCTORAT

L'ACTE PUBLIC SUR LES MATIÈRES CI-APRÈS

sera présenté et soutenu le Mercredi 6 juin 1900 à 8 heures 1/2

PAR

A N D R É   P É J U

AVOCAT A LA COUR D'APPEL

Président : M. LESEUR.

Suffragants : | MM. CHÉNON
COLIN | *Professeurs.*

PARIS

LIBRAIRIE NOUVELLE DE DROIT ET DE JURISPRUDENCE

ARTHUR ROUSSEAU, ÉDITEUR

14, RUE SOUFFLOT ET RUE TOULLIER, 13

—

1900

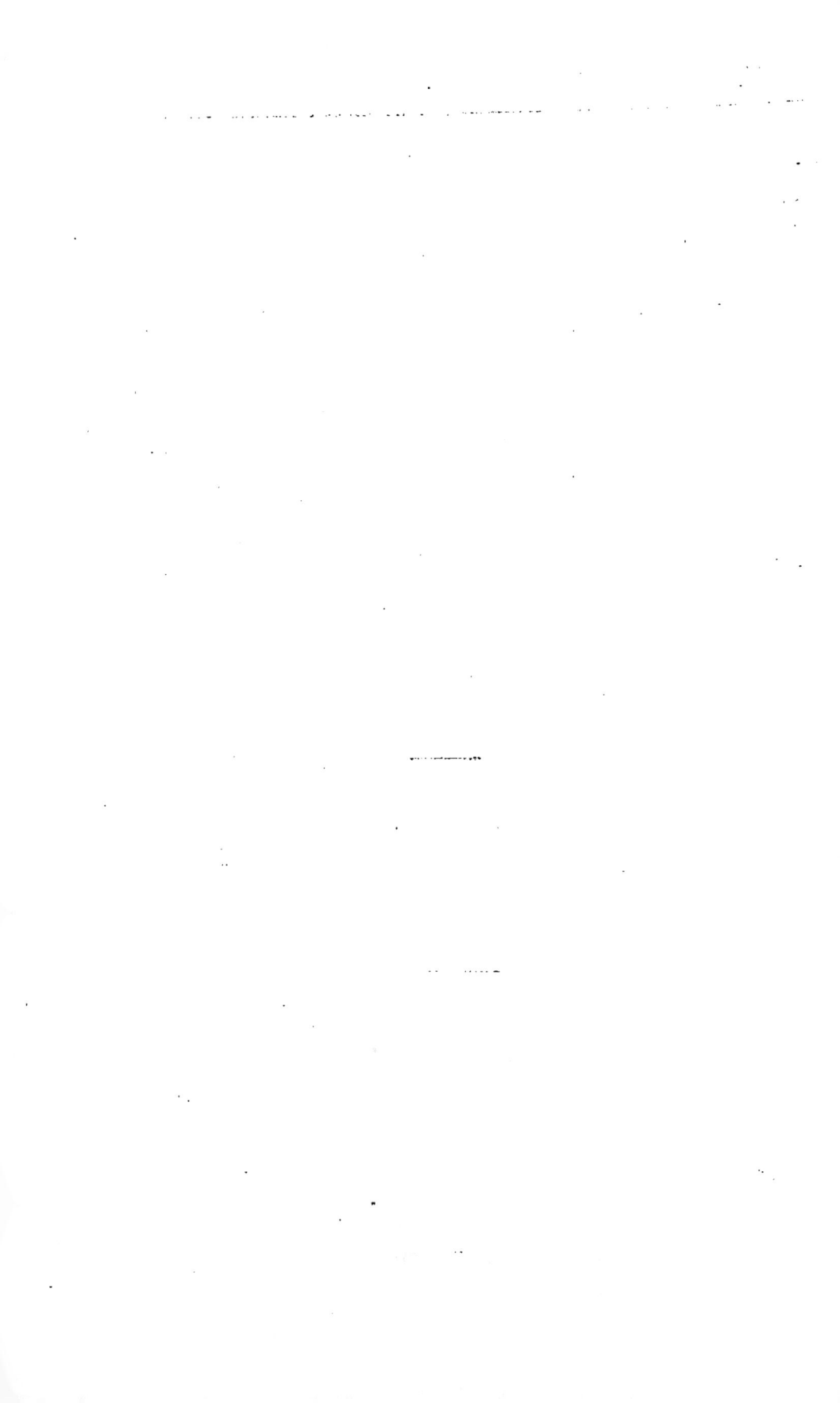

INTRODUCTION.

Cette étude, écrite comme thèse de doctorat, laisse systématiquement dans l'ombre le côté historique et anecdotique de la course à Nantes, pour en mettre en lumière la partie juridique et administrative. Nous n'avons pris, des diverses manifestations auxquelles elle a donné lieu dans le ressort de l'amirauté de Nantes, qu'un certain nombre de faits les plus saillants, destinés en quelque sorte à servir de cadre à des commentaires sur l'origine et les transformations de cette institution en France, à l'énumération et l'analyse des ordonnances, déclarations, arrêts, lois et décrets rendus sur la matière au XVIIe XVIIIe siècles.

Outre les pièces contenues dans les archives publiques de la ville de Nantes, du département de la Loire-Inférieure, et des localités où existaient autrefois des sièges particuliers dépendant du siège central de l'amirauté de Nantes, nous espérions trouver dans les papiers de famille, de nombreux documents, d'autant plus intéressants qu'ils devaient être inédits.

Beaucoup de familles descendant des armateurs et capitaines de corsaire existent encore ; elles devaient,

pensions-nous, avoir conservé les volumineuses écritures auxquelles était astreint l'armement en course.

Nous nous informons donc, exposant en même temps
le but de nos démarches, mais à notre surprise et désap-
pointement, le résultat est négatif. Presque partout,
même réponse. Ici, les papiers avaient été détruits, brû-
lés ou mis au pilon, nous disait-on ; là, leur état de
vétusté et de délabrement rendait toute lecture impossible. Bref, on n'avait plus rien, ou du moins on l'assurait. La conversation roulait naturellement sur les
corsaires, et là encore, nouvelle surprise. On parlait de
la course à Nantes avec réticence et comme à regret.
Beaucoup de nos interlocuteurs avaient une fâcheuse
tendance à employer indistinctement les mots *pirates* et
corsaires, comme synonymes ou à peu près. Bref on
semblait généralement considérer la course comme une
institution heureusement abolie, souvenir de temps barbares, et dont il était préférable de ne pas réveiller le
souvenir.

Ce préjugé étrange n'est pas seulement local, comme
nous l'avions pensé tout d'abord ; on le retrouve plus ou
moins marqué dans les ports qui ont eu autrefois, la
spécialité des armements en course. Il n'est pas nouveau non plus : les écrivains, publicistes ou philosophes
des XVIIᵉ et XVIIIᵉ siècles, traitant de la course, l'ont
généralement blâmée et condamnée sans appel. « Quelque ancienne et autorisée que soit cette manière de faire
la guerre, dit Valin, il est néanmoins de prétendus philo-

sophes qui la désapprouvent. Selon eux, ce n'est pas ainsi qu'il faut servir l'état et le prince ; et le profit qui en peut revenir aux particuliers est illicite ou du moins honteux. Mais ce n'est là qu'un langage de mauvais citoyens, qui, sous le masque imposant d'une fausse sagesse ou d'une conscience artificieusement délicate, cherchent à donner le change en voilant le motif secret qui cause leur indifférence pour le bien et l'avantage de l'état.

Autant ceux-ci sont blâmables, autant méritent d'éloges ceux qui généreusement exposent leurs biens et leur vie aux dangers de la course. Plus en état en quelque sorte de nuire aux ennemis que le gouvernement avec l'appareil des flottes les plus formidables, ils lui rendent encore le service de le décharger du soin d'armer à ses frais un grand nombre de vaisseaux qu'il serait obligé de destiner à la cause sans leur secours. » (1)

Les écrivains du xixᵉ siècle, ne lui ont pas été, en général, plus favorables, mais leurs jugements sur ce point comme sur bien d'autres, rendus en envisageant les choses de trop haut et de trop loin, finissaient par perdre la notion exacte de la question. Planant dans des régions aussi élevées au-dessus de notre monde, ils n'en avaient plus qu'une vue confuse et indistincte.

Les griefs les plus souvent invoqués sont des raisons de pur sentiment. La course, a-t-on dit, est un pillage

(1) VALIN. Nouveau commentaire sur l'ordonnance de la Marine, 1766. t, ii, p. 213.

légal, un vol breveté, et Kersaint demandant sa suppression à l'assemblée constituante, se faisait l'écho des
soi-disant philantropes cosmopolites. Le corsaire, ajoute-
on, s'attaque lâchement et à coup sûr aux navires sans
défense, et fuit devant le danger. Il faut qu'il fasse des
prises, toujours et quand même ; c'est sa seule raison
d'être, et s'il n'en fait pas, c'est la ruine. Les équipages
sont composés du rebut des marins, gens sans aveu,
s'embarquant le plus souvent faute de trouver d'autre
emploi, ou pour échapper à la justice.

Ces raisons, très superficielles, on ne saurait trop le
répéter, ont trouvé en France plus de crédit que partout
ailleurs. C'est que nous passons à juste titre, pour un
nation plus sentimentale et plus chevaleresque que pratique, négligeant volontiers ses intérêts immédiats pour
une conception de justice toute idéale, et trop souvent
dupe de cette fâcheuse tendance à envisager les plus
graves questions.

C'est ainsi qu'un certain nombre de bons esprits ont
condamné la course sans restriction et sans appel, soit
par parti-pris ou manque de réflexion, soit plutôt par
ignorance de son fonctionnement. C'est ainsi qu'on a été
amené à signer la Déclaration de Paris, et que la France
a pour le plus grand avantage des Anglais renoncé pour
toujours à un mode d'hostilité, qui, dans les guerres
soutenues autrefois contre eux avait causé à leur commerce des pertes immenses.

La présente étude sera une apologie et un plaidoyer en

faveur de la course, et cette tâche ne nous semble pas trop ardue, ayant la sincère conviction de l'excellence de la cause que nous défendons.

Pour cela, nous croyons indispensable d'adopter un ordre rationnel et de distinguer dans la course la *théorié* et la *pratique*, le *droit* et le *fait*. Cette distinction essentielle pourtant pour une étude sérieuse de la question n'est jamais faite par les détracteurs de la course, qui se maintiennent dans des généralités, proférant de vagues et imprécises accusations, mais s'échappant devant une discussion méthodique et détaillée.

Qu'est la course en théorie ? C'est l'exercice par des particuliers *ne représentant qu'indirectement* l'état, de son droit de prise dans la guerre maritime.

Certaines critiques adressées à cette institution dénotent un oubli voulu ou une ignorance étrange des principes généraux qui régissent la course et des règles fondamentales observées entre belligérants, en un mot, des lois de la guerre.

L'idée qu'on se fait trop souvent de la course est à peu près celle-ci : elle consistait à armer un navire bon marcheur d'un certain nombre de canons, à y mettre un équipage de gens déterminés et prêts à tout, et à capturer tout navire ennemi ou plus ou moins suspect. L'expédition finie, l'armateur et l'équipage se partageaient à l'amiable les bénéfices, et tout était dit.

Cette conception par trop simple ne fait entre la course et la piraterie qu'une différence : le pirate capture en tous

temps et indistinctement tous les navires dont il peut
s'emparer, quelque soit leur nationalité ; le corsaire n'ar-
rête que les navires des pays en guerre avec le sien, et
ceux de non-belligérants qui commettent des actes considérés comme contraires à la neutralité. On semble ne
pas se douter de la multitude des lois réglant minutieu-
sement toutes les manifestations de la course, et mettant en lumière son véritable caractère juridique et
légal.

La course n'est autre chose qu'une délégation de la
puissance publique, délégation produite tout naturellement, par la force même des choses et dont il est intéressant de montrer la genèse et les transformations
successives.

Bien qu'il paraisse démontré que les Grecs et les
Romains aient construit des navires établis spécialement pour faire la guerre — les trirèmes romaines étaient
montées par un nombreux équipage de rameurs en vue
d'une vitesse considérable, et munies d'un rostre ou
éperon pour couler les embarcations ennemies ; on peut
cependant poser en principe que la distinction entre la
marine de guerre et la marine de commerce est moderne,
et que le xixe siècle a vu cette distinction s'accentuer de
plus en plus.

Au moyen-âge, elle n'existait pas : A cette époque, un
État engagé dans une guerre maritime frêtait les navires
des particuliers pour les armer en guerre, ou se bornait
à autoriser ces nationaux à courir sus à l'ennemi.

Quelquefois même, le belligérant louait à la fois les bâtiments et les services des étrangers.

« Si le commmerce maritime était l'élément de prospérité des petites républiques marchandes du moyenâge, il était aussi le point vulnérable par lesquelles elles pouvaient être atteintes. Sa destruction était, au cas de guerre, un moyen pour un adversaire de les frapper dans leurs forces vitales. La tactique était d'autant plus naturelle, que la distinction entre la marine marchande et la marine de guerre n'existait pas encore, que la flotte qui servait aux opérations commerciales de la cité en temps de paix se trouvait être en même temps la flotte chargée de la défendre en temps de guerre. L'idée qu'un belligérant a le droit de s'attaquer indistinctement à tous les navires qui appartiennent à son adversaire, devait survivre aux circonstances spéciales dans lesquelles elle avait pris naissance. A partir du xve siècle, sous l'influence de la transformation que l'emploi de l'artillerie opère dans les conditions de la guerre navale, les États européens commencent à se créer une marine de guerre distincte de la marine marchande. Le droit pour un belligérant de s'en prendre aux navires de commerce de son adversaire n'en subsistera pas moins. Il restera un des moyens d'action de la guerre maritime.

Le procédé de la course, en se généralisant, allait en constituer un autre. Nous avons vu que le droit de se faire justice à soi-même n'avait pas disparu des habitudes féodales, qu'il y était resté comme une procédure extra-judiciaire fonctionnant à côté de la procédure judiciaire.

Il y avait conservé un large champ d'application lorsqu'il s'agissait de procès, non plus entre justiciables d'une même seigneurie mais entre justiciables de seigneuries distinctes, notamment, lorsque la contestation s'élevait entre nationaux d'états maritimes différents. C'était, en effet, un principe qu'on trouve formulé dans les statuts de nombre de petites républiques maritimes, que l'armateur qui avait eu à souffrir d'un dommage à lui causé par un armateur relevant d'une autre cité maritime, et qui n'avait pu obtenir par la voie judiciaire la satisfaction à laquelle il pouvait prétendre, avait le droit de « *currere super malefactorem donec plenarie fuerit emendatum.* », de s'en prendre non pas seulement aux navires qui appartenaient à l'auteur du délit, mais encore aux navires qui appartenaient à ses compatriotes, et de se couvrir au moyen des prises qu'il faisait de l'indemnité qu'il avait en vain réclamée. La vengeance privée, sous la forme de la course, était restée, dans les conflits maritimes entre justiciables de groupes politiques différents, une des sanctions du droit.

Des conflits entre particuliers, la course ne tarda pas à s'étendre aux conflits entre Etats. Voici comment. Si les royautés du moyen-âge trouvaient dans le mécanisme des institutions féodales les éléments d'une armée continentale, elles n'y trouvaient pas par contre les éléments d'une force navale. Le service militaire dont le vassal et la seigneurie urbaine étaient tenus, comprenait bien l'obligation de fournir au souverain des contingents de troupes de terre, nullement l'obligation de mettre des vaisseaux à sa disposition. Dès lors, il est arrivé que les grandes individualités politiques, la France et l'Angleterre, notamment, ont été amenées, dans les guerres qu'elles ont eu à soutenir à la fin du XIIᵉ siècle et dans le courant du XIIIᵉ, à chercher dans la course le moyen de suppléer aux forces navales régulières qui leur faisaient défaut. Les guerres entre Etats sont devenues l'occasion d'armements en grand de la part des particuliers. Il était d'autant plus naturel que ceux-ci prissent fait et cause pour les Etats dont ils relevaient, qu'ils fissent la course pour le compte de leurs souverains, que, dans les idées de l'époque, la guerre n'était pas seulement une lutte d'Etat à Etat, mais de peuple à peuple, que les conflits entre les souverains se trouvaient en même temps être des conflits entre leurs sujets » (1).

La course, avons nous dit, est une délégation de la puissance publique, qui en France, sous l'ancien régime, était souvent confiée aux mains des particuliers, et dans des cas très différents, aujourd'hui considérés comme étant du domaine essentiel de l'Etat.

Le souverain, en même temps qu'il autorisait par la course ses sujets à combattre sur mer pour lui et en son

---

(1) Paul LESEUR. — Introduction à un cours de droit international public, 1893, p. 69.

nom, permettait à certains particuliers de rendre la justice en son lieu et place ; car bien que la juridiction féodale ait été, à l'origine, considérée comme partie intégrante du fief, le plus souvent rattachée à une terre dont elle était l'accessoire et que le titulaire exerçait sans avoir de compte à rendre à personne, il était théoriquement admis, dès le commencement du xvie siècle, qu'il n'y avait plus là qu'une simple délégation du droit de justice, que seul, en principe, le roi avait pouvoir de rendre. Il lui plaisait de permettre à certains de ses sujets de rendre la justice en son nom, par des juges nommés par eux, car le droit de juger eux-mêmes, leur est enlevé. Le droit de justice seigneurial se limite donc pour le titulaire à la faculté de nommer le juge qui rendra la justice au nom du roi et aux avantages pécuniaires attribués à ce privilège.

Nous voyons également le soin de percevoir les impôts, d'en assurer et garantir la rentrée, confié à la Ferme, société de particuliers exerçant au nom du roi l'action publique.

En Espagne, la police fut longtemps faite par une association privée, la Sainte Hermendad, et aux Etats-Unis nous voyons une police privée fonctionnant à côté, et quelquefois à l'encontre de celle de l'Etat.

L'étatisme, avec toutes ses conséquences souvent inapplicables en pratique, est une conception toute moderne. Ce sont ses partisans qui ont dirigé les critiques les plus acerbes contre la course, et applaudi bruyamment à sa suppression. En montrant que l'exercice de la guerre n'a pas toujours été du domaine essentiel de l'état, on défend efficacement la course, et on explique en même temps son utilité et sa raison d'être.

L'institution de la course est réglée et fonctionne au nom du même principe de délégation de la puissance publique.

A l'origine, les particuliers attaquent et prennent les navires et marchandises des sujets de la nation avec laquelle la leur est en guerre, sans qu'il soit nécessaire d'une autorisation du pouvoir, la commission en guerre n'existant pas. C'est que chaque citoyen d'un Etat belligérant se regarde comme personnellement en guerre avec les particuliers de l'état adverse.

A mesure que les guerres se font plus rares et disparaissent, la conception suivante se fait jour peu à peu. Seul le roi de France a le droit de faire la guerre et de la soutenir par les moyens qu'il juge à propos. Ne voulant ou ne pouvant pas organiser sous ses ordres directs les forces nécessaires pour combattre l'ennemi, il confie ce soin à des particuliers qui sur terre organisent les corps francs, et sur mer les corsaires.

A mesure que l'omnipotence du roi grandit, l'exercice de la course se réglemente par les limitations et les formalités établies pour son fonctionnement par le pouvoir central.

L'Etat est pour certains, un être réel, organisme vivant et parfaitement distinct des individualités qui le composent — soit — mais l'Etat, soi-disant être vivant, n'agit pas lui-même ; il ne peut fonctionner et vivre que par le jeu de ces mêmes individualités qui le composent. Dans l'exercice du droit de guerre comme dans celui de tous ses autres droits, il n'agit que par ses représentants. Ces représentants, dans la guerre maritime, agissent tantôt uniquement pour son compte et dans son intérêt exclusif — officiers et équipages de la flotte de guerre ; tantôt à la fois pour son compte et pour celui des particuliers — armateurs et équipages des corsaires. Les premiers exercent une fonction, les seconds remplissent une commission.

La différence théorique entre la fonction et la commission nous paraît consister actuellement en ceci. L'une occupe exclusivement celui qui l'exerce, et cela jusqu'à ce qu'elle lui soit expressément retirée — elle est permanente. L'autre peut être remplie concurremment à d'autres occupations, et se termine, *ipso facto*, lorsque le but pour lequel elle a été donnée se trouve atteint — elle est temporaire.

Il y a donc des rapports très étroits entre la fonction et la commission, et par conséquent peu de différence entre les principes au nom desquels s'exerce la prise des navires et des marchandises de l'ennemi par les vaisseaux de l'Etat, et ceux au nom desquels ces mêmes prises sont faites par ceux des particuliers.

Il convient également de faire remarquer que la com mission telle qu'elle existait sous l'ancien régime, cesse et disparaît, pour ainsi dire, avec lui. On distinguait alors l'*office* et la *commission*. La majorité des employés que nous appelons maintenant fonctionnaires étaient des *officiers ;* quelques-uns seulement, comme les intendants, conseillers et secrétaires d'Etat, ambassadeurs, *capitaines de corsaire* étaient des *commissionnaires*. La fonction actuelle tire directement son origine de la commission de l'ancien régime et c'est avec cette dernière que la royauté est parvenue à créer l'administration française. L'office, au contraire, supprimé à la Révolution, n'a fait plus tard qu'une réapparition, somme toute, peu importante.

En France, la marine de guerre n'existe que depuis le xviiᵉ siècle — on peut laisser de côté les projets et tentatives de Henri IV. Elle fait de sensibles progrès, sous Louis XIII, grâce à l'énergique impulsion de Richelieu, et à mesure de l'accroissement de son importance, on voit le pouvoir royal réglementer la course, et s'immiscer de plus en plus dans son fonctionnement.

Les ordonnances de 1517, 1543, 1584 avaient déjà posé des règles précises, l'ordonnance de 1681 en délimite le fonctionnement d'une façon tellement minutieuse que l'armateur et le capitaine de corsaire peuvent et doivent être considérés, particulièrement lorsque le roi leur confiait ses bâtiments avec leurs équipages, comme de véritables agents de l'Etat au même titre que les administrateurs de la marine et les officiers de ses flottes, mais plus intéressés que ces derniers à lutter avec vigueur, ayant fait les frais de la campagne, et animés non seulement par l'espérance de la gloire, mais encore par l'appât du gain. Pour le corsaire, en effet, la défaite n'est pas seulement la perte de la liberté mais encore la ruine. Le Français, a-t-on dit, ne combat que pour la gloire, c'est pour cela, sans doute, qu'il regarde d'un œil plus méprisant que partout ailleurs, le corsaire, qui lui combat moins pour l'honneur que pour l'argent.

L'ordonnance de 1681 doit être considérée comme l'expression définitive des rapports entre l'Etat et les particuliers au sujet de la course sous l'ancien régime, pendant la période révolutionnaire, le premier empire, et jusqu'à sa suppression.

Il existe, sans doute, toute une série d'ordonnances et autres manifestations du pouvoir législatif, rendues postérieurement sur le même sujet ; mais ce ne sont que des redites ou des retouches insignifiantes qui n'entament en rien les principes posés et développés en 1681. Tout y est réglé jusque dans les moindres détails, avons-nous dit. L'armateur en course doit obtenir de l'Etat l'autorisation écrite d'armer un navire pour combattre l'ennemi ; c'est la *commission* ou *lettre de marque,* délégation du droit qu'à seul l'Etat de faire la guerre. Cette autorisation peut lui être refusée, sans motifs à donner par le gouvernement pour justifier son refus. Le navire destiné à faire la course est soumis à l'approbation de l'Amirauté qui s'assure s'il possède la solidité et la vitesse spécialement nécessaires pour le but auquel il est destiné. Le capitaine qui le commande et les matelots qui le montent doivent être agréés et autorisés par l'administration de la marine. L'armateur doit verser un cautionnement élevé tout comme certains fonctionnaires actuels. Il n'est pas libre dans ses conventions avec les matelots engagés ; il lui est interdit de leur donner des *avances* supérieures au chiffre fixé par les règlements, et des *parts de prise* en quantité supérieure au nombre fixé pour chaque emploi et chaque grade, les prises étant partagées d'après des règles précises. Une part importante est prélevée par l'amiral, une autre par la caisse des invalides de la marine, l'armateur ne vient qu'ensuite. Il ne lui est pas permis de prolonger la croisière aussi longtemps qu'il lui plait, la durée de la course est limitée et le temps accordé est déterminé par la commission. Le capitaine de corsaire capturant un navire ennemi ou suspect ne peut le relâcher à son gré, et sauf en des cas rares et soigneusement déterminés, il lui est enjoint de l'amener en France pour y être jugé. La validité de la prise est décidée par l'Etat capteur qui peut aller jusqu'à relâcher un navire ennemi ou neutre pris dans les conditions les plus régulières, par un acte discrétionnaire et sans appel, au plus grand préjudice du capteur.

Il est difficile de trouver une manifestation du fonctionnement de la course dans laquelle l'Etat n'intervienne pas.

Il est à remarquer que les adversaires et les détracteurs de la course, c'est-à-dire ceux qui n'admettent pas

que l'exercice de la guerre, en ce qui concerne les hostilités sur mer, soit délégué à des particuliers, ne prennent pas à partie et n'attaquent pas la légitimité des *corps
francs,* institution qui, dans la guerre continentale, est la
contre partie exacte de la *course* dans la guerre maritime. Mais peut-on objecter, il existe une différence
capitale entre la corsaire et le corps franc. Dans la guerre
continentale la propriété privée est respectée ; elle ne
l'est pas dans la guerre maritime. Cette distinction, toute
théorique, reste lettre morte dans la pratique. Sans
doute, dans la guerre continentale, la propriété n'est pas
saisie et confisquée *ipso facto* ; mais les opérations de
guerre, les réquisitions, l'avitaillement des troupes cau-
sent aux propriétés ennemies un tort beaucoup plus
considérable que ne font dans les opérations de guerre
maritime, les saisies de biens des particuliers.

En d'autres termes, si après la conclusion d'une guerre
à la fois continentale et maritime, on additionnait, en
les comparant, les dommages supportés par les particuliers, il ne semble pas douteux que le chiffre des pertes
subies par la propriété privée, dans le cours de la guerre
continentale, pendant laquelle la propriété n'est pas con-
fiscable, s'élèverait à un total beaucoup plus considérable que des pertes subies pendant la guerre maritime,
où, d'après la pratique du droit international, la même
propriété est saisissable de plein droit.

C'est toujours en vertu des principes de soi-disant
humanité et de civilisation qu'après avoir attaqué le droit

de capturer la propriété privée sur mer, on s'en prend à la course.

A vrai dire, ce parti pris témoigne sans doute d'excellentes intentions, mais aussi, d'un manque de logique caractéristique.

Qu'est-ce, en effet, que la guerre ? sinon l'emploi de la force et de mesures de violence entre deux ou plusieurs puissances pour contraindre l'Etat adverse à accepter les conditions qu'il refuse de bon gré. Toutes les mesures de coercition peuvent donc, *en principe,* être employées ; la violence, sous toutes ses formes, étant l'essence même de la guerre.

C'est ce que nous voyons dans l'antiquité. La violence affecte les formes les plus extrêmes et les plus barbares ; les belligérants ne reculent devant aucune mesure, si extrême qu'elle soit, sur laquelle on puisse vaincre la résistance de l'ennemi. Hélas ! pourquoi faut-il que les moyens de guerre les plus barbares soient aussi les plus efficaces et que les procédés de destruction les plus terribles soient les arguments les plus convaincants ?

Le moyen-âge apporte un certain adoucissement dans les hostilités ou plutôt dans les suites des hostilités. On ne massacre généralement plus les prisonniers, on épargne le plus souvent les non combattants — femmes, enfants, vieillards. Ce mouvement restrictif s'accentue encore pendant les xviie et xviiie siècles.

La guerre, au xixe siècle, semble avoir eu souci de

2 P

tenir compte de l'humanité autant qu'une institution reposant sur la violence peut le faire. Le congrès de Paris supprime la course, la convention de Génève règle et précise les attributions et les prérogatives des ambulances et du personnel de secours aux blessés, la conférence de Saint-Pétersbourg interdit l'usage de certains projectiles, celle de la Haye prohibe certains modes d'hostilités — projectiles chargés de gaz asphyxiant ou délétère — lancement de projectiles ou d'explosifs du haut des ballons... etc.

Il semble que l'on ait atteint la limite et concilié autant que possible les intérêts de l'humanité et ceux des belligérants, et que de ce côté, il ne reste que peu de chose à innover. Quelques esprits, animés sans doute, d'intentions plus généreuses que pratiques ne se déclarent cependant pas satisfaits et voudraient davantage.

Une réforme leur tient surtout à cœur, faire déclarer l'inviolabilité de la propriété privée sur mer. Leur principal argument, plus spécieux que solide, est l'existence de cette règle dans la guerre continentale, mais nous l'avons déjà fait ressortir, ce n'est qu'un trompe-l'œil. Si la propriété privée n'est pas capturée et confisquée comme telle, les dommages causés par le cours même des hostilités aux propriétés *insaisissables* des particuliers d'un Etat belligérant s'élèvent à un chiffre beaucoup plus considérable que les pertes causées par la capture légale des navires et des marchandises de ces mêmes particuliers.

Un autre argument des partisans de l'inviolabilité de la propriété privée sur mer a été et est encore l'abus auquel peut donner lieu la capture de cette propriété et la façon défectueuse dont cette capture peut être faite — c'est-à-dire, la course.

Où veulent donc en venir les partisans quand même des limitations aux moyens de guerre. Ils ne peuvent pas croire que toutes ces entraves, ces demi-mesures apportées à l'exercice des hostilités auront pour résultat d'enlever à la guerre son caractère de violences et de brutalités intrinsèques, d'en faire un mode de règlement de conflits anodins et sans danger, sorte de promenade, ou chacun, la contestation réglée, s'en retournerait chez soi.

Tout cela n'a même pas le mérite de la nouveauté. Il y a longtemps, en effet, que la trêve de Dieu n'existe plus. Dans la pensée de ses auteurs, ancêtres de nos partisans de réglementation à outrance, cette mesure, qui limitait le temps pendant lequel la guerre était per= mise, devait en amener par la suite, la suppression. Les belligérants n'ayant qu'un temps limité pour vider leurs querelle par les armes, devaient être amenés à régler pacifiquement leurs différends.

Ce calcul, dans lequel on oubliait de compter avec la nature humaine s'est trouvé complètement faux ; la trêve de Dieu tomba en désuétude peu après son apparition.

La guerre, a t-on dit, est un mal nécessaire qui exis- tera sans doute aussi longtemps que l'homme. C'est pourquoi il est permis de rester sceptique en face de ce système de réglementation quand même de ce qui semble impossible à réglementer, et de regarder comme regrettable, au point de vue national, la participation de la France à certaines de ses manifestations, telle que la suppression de la course, par son adhésion à la déclaration de 1856.

Nous avons essayé de démontrer par quelques aperçus d'ensemble qui seront repris en détail dans le cours de notre étude, et après avoir adopté comme proposition initiale, la légitimité de la capture de la propriété privée sur mer, que la course est une institution *théoriquement* irréprochable.

Faisons observer qu'elle n'a été attaquée avec autant de passion par les partisans de l'inviolabilité de la propriété privée sur mer, que parce qu'ils pensaient sans doute que sa suppression allait préparer et amener à bref délai, la reconnaissance du principe qui leur tient tant à cœur.

Nous allons maintenant passer en revue et examiner les critiques et les reproches qu'on lui a adressés et voir ce qu'il peut y avoir d'exact et de justifié.

Bien que franchement partisan d'une institution dont le concours a si efficacement contribué au succès de nos guerres maritimes, nous ne sommes pas apologistes de parti pris et quand même, niant invariablement qu'elle ait amené aucun abus. Nous montrerons seulement que si certains excès ont eu lieu, ils existaient également dans la marine régulière, ou bien étaient beaucoup moins graves qu'on voudrait le faire croire.

L'armement en course étant le plus souvent monté par actions, on lui reprochait de soutirer l'épargne des petits capitalistes, d'engager leurs économies dans des entreprises aléatoires et improductives, et de développer en eux l'amour du jeu et ses funestes conséquences.

On peut répondre que les actions de Corsaire rapportaient, plus souvent qu'on ne pense, de forts dividendes, comme nous en donnerons des exemples en traitant la *liquidation*, et que sous ce rapport, l'état donnait lui-même prise, et bien davantage, à ce reproche, en se faisant, par la loterie royale, entrepreneur de jeux. De plus, l'argent placé en actions de corsaire, même perdu pour son possesseur, avait ce bon résultat de contribuer à porter le trouble dans le commerce et la navigation de l'ennemi, considération patriotique entrant en sérieuse ligne de compte.

On a reproché aux corsaires des abus scandaleux dans leurs rapports avec les neutres, et des excès de zèle, dans la poursuite et la capture de la propriété ennemie.

Ces assertions sont-elles complètement fondées ?

Le Corsaire était une sorte de fonctionnaire, avons-nous dit, mais un fonctionnaire non rétribué directement, mais indirectement par l'attribution d'une portion des prises qu'il pouvait faire. De là, une tendance indéniable à voir toujours et partout un ennemi déguisé sous le masque du neutre.

On s'est plaint encore de la brutalité, de la conduite scandaleuse des équipages de corsaires. Les plaintes, il faut en convenir, étaient sur ce dernier point, souvent fondées. Les armateurs avaient de la peine à recruter leurs équipages, l'Etat, en temps de guerre, commençant par prendre tout ce qu'il lui fallait d'hommes pour monter ses vaisseaux. Ils étaient donc forcément obligés de se contenter des matelots que les classes n'avaient pas réclamés, parmi lesquels se trouvaient trop souvent des gens de peu de capacité ou de moralité douteuse, et d'autant plus difficiles à maintenir dans le devoir, que la discipline à bord des corsaires était forcément moins stricte que dans la flotte, et qu'on n'avait pas le choix de les remplacer. A Nantes, notamment, les matelots qui embarquaient sur les corsaires, en temps de guerre, naviguaient pendant la paix sur les navires faisant le commerce de Guinée, et il est bien certain que le métier de négrier ne contribuait pas à leur donner des habitudes de douceur et de moralité.

En outre de l'équipage proprement dit, il y avait aussi le corps des *volontaires*, composé de soldats détachés des régiments, ou de simples particuliers en quête d'aventures, dont la conduite laissait souvent à désirer.

Sans chercher à les justifier complètement, on peut demander pour eux les circonstances atténuantes. Le métier était rude ; après une pénible campagne à la mer, après des privations de toutes sortes, risquant la vie ou une dure captivité pour un gain souvent minime

et bien aléatoire, nos corsairiens, rentrés chez eux, se
livraient avec d'autant plus d'ardeur aux plaisirs bru-
yants qu'ils en avaient été plus complètement privés,
et que la perspective de fructueuses parts de prise se
faisait plus proche.

Il ne faudrait pas envisager la course, telle qu'elle
existait autrefois, en France, aux XVIIe et XVIIIe siècles
sous le seul aspect d'une création artificielle, réglée au
gré des gouvernants, et fonctionnant d'après l'unique
influence d'un plan empiriquement conçu.

Nous la regardons surtout comme une manifestation
de cette force inconsciente qui façonne les institutions
aux nécessités des circonstances, conséquence nécessaire de la guerre sur mer telle qu'on la pratiquait à
l'époque, se maintenant tant que cette guerre conserve
le même caractère et disparaissant — sous sa forme
d'alors — avec l'adoption, dans les hostilités sur mer,
de nouveaux modes de guerre.

L'initiative individuelle pourrait malaisement à l'heure
actuelle, en eût-elle la liberté, entreprendre la guerre de
course; la transformation de la navigation et de l'armement nécessiterait des capitaux qu'une société même
pourrait difficilement réunir, sans parler des longs
délais qu'exige la construction des navires de guerre
actuels.

L'Etat armera certains navires dont la mission spéciale sera la capture ou la destruction de la propriété ennemie, et la course, au lieu d'être comme autrefois l'exer-

cice du droit de prise de l'Etat par ses agents indirects,
sera l'exercice de ce même droit, confié à ses représentants immédiats.

Nous avons adopté, pour cet ouvrage, le plan qui
nous a semblé le plus simple et le plus logique—étudier
la course dans l'ordre même où se produisent ses
diverses manifestations, en faisant ressortir les principales, armement, croisière, jugement des prises, liquidation, sous forme de chapitre, et en groupant dans
chacun de ceux-ci, comme sections, les manifestations
secondaires.

On trouvera reproduit, à défaut d'autres, quelques
documents postérieurs à l'ancien régime. Il suffira de
de faire observer que la Révolution, admettant le principe de la course, avec certaines modifications de
pure forme, devait nécessairement en adopter les moda-
lités consacrées par un long usage et une pratique con-
tinue. C'est, en effet, durant les XVIIᵉ et XVIIIᵉ siècles,
que la course atteint en France son entier développe-
ment et que sa théorie s'établit complète et définitive, aussi notre travail aurait pu être intitulé: *la Course
à Nantes sous la Monarchie absolue.*

Les pièces que nous reproduisons en tout ou partie ou
dont nous faisons seulement mention proviennent de
trois sources principales. Archives de la chambre de
Commerce de Nantes—Archives du département de Loire-
Inférieure — Archives de la Marine à Nantes.

Voici l'origine des archives de la chambre de Commerce: « L'institution d'une juridiction consulaire à Nantes remonte à l'année 1564, époque où Charles IX permit aux bourgeois de Nantes d'élire un juge marchand assisté de deux consuls pour l'abréviation des procès. Ce tribunal entra de suite en exercice, et fonctionna sans interruption jusqu'à la Révolution. Il fit enregistrer ses sentences dans une série de volumes qui constitue les Archives du Tribunal de Commerce.

La collection des documents touchant directement la défense des intérêts du commerce nantais, c'est-à-dire, la recherche des moyens de l'affranchir des entraves intérieures semées sur sa route par la féodalité et les édits bursaux, de le développer au dehors par la conquête de certaines libertés, touchant en un mot les attributions administratives que remplissent aujourd'hui nos chambres de commerce, ne remonte pas aussi haut.

Le premier registre de délibérations qui marque l'ouverture d'une phase nouvelle pour le commerce nantais commence à l'année 1664. Cette date est précisément celle où, sous le ministère fécond de Colbert, cinq compagnies s'organisent en France pour le commerce des Indes Orientales et Occidentales, pour le Levant, le Nord et la Sénégambie. Il est à croire que cet événement nouveau dans les annales du commerce éveilla l'attention des juges consuls de Nantes et leur inspira le légitime désir d'entrer en concurrence avec les autres ports qui se disposaient à faire des armements pour l'étranger. Dans l'intervalle des audiences, ils con-

voquaient les marchands de la ville et les négociants du
port et soumettaient à leurs discussions différentes
questions soulevées par des arrêts du Conseil d'Etat ou
du Parlement, par des lettres des ministres, par l'interprétation de l'ordonnance de la Marine, par la visite des
vaisseaux, la création de navires garde-côte, le balisage
de la Loire, la rédaction des lettres de voiture ou l'élection de députés au conseil supérieur du commerce.
Telle est l'origine du second fond d'archives conservé
au Secrétariat de la Chambre de Commerce de Nantes.

Dans le principe, on ne connaissait qu'un seul et
unique dépôt d'archives, celui du consulat, parce que ce
corps cumulait tout à la fois les attributions conten-
tieuses et les attributions administratives. Cette confusion de pouvoirs qui créait des devoirs très lourds à
porter pour les juges consuls présentait des inconvénients auxquels Louis XIV s'efforça de porter remède
en proposant aux grandes villes de Lyon, Lille, Rouen,
la Rochelle, Saint-Malo et Bayonne, le 30 avril 1701, de
créer une institution distincte du siège consulaire.

La place de Nantes présenta à l'agrément du pouvoir.
la même année, un règlement dont elle ne put réussir à
faire homologuer les articles. On ignore qu'elle fut la
pierre d'achoppement des négociations entamées
avec le procureur général; il est à craindre que le parlement de Rennes, n'ait soulevé sourdement quelques
difficultés, comme il l'avait fait en 1645, lors de la
création projetée d'une société dite de *la Bourse com-*

mune, et auparavant quand Richelieu voulut fonder la compagnie du Morbihan en 1626. »

« Le commerce nantais resta pendant tout le xviii° siècle, privé d'une chambre de commerce érigée en titre officiel, c'est-à-dire que les juges consuls furent les seuls représentants. Malgré ses inconvénients, la confusion des pouvoirs n'eût pas les fâcheuses conséquences qu'appréhendait Mellier,(1) quand il réclamait l'institution d'une chambre de commerce pour conserver fidèlement les traditions de la place de Nantes et veiller à la conservation de tous les mémoires.

De même que le consulat avait un greffier chargé de tenir le registre des audiences et des sentences, les assemblées du commerce réunies pour délibérer avaient un secrétaire qui tenait la plume, rédigeait les expéditions et classait les pièces reçues et transcrivait sur des registres la minute de toutes les lettres expédiées » (2)

Les Archives du département de la Loire-Inférieure, renferment de précieux documents sur tout ce qui concerne la marine et la navigation à Nantes sous l'ancien régime. Ils proviennent de l'amirauté de Nantes qui, en outre de son siège central, avait un greffe établi dans chacune des localités suivantes : Bourgnenf, Painbœuf, le Croisic, Roche-Bernard, le Pellerin, Pornic, Saint-

---

(1) Maire de Nantes, installé en 1720.

(2) Introduction à l'inventaire des archives de la Chambre de commerce de Nantes, antérieurs à 1790, rédigé par L. Maitre, Archiviste du département de la Loire-Inférieure.

Nazaire. Dispersés pendant la Révolution, ces papiers ont
été retrouvé en 1890, par M. Maître, archiviste du département de la Loire-Inférieure, parmi les dossiers de la Chambre de Commerce et du Tribunal civil, et réunis par ses
soins, aux Archives du département. Les documents
relatifs à la Course sont compris dans un certain nombre
de liasses cataloguées sous le titre suivant: *B. amirauté. Prises de mer*, qui renferment non-seulement les
prises des corsaires, mais celles des bâtiments de la
marine royale.

La compétence des amirautés, en ce qui concernait la
navigation, avait été restreinte par les réformes opérées
sous l'administration de Colbert. Depuis l'adoption du
système des classes, tout ce qui concernait la formation
et l'engagement des équipages, était de la compétence
exclusive de l'administration de la Marine. C'est ainsi
qu'on retrouve dans les archives de la Marine, à Nantes,
la collection complète des rôles d'équipage de tous les
navires armés à Nantes, depuis la mise en vigueur du
système des classes, et comprenant les bâtiments destinés à la course. Après la suppression des amirautés,
on confia à la Marine toutes leurs attributions, aussi,
c'est dans ces archives de Nantes qu'il faut chercher
tout ce qui concerne la course à Nantes, pendant les
guerres de la Révolution et de l'Empire.

Exprimons le regret que ces anciennes archives, si
intéressantes pour l'histoire maritime de Nantes, et que
le manque de place oblige à empiler sous des combles,

au grand détriment de leur conservation, ne soient pas ouvertes de droit, aux chercheurs.

Nous adressons de sincères remerciements à M. H. Comby, commissaire de la Marine, qui nous a ouvert les portes des Archives de la Marine, à MM. Maître, archiviste du département, et Foulon, secrétaire de la Chambre de Commerce, qui ont bien voulu faciliter nos recherches.

CHAPITRE PREMIER

L'ARMEMENT

SECTION PREMIÈRE

Armateurs et Sociétés.

L'armateur en course, le plus souvent principal intéressé au succès de l'entreprise, était rarement le seul.

L'argent, dit-on, est le nerf de la guerre ; or l'armement d'un corsaire exigeait des capitaux importants, et il
eut été difficile de trouver un particulier sinon assez riche,
du moins assez téméraire, pour engager à lui seul, dans
une entreprise essentiellement aléatoire les sommes nécessaire à sa réalisation.

Les occupations de l'armateur étaient, de plus, nom-
breuses et compliquées, et il importait que ce rôle
difficile à mener à bonne fin avec l'autorité nécessaire ne fut pas rendu plus pénible encore par le souci
trop absorbant de préocupations pécuniaires

C'était à lui qu'incombait le soin de s'assurer d'un
navire solide et bon marcheur, d'un capitaine prudent

et hardi à la fois, doué de ces qualités spéciales et complexes qui ont fait la réputation de Jean Bart, de Duguay-Trouin, de Surcouf, de surveiller le recrutement de l'équipage et l'approvisionnement du navire en armes, munitions et vivres, de solliciter la délivrance de lettres de commission.

C'était encore le devoir de l'armateur de régler les frais et honoraires de ses correspondants dans les ports où le corsaire relâchait, soit pour mettre des prises en lieu sûr, soit pour ravitailler ou réparer des avaries, de veiller au débarquement et au magasinage des marchandises de prise, de s'opposer aux prétentions souvent abusives et vexatoires des agents des Fermes.

Enfin, c'était lui qui négociait les lettres de change représentant le montant des prises vendues à l'étranger, recevait en dépôt et distribuait les parts de prise des actionnaires et de l'équipage, et procédait enfin au désarmement du corsaire.

L'armateur devait donc posséder à la fois les qualités d'organisateur et de comptable, et présenter, en un mot, un ensemble d'aptitudes d'ordre très différent pour mener à bonne fin la tâche difficile à lui confiée.

On n'exigeait pas des conditions spéciales d'aptitude chez l'armateur en course. « Quiconque peut faire le commerce maritime, peut aussi s'intéresser dans un armement en course », dit Valin (1). L'article 1er, livre 2, titre 8,

---

(1) Nouveau commentaire sur l'ordonnance de 1681, Ed, 1766. II p. 228.

de l'ordonnance sur la Marine (1), permettant à tout Français d'armer un navire, resta en vigueur pendant toute la période faisant l'objet de cette étude.

Parmi les armateurs nantais dont les noms méritent d'être cités à part, nous signalerons : au xviiᵉ siècle, Montaudouin ; au xviiiᵉ, La Brouillère, Leroy de la Clartais, Thiercelin, Walsh, Broudou. Pendant la période révolutionnaire et l'empire, Cossin, Coüeron, Dessaulx d'Haveloose, Metois et Lechantre, Richer, Fleuriau et Jamont.

L'armateur était, presque toujours, l'organisateur et le directeur d'une société constituée dans le but de recueillir et de partager le montant des navires et des marchandises capturés sur l'ennemi.

Intéressé, le plus souvent, par l'apport d'une mise de fonds importante dans l'armement, au succès de la course, il pouvait se faire quelquefois qu'il n'eût aucun intérêt à la réussite de l'entreprise. Ce cas se produisait lorsque l'armateur n'avait pas souscrit d'actions pour la mise hors du corsaire, ou lorsqu'il cédait celles qu'il avait pu souscrire. Il n'était plus alors intéressé

---

(1) Il existe, aux archives de la Marine, à Nantes, une copie manuscrite de cette ordonnance portant le titre suivant : « Ordonnance de la Marine de 1681, *acec des nottes de mon frère.* » Une main différente a ajouté au-dessous la mention suivante : « En raison de la présence de M. Valin à l'amirauté de Nantes, on peut se demander si les notes et remarques ne proviennent pas de son frère le commentateur de l'Ordonnance de 1681. »

Par malheur, il n'existe pas d'annotation aux articles concernant la course et les prises.

que comme gérant de la société, pouvant prétendre comme tel, à des droits de commission sur les différentes opérations d'armement, de vente et de liquidation — simple rémunération de ses peines et soins.

Les droits de commission de l'armateur étaient de 2 % sur le montant des dépenses de la construction — armement — relâche — désarmement. Il lui était alloué en outre une semblable commission sur les prises rentrées dans le port de l'armement dont il avait eu l'administration particulière, et 1 % seulement pour la rentrée des fonds des prises conduites dans des ports autres que celui de l'armement, et administrées par des correspondants, avec, sur le tout, 1/2 %, pour la négociation des lettres de change, représentant le montant de la vente des prises.

L'ancien Régime connut trois sortes de société : La société générale et collective, connue aussi sous le nom de société ordinaire — la société anonyme, appelée quelquefois inconnue ou momentanée — la société en commandite.

C'est cette dernière forme de société qui était le régime légal des associations pour la course, à moins de stipulations contraires. Voici sa définition, d'après un ouvrage de l'époque. « La société en commandite est celle qui se fait entre deux personnes dont l'une ne fait que mettre son argent dans la société, sans faire fonction d'associé, et l'autre, qu'on nomme en termes mercan-

tils le *complimentaire* (1) de la société donne quelquefois son argent, mais toujours son industrie et fait le
commerce sous son nom des choses dont ils sont convenus ensemble. »

Les sociétés pour la course, à moins de conventions
contraires, étaient donc réputées en commandite, soit
que les intéressés se fussent associés par *quotités fixes*
ou par *actions*. Les intéressés qui versaient, par exemple, les uns, dix mille, les autres, vingt mille livres,
étaient associés *par quotité fixe*. Lorsque chaque associé
contribuait aux frais pour un sixième, un huitième, un
quinzième, il y avait association *par actions*. On entendait donc, par actions, des quotités incertaines, mais
proportionnelles, action étant ici opposée à quotité fixe.

L'armateur pouvait, par l'acte de société ou par les
actions, fixer le capital de l'entreprise à une somme
déterminée, pour régler la répartition des profits ou la
contribution aux pertes. Si d'après les comptes fournis
par lui, la construction et mise hors ne montait pas à
la somme déterminée, le sur*p*lus devait être employé
aux dépenses de relâches, et en cas de prise du corsaire, était rendu aux actionnaires, au marc la livre. Si,
au contraire, les dépenses de la construction et mise
hors excédaient la somme fixée, l'armateur prélevait
ses avances sur le produit des premières prises et en
cas d'insuffisance, devait être également remboursé par

---

(1) Définition donnée par le dictionnaire universel du commerce
t, ii, par Savary, 1723.

les actionnaires au marc la livre. Il en était de même
pour les dépenses de relâche, lorsque le produit des
prises n'était pas suffisant. — Déclaration du 24 juin
1778.

L'armateur pouvait donc avoir recours contre les
associés, lorsque les dépenses de l'entreprise avaient
absorbé le capital social, et que le bénéfice des prises
ne couvrait pas l'excédent des dépenses. C'était là une
dérogation importante aux règles ordinaires de la société en commandite, dans laquelle le gérant, seul responsable, devait supporter l'excédant des dépenses.
L'actionnaire ordinaire d'une société pour la course,
pouvait donc, dans certains cas, être engagé au delà de
sa mise. C'est que la société pour la course, d'une nature
toute spéciale, avait besoin d'autre chose que des capitaux pour commencer ses opérations. Il lui fallait un
navire en état de prendre la mer. Si les associés avaient
pu refuser des fonds à l'armateur lorsque le corsaire
n'était pas entièrement armé, ou lorsqu'il avait fait dans
un port étranger des dépenses qu'il lui fallait régler
avant de partir, la société n'aurait pu remplir le but pour
lequel elle avait été formée, et elle aurait été obligée de
se dissoudre avant d'avoir fonctionné. C'est pourquoi
l'art. 15 de la déclaration de 1778 obligeait les sociétaires,
à contribuer, même au delà de leur apport aux dépenses
nécessaires à la mise en activité de la société ; mais
pour qu'ils ne fussent plus exposés à être entraînés à
des dépenses trop considérables, l'art 16 de la même

déclaration avait imposé l'obligation suivante. L'armateur était de tenu de faire, sur l'action qu'il délivrait aux
intéressés, mention sommaire du bâtiment qu'il se pro-
posait d'armer en course, du nombre de ses canons et
de la force de son équipage, du montant présumé de
la construction et la mise hors. Cette disposition avait
pour but d'éviter des difficultés qui auraient pu s'élever
entre les armateurs et les actionnaires, les renseignements indiqués sur les actions délivrées aux intéressés
leur permettant de se faire une idée approximative de
l'étendue des engagements qu'ils contractaient.

. Le compte de construction et de mise hors devait
être clos, arrêté et déposé avec les pièces justificatives
au greffe de l'amirauté du port d'armement dans les
quinze jours après celui du départ du corsaire. L'amirauté pouvait accorder un délai supplémentaire de huit
jours, mais, passé ce terme, l'armateur demeurait privé
de tout droit de commission, par le seul fait de ne pas
avoir rendu son compte. — Déclaration de 1778.

Dans les sociétés pour la course, le montant du capital social ne pouvait être définitivement connu qu'après
la construction et la mise hors du corsaire. C'est à ce
moment qu'il fallait le fixer, et c'était là la raison de
l'obligation imposée à l'armateur de déposer ses comptes
à l'Amirauté dès le départ du corsaire, car il importait,
pour éviter des difficultés, de régler, au plus tôt, le
montant du capital social, l'acte constitutif de la société
ne pouvant pas en indiquer le chiffre exact.

Lorsque la construction et la mise hors d'un corsaire ne pouvaient être achevées, la perte était supportée par les intéressés, suivant leurs qualités, et par les actionnaires, au marc la livre du capital fixé pour l'entreprise.

Dans le cas ou le montant du capital n'avait pas été fixé, il devait être évalué par arbitres à la somme que l'entreprise aurait du coûter si elle avait été achevée. — Déclaration de 1778.

C'est que l'exercice de la course pouvait être entravé par divers événements d'ordre public, tels : que refus de l'état belligérant de délivrer des commissions ou conclusion de la paix ; ou d'ordre privé tels que : perte du corsaire avant sa mise hors, expiration du temps fixé pour la formation de la société, mort de l'un des associés, lorsque l'acte d'une société en commandite divisée en actions ne contenait pas de conventions contraires.

Les sociétés pour la course étaient régies sur tous les points non visés par les ordonnances et autres manifestations du pouvoir royal, pas l'Ordonnance sur le commerce de 1673. C'est ainsi que les contestations qui pouvaient s'élever entre les membres d'une société pour la course devaient être obligatoirement jugées par des arbitres.

Lorsque la course avait produit des sommes suffisantes pour réarmer, la société pouvait être continuée de droit, à moins de conventions contraires, les actionnaires ne pouvant demander le remboursement de leur mise que de gré à gré. L'armateur pouvait donc forcer ses coassociés à prendre part à un réarmement. Par contre, lorsque l'armateur, ayant mis le corsaire en vente, le rachetait pour le réarmer en course, les actionnaires pouvaient en prévenant l'armateur, dans le mois de l'adjudication, faire partie de droit de la nouvelle entreprise.

C'était une garantie donnée aux actionnaires que l'armateur ne pourait pas vendre le corsaire dans un mauvais moment, pour le racheter ensuite à vil prix. L'actionnaire à qui la mise en vente faite par l'armateur pouvait porter préjudice, était ainsi mis à même de bénéficier de l'acquisition avantageuse faite par l'armateur.

Toutes les règles dont nous venons de faire l'analyse étaient également applicables à l'armement en guerre et marchandises,

Il était interdit aux officiers des amirautés aux et commissaires de la marine de prendre aucun intérêt directement ni indirectement dans les bâtiments armés en course, a peine de cassation et de quinze cents livres d'amende.— Ordonnance du 5 mai 1693, renouvelée pendant la guerre de sept ans et la guerrre de l'Indépendance.

Pendant la guerre de la succession d'Autriche, des corsaires de Jersey et Guernesey, postés à l'embouchure de la Loire, en interceptaient l'entrée au grand dommage du commerce nantais. Voyant qu'il n'y avait aucun secours à espérer de la marine royale, fort occupée ailleurs, les juges consuls de Nantes résolurent d'armer un corsaire garde-côte pour protéger l'entrée du port et en assurer la sécurité. On ne pouvait songer à monter l'entreprise par actions, et il fallait trouver des fonds en dehors des ressources ordinaires. Les juges consuls sollicitèrent donc l'autorisation de mettre une imposition extraordinaire sur les marchandises entrant en ville. Un arrêt du Conseil d'état du Roi, dont le texte suit accorda l'autorisation demandée le 10 octobre 1744.

« Sa Majesté, étant informée que la guerre qu'elle a avec les Anglais cause un préjudice considérable aux négocians de la ville de Nantes, et de la nécessité d'établir un vaisseau garde-côte, pour assurer la navigation des côtes voisines de l'entrée de la rivière de Loire, à l'achat et entretien duquel il est à propos de pourvoir d'une façon qui soit également judicieuse pour tous ses sujets. A quoi Sa Majesté voulant pourvoir et donner des marques de son attention pour le bien du commerce et de ses sujets.

Vu les mémoires produits et signés par les juges et consuls, négocians et armateurs de la ville de Nantes, au sujet de l'armement et entretien d'un vaisseau garde-côte ; un exemplaire d'un tarif contenant les sommes auxquelles les marchandises entrant dans le port de la dite ville devroient être imposées pour subvenir aux frais et à la dépense nécessaires pour l'achat et l'armement du dit vaisseau garde-côte.

Veu aussi l'avis du sieur intendant et commissaire

départi en la province de Bretagne, et celui des députez au bureau du commerce.

Oui le rapport du sieur Orry, conseiller d'état ordinaire au conseil royal, contrôleur général des finances.

Le roi, étant en son conseil, a ordonné et ordonne que les juges et consuls de Nantes en exercice seront et demeureront autorisez à lever et percevoir par eux-mêmes ou par gens par eux commis les sommes pour lesquelles sont employées dans ledit tarif, toutes les marchandises y mentionnées, qui entreront dans le port de ladite ville de Nantes, par tous vaisseaux et bâtiments de mer, autres que les neutres et les ennemis de l'État, munis de passeports pour commercer dans le royaume ; à la charge que les deniers provenant de la dite imposition ne seront employés à aucun autre usage qu'au payement de l'achat, armement et entretien d'un vaisseau garde-côte ; et aussi à la charge par lesdits juges et consuls de rendre compte tous les six mois au dit sieur intendant et commissaire départi en la province de Bretagne de la recette et de l'emploi du produit de la dite imposition, laquelle sous quelque prétexte et pour quelque cause que ce puisse être ne pourra être perçue que jusqu'à la fin de la présente guerre, ou du moins jusqu'à ce que les dettes contractées pour raison du dit navire garde côte soient totalement acquittées, après lequel tems, en vertu du présent arrêt et sans qu'il soit besoin d'autre, ladite imposition cessera d'avoir lieu.

Veut en outre S. M. que le dit sieur intendant
et commissaire départi en la province de Bretagne con-
noisse seul, sauf l'appel du conseil, de toutes les contestations qui pourroient naître au sujet de l'exécution
du présent arrêt, lui en attribuant à cet effet toute cour
et juridiction, et icelle interdisant à toutes ses cours et
autres juges.

Enjoint Sa Majesté au dit sieur intendant et commissaire départi en la province de Bretagne de tenir la main
à l'exécution du présent arrêt qui sera lu, publié et affi-
ché partout ou besoin sera et sur lequel toutes lettres
nécessaires seront expédiées.

Fait au Conseil d'État du roi, Sa Majesté y étant,
tenu à Strasbourg, le dixième jour du mois d'octobre 1744

Signé : Phelypeaux. (1) »

Le corsaire garde-côte de la Chambre de commerce
de Nantes fut appelé le *Soleil*. Sous le commandement
du capitaine Durbé, ayant comme lieutenants les sieurs
de Saint-Jean et Beautier, il fit croisière à l'embouchure
de la Loire et le long des côtes voisines jusqu'à la fin de
la guerre, se joignant souvent à un autre corsaire armé
dans les mêmes conditions par les juges consuls de la
Rochelle ou correspondant avec lui à l'aide de signaux
conventionnels. A la conclusion de la paix, les juges et
consuls de Nantes voulant procéder à la vente du *Soleil*,
crurent devoir, l'armement de ce corsaire ayant eu lieu

(1) Archives de la chambre de commerce de Nantes. p. 689. Corsaires.

C

dans des conditions exceptionnelles, demander l'autorisation préalable de l'intendant de Bretagne et s'adressèrent dans ce but à M. du Rocher subdélégué à Nantes, lequel en référant au subdélégué général, reçut la réponse suivante :

« Il ne paroit, Monsieur, comme vous le pensez, aucun inconvénient de permettre aux juges et consuls de Nantes en charge de faire la vente du navire garde-côte le *Soleil*, afin d'en éviter l'entier dépérissement ; mais pour y parvenir, je pense qu'il est de la régle qu'ils présentent une requête à M. l'intendant que vous lui adresserez pour avoir l'ordonnance de permission nécessaire.

Je suis, etc......

22 may 1745, Signé : Nodier. (1) »

Le subdélégué de Nantes fit prévenir les juges consuls par la lettre suivante :

« J'ay cru, Monsieur, qu'il étoit nécessaire que Messieurs les juges et consuls prissent connaissance de la lettre dont copie est cy-dessus afin qu'ils s'y conforment. Ainsi je vous prie de ne pas différer un moment à la leur communiquer.

J'ai l'honneur, etc......

A Nantes, le 28 may 1745, Du Rocher. (2) »

Dès les premiers mois de 1756, l'Angleterre, sans avertissement préalable avait lancé ses flottes sur nos

(1) Archives de la chambre de commerce, D. 686-687. Corsaires.
(2) Archives de la chambre de commerce, D. 683-687. Corsaires.

navires de commerce, capturant plus de trois cents navires, montés par environ dix mille matelots et fait trois cents millions de prises (1). Pendant six mois, par une politique inexplicable, le gouvernement se contenta de protester, sans joindre les actes aux paroles. Résolu enfin à agir et comprenant, d'une part, que la façon la plus avantageuse de soutenir la guerre était de chercher à frapper l'ennemi au point faible — le commerce mari- time — et que d'autre part, les vaisseaux des escadres mises en ligne, étaient réduits à un rôle défensif, le gou- vernement de Louis XV, songeant à l'appoint précieux que pouvaient apporter dans la lutte les corsaires, adressa, aux juges consuls de Nantes, le 28 janvier 1756, la lettre suivante, écrite par le garde des sceaux.

« Versailles, le 28 janvier 1756.

Quoique les divers arrangements dont je suis obligé, Messieurs de m'occuper dans les conjonctures présentes ayent pour principal objet la protection du commerce, j'ai cru devoir étendre mon attention jusqu'aux arme- ments de mer qui se font en tems de guerre pour la course sur les ennemis de l'Etat. Instruit des dispositions où le roi a toujours été de favoriser ces sortes d'arme- ments, dans le cas où S. M. jugeroit nécessaire de les autoriser, j'ai mis sous ses yeux sa Déclaration du

---

(1) Les armateurs nantais furent durement éprouvés, d'après une enquête faite à l'époque par la Chambre de commerce et où se trouvent la liste des navires capturés ainsi que le chiffre approximatif de la perte subie par chaque armateur.

5 mars 1743, sur cette matière. Je lui ai proposé en même temps, non seulement de renouveler les principales dispositions de cette Déclaration, mais encore d'accorder de nouveaux encouragements, tant aux armateurs qu'aux équipages des corsaires. S. M. a bien voulu approuver les différentes propositions que je lui ai faites. Elle ma même permis de vous prévenir des intentions où elle est à cet égard. » (1)

« Vous aurez soin d'en instruire les négocians de votre place, afin qu'ils sachent à quoi s'en tenir et si vous jugez qu'il puisse y avoir d'autres dispositions favorables pour la course à proposer au Roi, vous pouvez me les indiquer. Je recevrai avec confiance vos observations, et j'en ferai l'usage convenable, lorsqu'il s'agira de rendre la Déclaration du Roi.

Au surplus, je désire que vous fassiez inscrire cette lettre dans les registres de votre chambre ; et je compte que vous la recevrez comme une nouvelle preuve de mon attention constante pour tout ce qui peut intéresser le commerce.

Signé Machault » (1)

L'armement en course ne fût autorisé à Nantes que le 23 juin 1756.

Les actions de corsaires étaient généralement sous-

(1) Suivait l'énumération des avantages que le gouvernement comptait accorder à la course, et qu'il accorda en effet. Nous en faisons l'analyse plus loin.
Archives de la Ch. de commerce. D. 688. Corsaires.

crites par des concitoyens ou amis de l'armateur, ou par
des personnes de la localité, esprits aventureux, ne crai-
gnant pas de risquer le tout pour le tout.

L'appât d'un gros bénéfice était tentant, et devait surtout plaire aux clients, alors nombreux, de la loterie
royale. Il n'était donc pas besoin de beaucoup de publicité pour écouler ces actions d'intérêt tout local. Quelquefois cependant, des lanceurs d'affaires essayaient de
monter la chose sur une plus vaste échelle. Comme il
fallait alors des capitaux considérables, qu'on eut trouvé
difficilement sur une seule place de commerce, on faisait connaître l'affaire dans tous les centres un peu importants au moyen de prospectus donnant des renseignements sur l'entreprise et en vantant les mérites.

Voici le texte d'un document de ce genre. On y voit,
en tête, un dessin assez naïf, enluminé de teintes plates
d'un ton criard. Sur une mer d'un bleu intense, deux
flottes, aux pavillons multicolores, échangent des coups
de canon d'un vermillon outré.

Armement à Nantes
de six frégates et deux corvettes

Chaque frégate portant 36 canons de 18 et 24 livres de balle
et montée par 400 hommes d'équipage.

Chaque corvette armée de 14 canons de 6 et 8 livres de balle,
12 pierriers et 120 hommes d'équipage.

Les sieurs Desgranges et Cie, négocians à Paris, rue Bailleul,
pleins du désir de répondre aux vues du gouvernement, et de
réparer autant qu'il leur sera possible les pertes qu'a éprouvé

le commerce en concourrant à repousser les efforts que les ennemis de l'Etat font journellement pour le détruire, ont formé le dessein d'armer en course six frégates et deux corvettes.

Cet armement se fera dans le port de la ville de Nantes, qui par sa position a déjà un avantage sur tous les ports de la Manche, trop exposés au voisinage des Anglois, pour que tous les bâtiments qui en sortent, ne deviennent aussitôt la proie de leurs vaisseaux, frégates et corsaires de force, qui croisent en nombre sur cette mer et s'aperçoivent aisément de tout ce qui se passe dans ses ports.

La construction de ces frégates sera dirigée par le sieur Jean Ballan, l'ainé, armateur à Nantes, dont la réputation est connue, et d'après les dévis des constructeurs les plus renommés ; elles auront cent quarante pieds de quille portant sur terre, avec toutes les proportions nécessaires pour leur donner la plus grande supériorité dans la marche, et pour être armées de 36 canons, dont 30 en batterie de 18 livres de balle et 6 de 24 ; elles seront en outre fournies de toutes les armes nécessaires et montées chacune par quatre cents hommes d'équipage.

Les corvettes auront soixante dix pieds de quille coupés et quatre-vingt-un pieds de tête en tête, vingt trois pieds de largeur, portant 14 canons de six et huit livres de balle, 12 pierriers et toutes les armes nécessaires pour armer cent vingt hommes d'équipage dont chacune sera montée.

Trois de ces frégates marcheront toujours de conserve avec une corvette de chaque croisière, de sorte que lorsqu'elles découvriront l'ennemi, elles auront 122 canons de gros calibre, qui les mettront en état d'attaquer, de se défendre, et de faire les prises les plus importantes.

Les fonds qui doivent servir à l'exécution de cet armement seront de la somme de deux millions cinq cent mille livres, que les sieurs Desgranges et Cie, ont divisé en action de cent vingt livres, qui pourront encore être prises par coupon de un, deux, trois ou quatre louis, suivant le désir de ceux qui voudront s'y intéresser.

Cette division, quoique fort pénible pour les armateurs a été adoptée uniquement pour faciliter à tout le monde les moyens de concourir à une entreprise aussi patriotique, et qui ne peut être que très avantageuse par les sages précautions qu'on apportera pour procurer à ces armements tous les succès qu'on en peut espérer.

Les actions seront reçues à Paris, par M. Frin et Cie, banquiers, rue du Carrousel, et par les sieurs Desgranges et Cie, négocians, rue Bailleul ; et les reconnaissances seront signées par ces derniers, qui rendront un compte exact de l'emploi des fonds qui en proviendront, ainsi que des travaux qu'ils ont pour objet, qui seront faits avec tous le soin et la vigilance qu'on peut désirer et dont sont capables les personnes les plus jalouses de remplir leurs engagements. On fera également connoitre par la voie des papiers publics, tous les huit ou quinze jours les noms des actionnaires qui le jugeront à propos ; mais toujours le nombre des actions qui seront remplies.

Les sieurs Desgranges et Cie donneront également avis de l'arrivée des dits vaisseaux, à mesure qu'ils rentreront dans les ports, ainsi que de leurs prises et du montant de la vente, constatée par les procès verbaux des officiers de l'amirauté, dont la répartition sera faite tout de suite à chacun des actionnaires, suivant sa mise.

Permis d'imprimer le 27 janvier 1779.

Lenoir

A Paris, de l'imprimrie de Cailleau, rue Saint-Séverin, 1779 ». (1)

(1) Archives de la Ch. de commerce. P. 688. Corsaires.

A ce document, se trouvaient jointes une certaine quantité de feuilles de souscription d'actions en blanc, envoyées en même temps à la chambre de commerce de Nantes par les organisateurs de l'affaire.

Nous donnons ici le texte d'une feuille de souscription ayant pour objet un armement différent de celui cité ci-dessus.

« Armement, équipement, ravitaillement de deux fregates

. . . .

chacune de 200 hommes d'équipage, 22 pièces de canon de huit livres de balle en batterie, 6 pièces de six livres sur le gaillard, pierriers et autres menues armes à proportion, sous le commandement de. . . . .

. . . .

et sous la direction de. . . . .
armateur et dépositaire des dittes deux frégates, pour courre sus aux ennemis de l'État, construits à neuf au port de Nantes, et en armement actuel au même port, pour prendre mer et commencer leur course aussitôt qu'elles seront en état. (1)

Les fonds de l'armement évalués par aperçu à 390.000 livres.

Acte de souscription

. . . .

soussigné, déclare être intéressé, comme par ces présentes

. . . .

dans l'armement, équipement et mise hors de deux frégates

. . . .

en armement en course, au port de Nantes, et pour les sommes fixées, pour lesquelles . . . .

(1) Suivait l'état détaillé des proportions des deux bâtiments que nous avons cru inutile de reproduire.

cy-bas sous écrit, le tout aux clauses, conditions, obligations, et stipulations conformes à la déclaration du roy du 21 juin 1778.

A . . . . . ce . . . .

Armement en course

Je soussigné . . . .

armateur de deux frégates nommées . . . .

pour courre sus aux ennemis, montées de 22 pièces de canon de huit livres de balle en batterie, et 6 pièces de six livres, sur les gaillards, pierriers et autres menues armes à proportion, et 200 hommes d'équipage, actuellement en armement au port de Nantes, pour prendre mer . . . .

temps et vent servant sous le commandement de. . . . .

. . . .

déclare avoir cédé et transporté à. . . . .

la propriété de. . . . .

d'intérêt, tant dans la totalité des dittes deux frégates, et leur armement, que dans les bénéfices qu'ils pourront produire. Pour lequel intéret, le dit sieur. . . . .

promet payer à ma première requisition la . . . .

susdite somme de. . . . .

Pour par moi. . . . .

en compte ou à. . . . . . . ordre, le bénéfice que les dittes frégates pourront acquérir, leur armement prélevé relâches et autres frais qui y seroient relatifs, le tout à proportion du susdit intérêt ayant pour agréable tout ce que je ferai délibérerai et payerai pour raison du dit armement, me laissan le dit sieur. . . . . la liberté et pouvoir de prolonger une course commencée, si je le juge à propos, promettant de me conformer pour les règlements de compte, aux ordonnances, déclarations du Roy, arrêts et règlements concernant la course sur les ennemis de l'Etat.

A Paris, ce. . . . .

Il a été fait état de la concession cy dessus par acte de ce jour, au pied du dépôt de la procuration énoncée, duquel acte je . . . .

. . . .

notaire à Paris, soussigné a fait la présente mention.

A Paris, ce. . . . . (1)

Pendant la guerre de l'Indépendance, les négociants de Nantes, assemblés à la Bourse par les juges consuls, prirent le 3 juillet 1778 la délibération suivante.

« Les négocians de Nantes, assemblés à la Bourse par MM. les juges consuls le vendredi 3 juillet 1778, à dix heures du matin, ayant eu connaissance de la dépêche de Mgr. de Sartine, ministre de la Marine, datée de Versailles, le 24 du mois dernier, et adressée aux dits juges et consuls, comme représentants du commerce, ont pris l'arrêté suivant pour donner au Roi un témoignage de leur amour et de leur zèle pour le service de Sa Majesté.

Les actions souscrites par chacun de nous, au bas du présent arrêté seront de MILLE LIVRES chacune, et employées en cas de guerre à la construction et armement; contre les ennemis de l'État, d'un ou plusieurs corsaires de 26 canons de 12 livres de balle; et pour toucher le

(1) Archives de la Ch. de commerce. Ḃ. 688. Corsaires.

montant des dites souscriptions, ainsi que pour en diri-
ger l'emploi, dans une assemblée nouvelle de commerce,
il sera nommé un ou plusieurs commissaires qui seront
chargés, de toutes les opérations, sous la reconnaissance desquels, nous nous obligeons de payer sans
délai le montant des actions souscrites.

Fait en l'Hôtel de la Bourse, le 3 juillet 1778 » (1)
suivaient les signatures des souscripteurs.

Ce projet ne fut jamais exécuté ; du moins n'avons
nous rien trouvé qui put nous permettre de conclure
qu'il ait eu des suites.

L'achat d'un navire destiné à faire la course n'entrait
que d'une façon secondaire dans les dépenses totales
d'un armement. C'est ainsi que dans une pièce de 1747,
intitulée. « Compte que rend Leray de la Clartais de
l'achapt et mise hors du corsaire *Hermine*, de Nantes,
le navire n'entre dans les frais d'ensemble, se montant
à 89, 902 l. 11 s. 11 d. que pour la somme de 9,500
livres.

Le document suivant donne un aperçu assez exact de
ce qu'étaient généralement les frais d'armement d'un
corsaire de force moyenne.

« Compte que rendent Fleuriau et Jamont, du cout, armement, vivres, artillerie, avances aux équipages, et entière
mise hors du corsaire la *Cécile,* à l'époque où son départ fut
arrêté par l'effet de l'embargo, le 11 ventôse au VI.

(1) Archives de la Ch. de Commerce. D, 688. Corsaires.

Savoir :

Cout du navire, suivant qu'il est passé par le prospectus à 32.000 francs.

L'entier gréément consistant en sa mature, voiles, cordages, ancres, poulies, pièces à eau, et son rechange, fourni par Ricordel, suivant marché à 35.000 francs.

Frais d'armement 43.393. 1.

Vivres, 14634.7.

Artillerie, 4698. (1)

Avances aux équipages, 4976,14 payées aux hommes de l'équipage pendant le cours de l'armement, et a été en perte, n'ayant aucun moyen de répéter ces sommes.

Dépenses à Painbœuf, 29.000, 14.

Frais de pavillon, 248,12.

Divers, 560.

Notre commission à 4% suivant prospectus, 5536,8.

Total 143.947, 18.

Et ajouter, pour faire une quotité d'actions et à porter au crédit du présent, dans le compte de désarmement, 52,2.

Total, 144.000:

Monte le présent compte d'armement à la somme de 144.000 francs sauf erreur ou omission.

Nantes, 1er Floréal, au 6.

Fleuriau et Jamont. » (2)

La *Cécile* fut désarmée et vendue, sans avoir pris la

_____

(1) Chaque pièce de canon revenait à 600 ou 800 livres environ, selon le calibre.

(2) Archives de la Marine à Nantes. Les pièces relatives à la course y sont réunies sous le titre de *prises*, et classées par année.

mer, après délibération et autorisation des actionnaires dans l'assemblée du 27 floréal, au VI.

Les dépenses d'armement se trouvaient quelquefois diminuées, d'une façon relativement importante—l'achat d'un navire n'étant pas la plus considérable des dépenses de l'armement—par le prêt fait aux armateurs des vaisseaux du roi.

C'est sous Louis XIV que s'introduisit l'habitude de prêter des vaisseaux de l'Etat à des particuliers pour faire la course, à de certaines conditions déterminées par les règlements suivants.

Le règlement du 5 octobre 1674, prélevait sur le produit des prises, avant tout autre prenant, le nécessaire pour radouber le vaisseau, et le remettre en l'état où il se trouvait au moment du prêt.

On prenait ensuite sur la masse du produit les frais de justice et le dixième de l'amiral, et le tout prélevé, le roi gardait un tiers du restant, l'armateur un tiers, l'équipage un tiers.

Le règlement du 8 novembre 1688 supprime le tiers dû au roi.

Le réglement du 20 novembre 1688 ordonnait la remise aux armateurs de vaisseaux gréés, radoubés et en état de service sans aucun frais de la part de l'emprunteur, qui n'était pas responsable de la perte du vaisseau prêté, et n'avait pas à payer d'appointements aux officiers et gardes-marine prêtés avec le bâtiment.

Parut ensuite l'ordonnance du 15 avril 1689, qui

renouvela tacitement le premier règlement de 1674, et révoquait par là même les exceptions établies par ceux du 8 et 20 novembre 1688.

Le règlement du 5 décembre 1691 rappelle ceux du 5 octobre 1674, 8 et 20 novembre 1688, sans faire à son tour mention de l'ordonnance de 1689. Il ordonnait, qu'il ne serait point donné, à l'avenir, de vaisseau au-dessus de 44 canons. L'Intendant du port de l'armateur dressait le traité qui réglait le prêt du bâtiment, et constatait l'état dans lequel il était livré. La solde des matelots et leur nourriture étaient au compte de l'armateur, mais le roi ne se réservait aucune part dans les prises.

Le vaisseau devait être rendu dans l'état où il avait été pris, mais l'armateur n'était pas responsable de sa perte.

Le règlement du 6 octobre 1694 attribue au roi le cinquième du produit des prises, mais laisse à sa charge le remplacement des approvisionnements consommés pendant la croisière.

L'ordonnance du 9 juin 1706 décide que le cinquième du roi ne serait sujet qu'aux frais de justice et autres portés par le Règlement de 1694.

L'Ordonnance du 1er juillet 1709 supprime le cinquième dû au roi, qui renonce à réclamer une part dans les prises faites par les vaisseaux prêtés par lui aux particuliers.

Louis XV accorda peu de vaisseaux pour faire la course, ceux qu'il prêta aux armateurs furent commandés par des officiers de la marine royale, et montés par des équipages levés pour le service de la flotte et soumis aux mêmes obligations et aux mêmes pénalités par l'ordonnance du 15 novembre 1745.

Le corsaire armé dans ces conditions présente de si près les mêmes caractères qu'un vaisseau de l'État qu'il serait permis de les assimiler l'un à l'autre, et d'affirmer en même temps que par suite d'un curieux mouvement d'évolution, le droit de prise exercé par la course s'est approché du droit de prise exercé directement par l'État au point de s'y confondre, refutant l'assertion des détracteurs de la course d'être incompatible avec la souveraineté de l'État.

Pour éviter une capture trop facile, il était interdit à l'armateur, de mettre sur un vaisseau armé en course moins de cinquante hommes. — Lettre de M. de Machault du 23 juillet 1756,

SECTION DEUXIÈME

Recrutement et composition de l'équipage.

§ I. — Capitaine et État-Major

Le titre de capitaine fut longtemps réservé à l'officier commandant un vaisseau du roi ; mais, en fait, ce titre était généralement donné à tous les capitaines de corsaire, qui auraient du, toutefois, pour rester dans le formalisme étroit des distinctions, se contenter du titre de *maître*.

L'ordonnance de 1681 emploie indifféremment les termes capitaine ou maître.

Depuis l'ordonnance de 1584, les patrons ou capitaines de navires, armés en course ou en marchandises, devaient être reçus en cette qualité par l'amirauté du lieu de leur domicile, mais cette formalité était souvent mal observée.

L'ordonnance de 1681 reprend et précise les dispositions de l'ordonnance de 1584.

Pour être reçu capitaine, il fallait avoir navigué pendant cinq ans, et passer un examen devant deux anciens capitaines et un professeur d'hydrographie. Cette obligation de naviguer pendant cinq ans pour être admissible à l'examen de capitaine fut confirmée par le règlement du 15 août 1725 et l'arrêt du Conseil du 7 avril 1756. La preuve en était faite par un certificat délivré par le commissaire des classes.

Les ordonnances de 1683 et de 1689 et le règlement du 15 août 1725 avaient prescrit, en plus, aux candidats au grade de capitaine, d'avoir à justifier de deux campagnes de trois mois au moins sur les vaisseaux du roi.

Cette obligation, supprimée par l'ordonnance du 27 mai 1716, fut remise en vigueur par une autre du 12 décembre 1724.

Il fallait, de plus, être âgé de 25 ans, d'après les ordonnances de 1683 et 1689, mais des dispenses pouvaient être accordées par le roi.

A la suite de plaintes formulées par les armateurs,

gênés par l'obligation de placer à la tête de corsaires d'un faible tonnage, des capitaines au long cours, parut la Lettre du Roi à l'amiral du 24 mars 1746, autorisant les armateurs de corsaires de 50 tonneaux et au-dessus, à en donner le commandement à des marins non pourvus du diplôme de capitaine.

L'ordonnance de 1681 attribuait au capitaine le soin de choisir et de recruter l'équipage, mais son choix était soumis à l'approbation de l'armateur, excepté dans le cas où l'engagement des matelots se faisait hors du domicile de ce dernier.

Le rôle de capitaine de corsaire était complexe et difficile. Avant le départ, outre le recrutement des matelots, il avait à s'assurer de l'approvisionnement du navire en armes, munitions, vivres, toutes choses de première nécessité pour la réussite de l'entreprise.

Pendant la croisière, il lui fallait déployer une attention de tous les instants, surveiller sans cesse l'horizon, et juger, du plus loin, si le point à peine distinct, est un lourd marchand dont l'attaque est propice, ou un vaisseau de haut bord à éviter à toutes voiles.

La discipline se maintenait avec peine parmi ces équipages, insouciants de tout péril, mais malaisés à plier au joug d'une autorité quelconque, et composés assez souvent d'éléments de moralité douteuse. Il fallait au capitaine et à ses lieutenants une main de fer pour maintenir leurs hommes dans le devoir.

Le commandant d'un corsaire devait être à la fois un

juriste doublé d'un observateur perspicace. Il lui fallait connaître à fond les règlements maritimes de France, ainsi que les différents traités et accords conclus par son pays avec les différentes nations neutres, vérifier si le navire visité et se donnant comme neutre n'était pas un ennemi déguisé, ou si, réellement neutre, il ne se trouvait pas en défaut, à peine de laisser échapper une prise légitime ou d'exposer son armateur à des indemnités ruineuses.

Rentré au port avec ses prises, son rôle n'était pas encore terminé. C'était à lui qu'incombait le soin de faire la déclaration de prise à l'amirauté, et de fixer, avec ses lieutenants, le nombre de parts attribuées à chaque homme, dans la limite des règlements.

L'état-major d'un corsaire comprenait, en outre du capitaine en premier, un ou deux seconds capitaines, puis des premiers, seconds lieutenants, par ordre d'ancienneté. Tous ces gradés portaient le titre d'*officiers-majors*.

A côté des officiers-majors, et considérés comme tels, mentionnons : l'*aumônier*, le *chirurgien* et l'*écrivain*.

L'ordonnance de 1681 et celle du 2 juin 1694 avaient établi l'obligation d'embarquer un aumônier sur les navires au long cours, sans viser formellement ceux armés en course, ce qui avait donné lieu à des contestations, certains armateurs de corsaire se prévalant du silence gardé, en ce qui les concernait, par les ordonnances précitées, tandis que les amirautés prétendaient que tout navire partant en course devait être considéré comme faisant un voyage au long cours.

C'est alors que fut rendue l'ordonnance du 30 août 1702, qui exigeait un aumônier sur chaque corsaire de cent tonneaux et au-dessus. Cette ordonnance fut modifiée par une seconde du 11 mars 1705, qui étendait cette obligation à tout corsaire d'un pont et demi et de soixante hommes d'équipage. Le 17 juillet 1709, parut une lettre de Pontchartrain aux amirautés, pour leur enjoindre de veiller à l'exécution de cette ordonnance. L'ordonnance du 2 juin 1794 frappait l'armateur dont le corsaire partait sans aumônier d'une amende de 1500 livres, dont un tiers devait être payé par le capitaine. Le règlement du 5 juin 1717 réduisait cette amende à 200 livres, payable par l'armateur seul.

L'aumônier ne pouvait être qu'un prêtre, soit séculier, soit régulier, approuvé par l'évêque diocésain ou par son supérieur. Il était tenu de célébrer la messe, au moins les jours de fête et dimanches, et de faire matin et soir la prière publique, à laquelle chacun était tenu d'assister. Il était payé trente livres par mois, et nourri à la table du capitaine.

Lorsqu'il ne se trouvait pas d'aumônier disponible, il devait en être fait mention sur le rôle d'embarquement; c'est ainsi que sur celui du *Marquis d'Aubeterre*, corsaire armé en 1779, se trouve la mention suivante : « Dispensé d'un aumônier, ne s'en étant point trouvé suivant certificat de M. de Hercé, en date du 26 janvier 1779 » (1).

Ce fut également l'ordonnance de 1681 qui inova l'obligation d'embarquer un *chirurgien* sur certains navires. Il n'y était question que de la navigation au long cours, de même que pour l'aumônier, mais les armateurs en course, assez enclins à traiter le secours spirituel de ce dernier comme quantité négligeable, n'élevèrent jamais de protestation contre le secours matériel également imposé du chirurgien.

C'est que si présence était utile sur les navires au long cours, elle était indispensable sur les corsaires, leurs croisières, même heureuses, allant rarement sans combat, et par suite, sans blessures pour certains de l'équipage.

L'ordonnance de 1681 imposait l'embarquement d'un ou deux chirurgiens, pour les voyages au long cours selon l'étendue du voyage et le nombre de l'équipage, et c'était à l'amirauté de décider si un seul suffisait, ou s'il en fallait deux.

Le règlement du 5 juin 1717 vint spécifier qu'il y aurait toujours un chirurgien au moins par cinquante hommes, en d'autres termes, autant de chirurgiens que l'équipage comprendrait de cinquantaine d'hommes. Le même réglement portait que les bâtiments de vingt hommes d'équipage et au-dessus étaient tenus de prendre un chirurgien pour·toute navigation qui n'était pas cabo-

(1) Archives de la Marine, à Nantes. Rôles d'armement.

tage. Cette dernière disposition visait incontestablement, selon nous, la navigation en course, qui ne pouvait être assimilée, ni à la navigation au long cours ni au cabotage.

Le chirurgien devait avoir été reçu en cette qualité par deux maîtres en chirurgie nommés à cet effet par l'amirauté. Il devait fournir les instruments de sa profession, mais c'était à l'armateur qu'incombait le soin de fournir les médicaments. Les uns et les autres étaient soumis au contrôle d'un chirurgien et d'un apothicaire, les plus anciens du lieu d'embarquement, trois jours au moins avant le départ. Le chirurgien et l'apothicaire chargés de ce contrôle, étaient tenus d'y procéder 24 heures après en avoir été requis, « à peine de trente livres d'amende et des intérêts du retardement ».

Il y avait généralement à bord de chaque corsaire un employé chargé de tenir la comptabilité du navire, et de dresser les procès-verbaux de visite, capture, et autres incidents de croisière, c'était l'*écrivain*.

Voici son origine : L'ordonnance de 1543 avait autorisé l'amiral à placer, à bord de chaque corsaire, un homme chargé de le représenter, de recueillir les papiers des prises, et de dresser le procès-verbal et l'inventaire de chaque capture; mais les capitaines et équipages des corsaires, mécontents de ce contrôle, maltraitèrent tellement les écrivains nommés par l'amiral qu'il devint très difficile de trouver des gens disposés à accepter ce poste peu enviable.

Il fallut avoir recours aux commissaires de la Marine,
qui désignaient généralement pour tenir l'emploi d'écrivain, des personnes présentées par les capitaines eux-
mêmes, ce qui rendrait le contrôle à peu près illusoire.

Une instruction du 20 avril 1697 réglementa à nouveau
le fonctionnement et les attributions de l'écrivain, mais
elle ne fut jamais appliquée, les armateurs ayant demandé à l'amiral et obtenu de lui la renonciation de
son droit. L'écrivain n'en continua pas moins à exister
sur chaque corsaire, mais il cessa de représenter les
intérêts de l'amiral pour devenir l'agent exclusif de l'armateur. Très souvent, son rôle était rempli par un des
lieutenants du corsaire.

On désignait sous le nom d'officiers mariniers, les
maîtres, quartier-maîtres, et autres gradés subalternes.

§ II. — Matelots et assimilés

Les hommes embarqués à bord des corsaires se divi-
saient en deux catégories bien distinctes : les *volontaires, l'équipage proprement dit.*

Les volontaires n'étaient pas, en général, des marins
de profession, et ne concouraient qu'exceptionnellement
à la manœuvre du bâtiment. Composés soit d'anciens
soldats et même quelquefois de militaires en activité
de servi détachés de leur régiment, soit de simples
civils à l'esprit aventureux, ils ne s'employaient que rarement à la conduite et à la direction du corsaire. Leur

rôle spécial était d'assurer le service de l'artillerie et de la mousqueterie. C'était, de beaucoup, la partie la plus turbulente et la plus indisciplinée de l'équipage, car on était forcé de ne pas y regarder de trop près dans le recrutement de ces auxiliaires.

Le recrutement des volontaires, libre pendant longtemps, ayant donné lieu à des abus, l'ordonnance du 16 janvier 1780, défendit d'enlever avant d'avoir « obtenu de Sa Majesté, une permission par écrit et que ladite permission n'ait été présentée au sieur lieutenant général de police à Paris, et aux commissaires départis dans les provinces. »

L'équipage proprement dit, était composé d'inscrits maritimes. On distinguait le *matelot*, le *mousse*, le *novice*.

Le matelot, dit Valin, « est un homme de mer qui a acquis une expérience suffisante au fait de la manœuvre d'un vaisseau. » (1)

Le mousse était un enfant de douze à dix-sept ans, faisant son apprentissage de matelot.

On entendait par novice, le jeune homme, qui, soit qu'il fut déjà mousse ou non, s'engageait pour servir une campagne sur un vaisseau. Il devait avoir seize ans au moins et vingt-cinq ans au plus, et pouvait devenir matelot au bout d'un an.

Jusqu'à la mise en vigueur du système des classes, le

_____

(1) Commentaire sur l'ordonnance de 1681, t. ii, p. 509.

recrutement des équipages avait été assez aisé, mais pendant la seconde moitié du xviie siècle, et tout le xviiie, l'extension de la marine royale, et l'adoption du système de l'inscription maritime le rendirent extrêmement difficile et le soumirent à de multiples formalités.

Il fallut d'abord que les deux tiers des matelots fussent français, condition malaisée à remplir, car la presque totalité des gens de mer était réclamée en temps de guerre, pour le service de l'Etat.

C'était le règlement de 1681, dit de Strasbourg, qui avait imposé cette gênante obligation à l'armement en course, mais des difficultés s'étant élevées à propos de son interprétation — certains armateurs soutenaient qu'il ne s'appliquai qu'à la navigation en temps de paix, et nullement aux corsaires — une lettre de Louis XIV, au Comte de Toulouse, du 1er mars 1710, vient spécifier l'obligation, pour les équipages de corsaires, d'être composés de Français pour les deux tiers.

Le règlement du 1er mars 1716, prohibait tout enrôlement de marins étrangers, mais il ne fut jamais appliqué, et fut révoqué par l'ordonnance du 20 octobre 1723.

Pendant la période révolutionnaire, une loi de 1793 et un arrêté du 23 thermidor an III, augmentèrent encore l'embarras des armateurs en décidant qu'on ne pourrait embarquer sur les corsaires que le sixième des marins inscrits. Leur recrutement devint, en fait, presque impossible, car la Marine, usant d'autorité, ne toléra souvent l'embarquement des inscrits maritimes que pour l'état-major et la mestrance. Ce régime de bon plaisir — on inaugurait une ère de liberté — dura jusqu'à l'arrêté du 2 prairial an XI.

L'engagement des matelots était réglé par l'ordonnance de 1681, il se faisait *au voyage, au mois, au profit ou à la part, au frêt.*

Les matelots engagés pour la course, l'étaient presque toujours au profit ou à la part, tandis que ceux engagés pour la navigation ordinaire l'étaient ordinairement au mois.

L'engagement à forfait pour la durée du voyage était tombé en pleine désuétude à l'époque où écrivait Valin, et l'engagement au frêt n'était usité que dans la navigation au cabotage.

Dans l'engagement au profit, le matelot recevait tant sur les bénéfices de l'entreprise, il était, avons nous dit, presque exclusivement usité dans les engagements pour la course.

C'était, du reste, le régime légal fixé par l'office de 1686, l. 3, t. 9, art. 33, et qui réglait les rapports de l'armateur et des matelots, lorsqu'il n'avait rien été spécifié de part et d'autre. Il revenait alors un tiers des prises à l'équipage, qui se le partageait d'après des règles que nous étudierons plus loin.

L'espoir d'abondantes parts de prises, contribuait sans doute largement à décider le matelot en quête de place à donner la préférence à un voyage en course,

mais cette seule perspective n'eut sans doute pas suffi à
le décider.

Le matelot, en effet, faisait rarement d'économies.
vivant au jour le jour, dans une sereine imprévoyance.
Le mirage de futures parts de prises n'eût pas suffi à le
faire subsister pendant le temps qui s'écoulait entre
l'engagement et le départ du corsaire. Il lui fallait quelque chose de plus tangible, un avant-goût palpable,
donné par l'armateur du butin futur. La course pouvait
ne pas donner de résultats, et dans ce cas, le matelot
n'ayant pas à toucher de parts de prises n'aurait pas été
rémunéré de son travail pendant la croisière. C'est pour
cela que s'était établi l'usage de donner aux équipages
des corsaires, une certaine somme, à titre de loyer ou de
gages, pour les payer de leur travail à bord du navire
pendant l'expédition.

Une partie des gages, payable avant l'embarquement,
portait le nom *d'avance*; elle était généralement des
deux tiers du total des gages, le dernier tiers devant être
versé sitôt la course terminée. On désignait aussi parfois
sous ce nom d'avance, la totalité des gages versés aux
matelots.

Lorsqu'il n'avait été passé aucune convention entre
l'armateur et l'équipage, les gages restaient acquis aux
matelots, en plus de leurs bénéfices dans la course; mais,
le plus souvent, l'armateur avait soin de faire un traité
par écrit, spécifiant que la totalité des gages serait
imputable sur la part de prises. Il en fut ainsi jusqu'à la

déclaration du 24 juin 1878, spécifiant que la totalité des
gages serait imputable, de droit, sur la part revenant à
chacun.

Dans le cas de prise ou de perte du corsaire, le dernier
tiers des avances n'était pas exigible. — Règlement du
26 octobre 1693.

Les matelots, avons nous dit, se recrutaient avec peine
en temps de guerre, aussi en profitaient-ils pour exercer
sur l'armateur, obligé d'en passer par leurs exigences,
une sorte de chantage, en lui demandant des gages
exorbitants.

Cet abus était devenu si grand, que le pouvoir royal,
intervint pour essayer, incomplètement d'ailleurs, d'y
couper court.

L'ordonnance du 27 Novembre 1589, établit un chiffre
maximum pour la partie des gages payée avant l'embarquement, c'est-à-dire l'avance, 10 écus pour les matelots
les moins capables, 15 écus pour les plus habiles, avec
défense à l'armateur ou au capitaine, de donner plus à
peine de 3000 livres d'amende.

Le règlement du 25 novembre 1693 réglementa le
même sujet d'une façon beaucoup plus précise, d'après
un tarif trop étendu pour que nous le citions ici en
entier.

Les avances y variaient depuis 150 livres pour les
maîtres jusqu'à 18 livres pour les mousses, et le *denier*
à Dieu, arrhes de l'engagement, ne devait pas dépasser
trente sols, à peine de 3000 livres d'amende pour l'ar-

mateur, responsable vis-à-vis de ses co-associés. Les deux tiers des gages étaient payables avant le départ du corsaire, l'autre tiers cinq jours après son retour.

Il était interdit de donner des avances aux officiers-majors et aux volontaires, mais, au dire de Valin, cette défense, de son temps, n'était plus observée.

La déclaration du 24 juin 1778 renouvela les dispositions du règlement du 25 novembre 1693, quant aux avances, à peu près dans les mêmes termes.

Ces tarifs d'avances légales ne concernait que l'armement en guerre ; à l'égard des bâtiments armés en guerre et marchandises, les avances étaient réglées de gré à gré. — Déclaration du 24 juin 1778.

L'ordonnance de 1681 accordait, avons nous dit, un tiers des prises aux hommes des équipages, lorsqu'il n'était pas passé de conventions particulières entre l'armateur et eux, et leur permettait, en outre, de se faire attribuer, par contrat, des parts d'une valeur à débattre dans la répartition des bénéfices de la course.

Cette latitude pouvait avoir l'inconvénient de léser les plus méritants de l'équipage au profit de quelques autres moins diligents, mais plus habiles et plus négociateurs, aussi le règlement du 25 novembre 1693 vint interdire tout contrat particulier stipulant une part déterminée pour chacun des hommes de l'équipage. Il convient de faire observer qu'il laissait libre toute convention particulière ayant trait à autre chose qu'une attribution spéciale dans les prises, par exemple, durée de la course, travail à faire à bord du bâtiment, etc... ; et qu'il permettait à l'équipage de stipuler collectivement qu'il lui reviendrait plus d'un tiers dans les prises, la faculté pour un homme de l'équipage de s'avantager aux dépens de ses camarades étant seule interdite.

La répartition des bénéfices, dont nous étudierons le fonctionnement au chapitre de la *liquidation*, se faisait par les équipages eux-mêmes, ou pour parler plus exactement par quelques-uns, les plus autorisés d'entre eux.

Les gages donnés aux matelots engagés sur un navire armé soit en guerre, soit en guerre et marchandises étaient soumis à la retenue des invalides, depuis l'édit de 1713, confirmé et resté en vigueur pendant la période révolutionnaire et renouvelé par l'arrêté du 2 prairial an XI.

Les droits des invalides, sur les gages étaient versés, non pas directement par les intéressés eux-mêmes, mais par l'armateur, qui leur retenait le montant des sommes versées en leur nom à la Caisse des Invalides, et se faisait remettre en échange un récépissé constatant le versement. En voici un exemplaire.

Arrondissement de Nantes.   an 6e

Invalides de la Marine.

Armement en guerre n° 101.
Quittance n° 101.
Je soussigné, trésorier particulier des Invalides de la Marine,

de l'arrondissement de Nantes, reconnais avoir reçu, ce jour du *citoyen Cossin*, négociant et armateur du navire particulier *la Clarisse*, capitaine *Robert Surcouf* (1) armé pour aller a *l'Isle de France*, suivant le rôle d'équipage expédié au bureau des classes de la Marine de *Nantes, le 22 thermidor, an VI*, la somme de 443 fr. 50 c., pour le sol pour livre attribué aux dits invalides, sur celle de 8870 fr. payés par le dit *Cossin* à l'équipage dudit navire pour *acompte de prises*, mois d'avance à l'armement, ainsi qu'il est plus amplement détaillé au rôle de l'armement du dit navire.

Fait à Nantes, le 24 thermidor, 6ᵉ année.

Jolivel. » (2)

L'engagement des équipages ne devenait difinitif et complet qu'après l'autorisation de l'autorité maritime à leur embarquement.

L'édit d'août 1673, en imposant dans toute la France le nouveau système des classes, rendait évidemment le recrutement des matelots pour la marine de l'Etat beaucoup plus facile et plus rapide, mais par la même créait des difficultés nouvelles à la navigation privée.

Nous avons vu que l'armateur ne pouvait engager qu'une certaine quantité d'étrangers. Il lui était également ment interdit d'embarquer des français non inscrits aux

(1) Le célèbre corsaire malouin, revenu en France pour réclamer contre le jugement qui confisquait les prises faites par lui, dans la mer des Indes, sur l'*Emilie*, non pourvue de commission, accepta de l'armateur nantais Cossin, le commandement de la *Clarisse*, armée en guerre et marchandises, avec son frère Nicolas Surcouf comme second.
(2) Archives de la Marine, à Nantes. Prises, an VI.

classes, quelle que put être leur connaissance du métier.

Les inscrits maritimes ne pouvaient s'embarquer avant d'avoir retiré un bulletin d'inscription que le commissaire aux classes ne délivrait souvent qu'après d'interminables délais. De plus, comme en temps de guerre, l'autorité maritime réquisitionnait, pour le service des flottes, les marins les plus capables et les plus disciplinés, les armateurs en course se trouvaient réduits à l'alternative d'engager des hommes de qualité douteuse ou de renoncer à leur croisière.

D'autre part, les inscrits maritimes étaient obligés de servir sur les vaisseaux de l'Etat à des époques déterminées. Ils ne pouvaient donc s'engager qu'entre deux campagnes, et leur engagement devait, par conséquent être calculé de façon à ce que leur retour fut effectué avant le commencement de l'année de leur service. — Ordonnance de 1689.

L'armateur qui embarquait un inscrit sans s'être assuré de l'autorisation préalable de l'inscription maritime, était passible d'une amende de 100 livres et de punition corporelle en cas de récidive. — Edit de 1673 et ordonnance de 1689.

Le système des classes avait donc rendu le recrutement des matelots fort difficile aux armateurs, et l'obligation où il les plaçait d'embarquer un nombre de mousses et de novices beaucoup plus considérable qu'il n'était nécessaire ne contribuait pas à rendre leur tâche plus aisée. On leur retirait presque tous les hommes expérimentés et aguerris pour leur imposer — singulière compensation — des enfants, des jeunes gens inutiles et encombrants.

Il fallait, en effet, embarquer un mousse pour trois hommes d'épuipage.—Règlement du 23 juin 1727. Quant aux novices, le même règlement en exigeait un sur chaque bâtiment de 25 tonneaux et au-dessus. L'ordonnance du 22 décembre 1739 portait qu'il y aurait un novice pour dix matelots, et celle du 23 juillet 1745, renchérissant encore, en exigeant un pour quatre matelots.

Ces règlements, d'une application difficile, furent sans doute fréquemment éludés en pratique. Les rôles d'équipage du port de Nantes (1) que nous avons examinés ont une proportion de mousses et de novices qui est assez rarement celle exigée par les ordonnances pré-citées.

Nous faisons suivre ces commentaires sur le recrutement et la composition des équipages, du rôle du corsaire le *Marquis d'Aubeterre*.

« Année 1779   à la part

— 　　　　　　　　　　　　　　　　　　　 —

Département de Nantes

Le corsaire *Marquis d'Aubeterre*, allant en course pour quatre mois.

Armement

Rôle de l'équipage du *Marquis d'Aubeterre*, du port de 250 tonneaux, armé de 22 canons, percé pour 22 en batterie, tirant

(1) Archives de la Marine, à Nantes. Rôles d'armement.

d'eau, chargé, 12 pieds et non chargé, 9 pieds, un pont, deux
gaillards, appartenant à M. Teissier, armé à Nantes par ledit
sieur, à la part, sous le commandement du sieur Loisel de la
Quinière, pour aller en course contre les ennemis de l'Etat,
avec les avances cy après tirées hors lignes.

17 officiers majors. (1).

Dispensé d'un aumónier ne s'en étant point trouvé suivant
certificat de M. de Hercé, vicaire général à Nantes, en date
du 26 janvier 1779.

16 officiers mariniers.

2 officiers non mariniers.

20 matelots.

52 novices.

46 volontaires dont un capitaine et un lieutenant.

17 mousses.

A côté du nom de chaque homme étaient réservés des blancs
pour l'inscription des mentions suivantes : âge, qualité et solde,
changement pendant le voyage. Classe et folio. Avances à
l'armement ». (2)

On a souvent invoqué et mis en avant la conduite des
équipages de corsaires, pour condamner la course
elle-même. C'est confondre l'institution avec les
abus auxquels elle a pu donner lieu, abus bien souvent
dus à une réglementation mal entendue et non à des
causes intrinsèques.

(1) Pour éviter des longueurs, nous avons passé les noms.
(2) Archives de la Marine, à Nantes. On lit en tête du rôle d'armement la mention suivante — « sans noucelles ». C'est que le *Marquis d'Aubeterre* disparut corps et biens.

Commissions ou lettres de marque

La course, fut à l'origine une entreprise entièrement privée, conçue et exécutée exclusivement par l'initiative individuelle, et garda longtemps ce caractère. L'idée contraire, cependant, se faisait jour, peu à peu, grandissant à mesure que la conception féodale allait s'amoindrissant et s'affirmant, au moins en France, dès le commencement du xvie siècle, en un principe indiscutable et accepté comme tel.

Délégation d'un droit appartenant exclusivement au souverain, la course devenait une concession purement gracieuse du roi, révocable *ad mutum*, sans garantie d'aucune sorte. Cette conception, légèrement modifiée depuis cent ans, par l'idée de la souveraineté nationale, se maintiendra tant que les peuples seront soumis à un pouvoir fortement centralisé.

La première ordonnance connue inspirée directement de l'idée nouvelle, est celle de 1400. Elle établit pour les particuliers, la nécessité d'obtenir, avant de pouvoir armer en course, un *congé*, c'est-à-dire, l'autorisation de l'amiral, agissant, non pas de sa propre autorité, mais comme simple représentant et délégué du roi, seul habile à consentir la transmission d'un droit dont il était le titulaire exclusif.

L'esprit, sinon les termes de cette ordonnance, se

retrouve dans celles de 1517, 1543, 1584, dans la déclaration de 1650 et l'arrêt du Conseil de 1662.

On avait élevé autrefois une objection subtile contre la nécessité de prendre une commission de l'amiral, pour se livrer à la course.

La déclaration de guerre enjoignait généralement aux sujets du roi de *courre sus aux ennemis* ; cela ne dispensait-il pas, disait-on, de toute demande d'autorisation, pour armer en course ? Ajoutons que cet argument était resté confiné à la théorie, et n'avait jamais été invoqué pour éluder la nécessité d'une autorisation préalable.

« Aucun ne pourra armer en guerre, sans commission de l'amiral. » C'est en ces termes, d'une concision peut-être calculée, que s'exprimait la grande ordonnance de de 1681, l. 3, t. 9, a. 1ᵉʳ, dont presque toutes les dispositions restèrent en vigueur jusqu'à la fin de l'ancien régime.

L'obligation d'obtenir l'autorisation de l'amiral pour faire naviguer un vaisseau, quel que fut son armement était considérée comme tellement nécessaire, qu'on admettait qu'une permission directe du roi ne pouvait y suppléer. Valin cite l'exemple d'un armateur qui, ayant obtenu du roi le prêt d'un vaisseau pour faire la course, s'était cru dispensé de la permission de l'amiral. Ses prises, déclarées cependant valables, furent confisquées. (1)

---

(1) VALIN. Nouveau commentaire sur l'ordonnance de 1681. t. ɪɪ, p. 215.

Faisons remarquer que l'ordonnance de 1681 ne sanctionnait d'aucune peine cette obligation de prendre une commission pour armer en course. Le même silence avait été gardé par les ordonnances antérieures. D'après Valin, il fallait appliquer, dans ce cas, la peine de confiscation qu'elles prononçaient contre ceux qui sortaient en mer sans congé de l'amiral.

L'autorisation donnée par l'amiral de faire sortir un navire pour capturer la propriété ennemie s'appelait *commission*, par opposition au *congé*, qui se donnait pour la navigation ordinaire.

Les commissions étaient de plusieurs sortes. On distingue la *commission en guerre,* la *commission en guerre et marchandises,* la *lettre de marque* ou de *réprésailles.*

La commission en guerre était délivrée au navire uniquement destiné à faire la course. Elle se donnait exclusivement en temps de guerre.

La commission en guerre et marchandises était réservée aux navires armés en vue de transporter des marchandises mais, en état de capturer, à l'occasion, des navires ennemis de force inférieure ou moins bien armés.

Les voyages au long cours duraient parfois plusieurs années. Ils nécessitaient un fort équipage et de sérieux moyens de défense pour repousser les pirates alors nombreux et mettaient le navire ainsi armé à même de profiter d'une occasion propice. La commission en guerre et marchandises était donnée aussi bien en temps de paix

qu'en temps de guerre, car les hostilités pouvaient être
déclarées au cours du voyage, et la capture des pirates
et forbans était autorisée en tout temps.

La lettre de marque ou de réprésailles était réservée à
un cas tout particulier — celui où des vaisseaux où des
marchandises étaient capturés, *en temps de paix*, et où
toutes les réclamations faites au nom des spoliés restaient sans effet.

Elle permettait aux victimes de ces spoliations d'armer
un navire, et bien qu'en temps de paix, de se saisir de
la propriété du spoliateur lui-même, ou de celle du premier venu d'entre ses concitoyens.

L'ordonnance de 1681 porte en titre « *lettre de marque
ou de réprésailles* », elle semble donc considérer ces
termes comme synonymes ; mais, dans le langage courant, lettre de marque signifie autorisation écrite d'un
gouvernement d'armer un navire pour faire la course,
que ce soit en guerre et marchandises ou en guerre seulement.

Pour obtenir une lettre de marque ou de réprésailles,
il fallait faire devant l'amirauté du lieu de débarquement la déclaration des circonstances de la rupture,
accompagnée d'une estimation de la valeur des choses
capturées, dressée par experts.

La lettre de représailles n'était accordée à l'impé-
trant qu'après des réclamations présentées par l'ambassadeur français et restées sans effet. Elle faisait mention
de la valeur des effets spoliés, portait permission de sai-

sir les navires et marchandises de l'Etat qui refusait de
faire restituer les choses retenues, et n'était valable que
pour un temps limité. De plus, on ne la délivrait qu'a-
près versement d'une caution égale à la moitié de la
valeur des biens enlevés au réclamant, mesure sage, sans
doute, mais qui mettait l'armateur, déjà appauvri par la
perte subie, dans la nécessité de se dessaisir de capitaux,
souvent indispensables pour armer le navire destiné à
exercer les répresailles.

Les prises, ajoute l'ordonnance de 1681, étaient jugées
et liquidées dans la même forme que celles opérées en
temps de guerre, jusqu'à concurrence de la somme
indiquée sur la lettre de représailles.

De ce qui suit, ressortent entre la commission et la
lettre de répresailles les différences suivantes :

La première se donnait exclusivement en temps de
guerre, la seconde, en temps de paix seulement.

L'un permettait de saisir les navires et marchandises
ennemis sans limite, l'autre bornait la saisie à la valeur
des biens spoliés.

La commission se donnait couramment, la lettre de
représailles était très rarement accordée. On en cite un
très petit nombre.

Le navire armé en guerre et marchandises n'avait pas
à prendre un *congé*, la commission suffisait. On n'était
pas d'accord, d'autre part, sur le point de savoir, si un
armateur, ayant obtenu pour un navire, une *commission
en guerre,* pouvait embarquer des marchandises et faire

le commerce sans prendre en plus un congé. La question était résolue, en pratique, par la négative.

De ce que nous venons de voir, on peut inférer, que la course, dont l'exercice avait lieu normalement en temps guerre, pouvait, par exception, être pratiquée en temps de paix.

C'est dans les termes suivants que le gouvernement annonçait aux juges consuls de Nantes, pendant la guerre de sept ans, l'envoi de commissions en guerre pour les armateurs de Nantes, par l'intermédiaire de l'amirauté.

« A Versailles, le 3 juin 1756.

M.M.

Je vous préviens que Mgr l'amiral doit vous faire envoyer des commissions en guerre pour la course contre les Anglais. Vous en délivrerez à tous les armateurs qui en demandent. Vous aurez soin de les exciter tous à se mettre en état de profiter des avantages considérables que le Roy a bien voulu accorder pour la course, et Vous me rendrez compte des dispositions qu'ils feront pour cela.

Je suis, Monsieur, votre affectionné à vous servir.

Signé : Machault. »

On lit, au bas du même document.

« Je vous envoye, Monsieur, copie de la lettre qui nous a esté escrite par Mgr le garde des sceaux. Je vous prie

de la communiquer à MM. vos confrères, et de me
croire,....etc,

Signé : Jégo de la Blottière. » (1)

Au cours de la même guerre, le duc de Choiseul,
ministre de la Marine, adressa la lettre suivante à
M. Millain, commissaire général de la marine à Nantes.

« Versailles, le 16 octobre 1761.

Il a été fait des représentations, Monsieur, de la part
de plusieurs négocians de votre port qui désireroient
avoir la liberté de faire des armements pour la course.
Ces sortes de demandes ne pouvant leur estre accordées
pour le présent, il convient que vous fassiez connoitre à
ceux que vous saurez estre dans la disposition d'armer
des corsaires, qu'il est inutile qu'ils m'envoyent des
demandes à ce sujet ; qu'aussytôt que les circonstances
pourront permettre de leur laisser la liberté de faire ces
sortes d'armements, je ne differeray point de la leur
procurer.

Signé : duc de Choiseul.

Pour copie

Millain. » (2)

Ce refus du gouvernement d'accorder des commissions
en guerre, était, sans doute, motivé par l'intention de ne
pas entraver les négociations commencées à la même
époque, pour la cessation des hostilités.

(1) Archives de la Ch. de commerce, D. 688. Corsaires.
(2) Id.

Nous donnons ci-dessous le texte d'une commission
en guerre.

« Louis, Jean, Marie, de Bourbon, duc de Penthièvre
de Châteauvillain, de Rambouillet, gouvernenr et lieutenant général pour le Roy, en sa province de Bretagne,
amiral de France, à tous ceux qui ses présentes lettres
verront, salut.

Le Roy ayant déclaré la guerre à l'Angleterre pour les
raisons contenues dans la Déclaration que Sa Majesté
a fait publier dans toute l'etendue de son royaume, pays,
terres et seigneuries de son obéissance, et Sa Majesté
nous ayant commandé de tenir la main à l'observation
de ladite déclaration, en ce qui dépend du pouvoir et
autorité qu'il a plu à Sa Majesté attribuer à notre dite
charge d'amiral, avons donné congé, pouvoir et permission à *Claude Durbé*, de faire armer et équiper en guerre
un navire nommé le *Soleil de Nantes*, du port de *cent
quatre-vingt-dix* tonneaux ou environ, qui est à présent
au port de *Paimbœuf*, avec tel nombre d'hommes,
canons, boulets, poudre, plomb et autres munitions de
guerre et vivres qui y sont nécessaires pour le mettre en
guerre et estat de naviguer et courir sus aux pirates, forbans et gens sans aveu, mesme aux sujets du roi d'Angleterre et autres ennemis de l'Etat, en quelque lieu qu'il
les pourra rencontrer, soit aux costes de leur pays, dans
leurs ports ou sur leurs rivières (1), mesme sur terre,

(1) En France, l'équipage d'un corsaire ennemi entrant dans une
rivière était considéré comme pirate et comme tel condamné aux
galères. Edit de juillet 1691.

aux endroits ou ledit *Claude Durbé* jugera à propos de faire des descentes pour nuire auxdits ennemis, et y exercer toutes les voyes et actes permis et usités par les lois de la guerre, les prendre et amener prisonniers avec leurs navires, armes et autres choses dont ils seront saisies ; à la charge par ledit *Claude Durbé*, de garder et faire garder par ceux de son équipage les ordonnances de la marine, porter pendant son voyage le pavillon et enseignes des armes du Roy et des nostres ; faire enregistrer le présent congé au greffe de l'amirauté le plus proche du lieu où il fera son armement ; y mettre un rolle signé et certifié de lui, contenant les noms et surnoms, la naissance et demeure des hommes de son équipage ; faire son retour audit lieu ou autre port de France, y faire son rapport par devant les officiers de l'amirauté et non d'autres, de ce qui se sera passé durant son voyage ; nous en donner avis et envoyer au secrétaire général de la Marine son dit rapport, avec les pièces justificatives d'icelui pour estre sur le tout par nous ordonné ce que de raison.

Prions et requérons tous rois, princes, potentats, seigneuries, estats, république, amis et alliez de cette couronne et tous autres qu'il appartiendra, de donner audit *Claude Durbé*, toute faveur, aide, assistance et retraite en leurs ports avec son dit vaisseau, équipage, et tout ce qu'il aura pu conquérir pendant son voyage, sans lui donner, ni souffrir qu'il lui soit fait ou donné aucun trouble ni empêchement, offrant de faire le semblable, lorsque nous en serons, par eux, requis.

Mandons et ordonnons à tous officiers de marine et autres qu'il appartiendra, de le laisser sûrement et librement passer avec son dit vaisseau, armes, équipages et les prises qu'il aura pu faire, sans aucun empeschement, mais au contraire, lui donner tout le secours et assistance dont il aura besoin, ces présentes non valables, après un an du jour de la date de l'enregistrement d'icelles.

En témoin de quoy, nous les avons signées et icelles fait sceller du sceau de nos armes et contresigner par le secrétaire general de la Marine.

A Versailles, le cinquiesme jour du mois de juin, 1744.

L. J. M. de Bourbon.

Par son altesse sérénissime

Délivré par nous, receveur général des droits de son altesse sérénissime, Monseigneur l'amiral. Reçu soixante-six livres.

Signé: Ledru. »

Au verso du parchemin on lit. « Soit enregistré à Nantes, le 5 juin 1744.

Signé: Roger.

La présente commission a esté enregistrée au greffe de l'amirauté de Nantes, le treize du mois de juin 1744, ayant esté cauption suivant l'ordonnance

Le Normand, greffier

Apporté au greffe de l'amirauté de Nantes, la déclaration de relâche, le 14 aoust 1744, pour cause de mauvais temps et voye d'eau.

A payé 4 l. 4 s. 6 d.

Le Normand, greffier (1)

Nous avons pensé qu'il pouvait être intéressant de donner, à titre de comparaison, la traduction de la commission délivrée au corsaire anglais *Lynn*, capturé par un vaisseau du roi et conduit au Croisic.

« Georges II, par la grâce de Dieu, roi de la Grande Bretagne, France et Irlande, défenseur de la foi, à tous ceux à qui ses présentes parviendront, salut.

D'autant plus que par notre déclaration du 17e jour de may de l'an de N. S. 1756, et pour les raisons qui y sont contenues, avons déclaré la guerre contre la France, c'est pourquoy nous avons par notre commission sur le grand sceau en date du 14e jour de juin suivant, avons voulu ordonner, requis et autorisé notre grand amiral de la Grande-Bretagne et d'Irlande pour le temps présent et nos commissionnaires pour les exécutions de l'office de notre grand amiral de la Grande-Bretagne et Irlande, et les commissionnaires pour exécuter ledit office pour le tems présent, à donner des commissions en guerre à nos fidèles sujets ou autres à qui notre grand amiral ou nos dits commissionnaires pour l'exécution dudit office et nos commissionnaires pour son exécution pour le temps présent estimeront qualifié,

(1) Archives de la Ch. de commerce. D. 688. Corsaires.

pour commander et pour arrêter, saisir et prendre les
navires, vaisseaux et marchandises appartenant à la
France ou aux vassaux et sujets du roi françois et autres,
demeurant dans ses contrées, territoires et domaines, et
tous autres navires, vaisseaux et marchandises qui
seront ou sont sujets à la confiscation, suivant les traités
respectifs entre nous et les autres princes, États et
potentats ; ensuite de faire condamner les mêmes dans
notre grande cour de l'amirauté, ou toute autre cour
d'amirauté qui sera légalement authorisée (*sic*) dans ce
cas, pour que les procédures, adjudications et condamnations obtenues sur les dittes soyent faites selon le
cours de l'amirauté et les lois des nations et avec telles
clauses pour y être exprimées dans la manière comme
il paroîtra plus amplement dans notre commission. C'est
pourquoy nos dits commissionnaires pour l'exécution
du dit office ont estimé *Abraham Bailleul*, qui a
équipé, fourni et victuaillé un navire nommé le *Lynn,*
corsaire du port d'environ soixante tonneaux, qualifié
de le commander, et comme ledit *Abraham Bailleul* a
donné des cautions suffisantes dans notre ditte grande
cour d'amirauté suivant l'effet et forme énoncés dans
nos instructions faites le 5e jour de juin susdit, et dont
a été remis une copie au dit capitaine *A. Bailleul.*

C'est pourquoi qu'il soit connu par ces présentes que
nous accordons commission et autorisons ledit *A. Bailleul*, de partir sur ledit navire le *Lynn,* corsaire équipé
hostilement sous son commandement, et avec, par force

d'armes, arrêter, saisir et prendre les navires, vaisseaux et marchandises appartenant à la France, ou aux vassaux et sujets du roy françois ou autres demeurant dans ces contrées, territoires et domaines, et tous autres, navires, vaisseaux et marchandises qui seront sujets à confiscation suivants les traités respectifs, entre nous et les autres princes, États et potentats, et de les amener dans le port le plus convenable pour qu'ils soyent légalement condamnés dans notre grande cour d'amirauté, ou devant telle autre cour qui sera légalement authorisée de vendre de tels navires, vaisseaux et marchandises qui seront ainsi condamnés et adjugés dans la manière accoutumée par l'amirauté, excepté dans les cas autrement expliqués par nos instructions.

Pourquoi toutefois que ledit *Abraham Bailleul* tienne un journal exact de tout ce qu'il fera, la nature et qualité de telles prises, le temps et l'endroit où il les aura faites, leur valeur autant qu'il en pourra juger, comme aussi du mouvement, station et force de l'ennemy, autant que lui et ses matelots pourront le découvrir, par la meilleure intelligence qu'ils en auront reçue, en un mot, de tout ce que lui ou eux pourront apprendre, ou qu'il leur sera déclaré en aucune manière, où par l'examen ou conférence qu'ils auront avec les matelots ou passagers de tout navire qui sera pris, ou par tout autre voye ou manière quelconque, touchant les desseins de l'ennemy, de leurs flottes, vaisseaux; de leurs stations, ports et places, et de tout ce qui s'y passe, et de tous

les navires ou vaisseaux de l'ennemy qui seront destinés
pour le dehors, pour chez eux ou pour toute autre place
que lui ou ses matelots apprendront, et même de toute
autre matière importante, qui, dans ce cas, parviendra
à leur connaissance, de tout quoi il aura soin de tems
en tems, et dans l'occasion d'instruire notre grand
amiral, ou les commissaires pour l'exécution de cet
office de grand amiral, et d'entretenir avec lui ou eux
une correspondance exacte pour toutes les occasions
qui se présenteront, et, de plus, que rien ne soit fait par
ledit *A. Bailleul*, ou aucun de ses officiers ou matelots
contraire à la vraie intention de nos instructions, mais
qu'elles soient par lui et par eux et chacun d'eux, autant
qu'ils pourront et de toutes façons et manières effectuées
et observées, et nous prions et désirons tous rois,
princes, potentats, états et républiques, étant nos amis
ou alliés, et tous autres à qui il appartiendra, de donner
au dit, *A. Bailleul*, toute aide, assistance et secours
dans leurs ports, et à l'équipage de son navire et à ses
prises, sans permettre qu'il leur soit fait aucun trouble,
injustice, ou empêchement, offrant d'en faire autant
pour eux lorsqu'ils le réquereront.

Voulons et ordonnons à tous nos officiers quelconques
de lui donner secours et assistance, comme l'occasion
le demandera, en foi de quoy nous avons fait apposer le
grand sceau de notre grande cour d'amirauté.

Donné à Londres, le 4ᵉ jour de l'an de N. S. 1757 et
dans la 30ᵉ année de notre règne. Signé : Samuel Hill.

A la suite de la traduction ci-dessus, on lit la mention suivante.

« Je soussigné, interprète juré des langues étrangères, reçu au siège royal de l'amirauté de Nantes, certifie que le translat cy dessus est conforme et contient le même sens que l'original, pièce écrite en anglais, cy attachée pour servir et valoir ou besoin sera.

Fait à Nantes, le 29 août 1757.

F. M. Van Neunen. (1)

La commission n'était délivrée à l'armateur qu'après enregistrement et dépôt d'une somme d'argent à titre de caution.

La raison mise en avant pour exiger l'enregistrement de la commission était la perte possible de l'original, l'enregistrement servant alors de preuve de son obtention, mais le motif réel était bien plutôt un intérêt pécuniaire — la perception des frais assez élevés d'enregistrement.

L'obligation de fournir caution était d'une utilité plus évidente, étant destinée à prévenir les abus et malversations que le corsaire pouvait commettre.

L'ordonnance de 1681 fixait à 15.000 livres le montant de la caution. Elle était reçue par les officiers d'amirauté en présence du procureur du roi.

Les anciennes ordonnances se contentaient de faire

---

(1) Archives du département de Loire-Inf⁽ʳ⁾ᵉ. Fonds de l'amirauté B. 1757-1758, Prises.

jurer à l'armateur, au capitaine et à quatre des *compagnons* de ne pas commettre d'abus. Ordonnances de 1400, — 1517 — 1584. Ces deux dernières ordonnances avaient même déchargé les armateurs de l'obligation de répondre des délits de leurs gens, à moins qu'il n'y eut preuve de leur présence ou de leur participation aux déprédations. Lorsque, sans avoir assisté ont pris part à ces déprédations, ils avaient seulement participé aux profits ainsi acquis, ils en étaient quittes pour rendre ce qu'ils avaient pris ou la juste valeur.

L'ordonnance de 1650 rétablit la caution, mais, dit Valin, « comme en cette partie on se référait aux ordonnances de 1543 et 1584, il est vrai de dire que la caution ne s'entendait encore que de la caution juratoire ». (1)

L'ordonnance du 23 février 1674 assujetit les armateurs à fournir un répondant qui s'engageait à payer tous les dommages auxquels les armateurs pouvaient être condamnés. C'était donc un cautionnement indéfini qui ralentissait considérablement l'ardeur pour les armements en course, aussi l'ordonnance de 1681 le borna à 15.000 livres.

De la disposition de cette article II et de celle de l'article III, titre des propriétaires. Valin conclut que l'armateur en course n'est responsable des délits de l'équipage que jusqu'à concurrence de 15.000 livres, à moins qu'il ne soit participant ou complice de ces délits, mais il

(1) VALIN. Nouveau commentaire sur l'ordonnance de 1681, t. II, p. 222.

ajoute, que depuis sont intervenus les règlements du 23
juillet 1704 et du 21 octobre 1744, où il est dit expressément, qu'en cas de contravention par rapport aux vaisseaux des alliés ou neutres, les armateurs seront condamnés indistinctement en leurs dommages-intérêts(1). Donc,
dit Valin, l'armateur est responsable indéfiniment, il ne
pourrait pas abandonner son navire pour s'en dispenser,
conformément à l'article 2. Titres des propriétaires.
Ordonnance de 1681.

Valin ajoute que ces règlements de 1704 et de 1744,
concerne également les dommages faits aux vaisseaux
français, « car il serait absurde qu'un national fut moins
bien traité qu'un étranger » (2). Faisons observer cependant qu'il pouvait être de bonne politique d'accorder en
certaines circonstances, des avantages refusés aux nationaux.

Le navire était affecté en privilège à ces créanciers qui
venaient après ceux indiqués dans les articles 16 et 17,
t. 14, l. 1. La caution ne pouvait exercer son privilège
sur le même navire qu'après les parties lésées.

L'acte de cautionnement devait être passé en présence
du procureur du roi près l'amirauté, comme spécialement chargé des intérêts du public. L'ordonnance du
23 février 1674 en décidait de même.

Suit l'acte d'enregistrement de commission et de cautionnement du *Prudent.*

---

(1) Nouveau commentaire sur l'ordonnance de 1631, t. II, p. 222.
(2)   *id.*   t. II, p. 223.

« Du 7 aoust 1761, devant M. Bascher, présent,
M. le procureur du roy.

A comparu le sieur E. Devignes, capitaine commandant le *Prudent*, de Nantes, du port d'environ 60 tonneaux, armé de quatre canons et équipé de dix-neuf
hommes d'équipage, tout compris, par P. Beauvoir,
négociant à Nantes, y demeurant, sur le port au vin,
paroisse de Saint-Nicolas, bourgeois et armateur dudit
navire, lequel capitaine nous a présenté une commission
en guerre et marchandises de S. A. S. Mgr l'amiral,
délivrée à Nantes, le 5 may dernier, signée L.-J.-M. de
Bourbon, et sur le replis, par son A. S. de Grandbourg,
de laquelle dite commission le dit sieur Devignes requiert
l'enregistrement en ce greffe, pour jouir de l'effet du
contenu en icelle. A cette fin, le dit sieur Beauvoir, armateur, s'est mis et constitué caution pour ledit sieur
Devignes, de la somme de 15.000 livres, suivant l'ordonnance, en cas d'inexécution de ce qui est porté en ladite
commission, et ce, sur l'hipothèque et obligation de tous
et chacuns ses biens, meubles et immeubles, présents
et à venir, duquel dit cauptionnement, ledit sieur
Devignes, capitaine, s'est tenu obligé et a promis d'en
acquitter, libérer, garantir et indemniser icelui sieur
Bauvoir, aussy sur l'hipothèque et obligation de tous et
chacun ses biens meubles et immeubles, présents et
futurs et pour l'exécution des présentes, ils ont ensem-
blement prorogé de juridiction en ce siège et élu domicile en ladite demeure dudit sieur Beauvoir et ont signé :

                            Beauvoir,   Devignes.

De tout quoy, nous, juge susdit, avons décerné acte,
en conséquence, après avoir vu ladite commission en
en guerre et marchandises, cy-dessus référée et dattée,
du consentement du procureur du roy,.en avons ordonné
l'enregistrement en ce greffe, pour le capitaine y dénommé
jouir de l'effet du contenu en icelle. (1) »

L'article 2 de l'ordonnance de 1681, titre des prises,
resta en vigueur jusqu'à la fin de l'ancien régime et pendant la période révolutionnaire. Il fut abrogé par la loi
du 23 thermidor an III, qui, néanmoins, s'en inspirait
directement.

Un traité conclu le 29 mars 1632 entre la France et
l'Angleterre, après après avoir stipulé qu'il ne serait
accordé de part et d'autre des lettres de marque ou de
représailles qu'après un déni manifeste ou un délai
excessif de justice, portait qu'une caution de 16.000 livres
serait exigée des corsaires des deux pays. (2)

Le traité de commerce conclu le 26 septembre 1786
entre la France et l'Angleterre établissait que les armateurs en course des deux pays contractants fourniraient
une caution de 72.000 livres ou d'une valeur équivalente,
si l'équipage n'excédait pas 150 hommes et de 72000 livres
si ce nombre était dépassé.

Cette clause n'eut pas d'application pratique, la France

(1) Archives du département de la Loire-Inférieure, B, amirauté,
prises, 1761.
(2) Voir de Boeck. De la propriété privée ennemie sous pavillon
ennemi, p. 41.

ayant toujours eu l'Angleterre pour adversaire, dans ses guerres subséquentes.

Après la suppression des amirautés, le soin de recevoir les cautions passa aux fonctionnaires du contrôle de la Marine.

Nous donnons, avant de terminer cette section, une liste de navires armés en guerre ou en guerre et marchandises à Nantes ou dans d'autres ports, par des armateurs nantais.

Navires armés en guerre.

Guerre de la ligue d'Augsbourg (1688-1697) :

Notre-Dame de Bon Secours, Fortune, Friponne, 1608 à 1692.

L'Aigle de Nantes, 1692, *Friponne, Saint-Philippe,* 1694, *Ville de Nantes, l'Aigle* (nouvelle croisière), *Valincourt, Oiseau, Proserpine, Royale, Saint-Esprit, François d'Assise, Courageuse,* 1695.

Duc d'Anjou, Marie de Pontchartrain, Valincourt, Vauban, Succès, Duc de Bourgogne, 1696.

Guerre de la 3e Coalition (1701-1713) :

Duc de Bourgogne (n. c.)*, Biche, Valincourt* (n. c.), 1702.

Saint-Pierre, Duc de Bourgogne (n. c.)*, Diligeant* 1703.

Surprenant, Hocquart, 1704.

Duc de Bretagne, Patriarche, Canadienne, 1705.

Joye, Rolland, Lusencay, Caezard, 1706.

Duchesse de Nantes, (1) 1707, *Lusencay*, 1710, *Comte de Tessé* 1710.

Mutine, Jupiter, Fidèle, Saint-Pierre (du Croisic) *Hardy Guépin, Illustre*, 1711.

Maréchal d'Estrées, Houssard, Lusencay, 1712.

Guerre de la succession d'Autriche.

Soleil, Aimable Renotte, Mars, Valeur (2) 1744, *Hermine, Bellone, Mars, du Teillay, Marie* (3) 1745, *Chorame, Elisabeth, Galathée et Sirène* (4), 1746, *Jeune Hortense*, 1748.

Guerre de sept ans.

Menilmontant, Bagatelle, Bretagne, Glaneur, 1756.

Marquise de Chastenois, Grand Alexandre, Hazard, Maréchal de Richelieu, Grognard, 1757.

Courteille, Pallu, 1758.

Duc de Bourbon, 1760, *Mimye*, 1761.

Ambition, 1762 (5), armée à Brest par un armateur nantais, M. Fournier.

Guerre de l'Indépendance.

Comité, Houzard, Marquis d'Aubeterre, 1779.

(1) Capitaine Jacques Cassard.
(2) D'après Corre. Armateurs et marins bretons.
(3) *Id.*
(4) *Id.*
(5) *Id.*

Navires armés en guerre et marchandises :

Saint-Pierre, 1702.

Hercule, Minerve, Saint-Esprit, Saint-Marc, Notre-Dame de Bonne-Garde, Amazone, Soleil, Colombe, Saint-Joseph, Petit Saint-Joseph, Mignon, le François, la Françoise, Joye, Vierge de Grâce, Conquérant, duc de Bourgogue, Joly, Bien acquis, Trois frères, Marie Marthe, Saint-Paul, Triomphant, Julles Coezar, Benjamin, Saint-Joseph, Saint-Hilarion, duc de Vendôme, Espérance de la Paix, Solide, Paix couronnée, Lusancay, Alcion, Postillon, Diamant, François-Robert, Légère, Élisabeth, Françoise d'Amboise, Saint-Claude, Mutine, duc de Bretagne, Brave, Gaillarde, Amitié 1706.

Ruby, Jacques, Tancillon, Jules Coesar, Mignon, Guillaume, Mercure, Saint-Louis, Brillant, Elisabeth, Saint-Pierre, Saint-Esprit, Etienne (de Pornic), *Liberté* (de Pornic), *Benjamin, Marguerite, Marie-Anne, Marquis, Mignonne, Hirondelle, Catherine, Royale, Comte de Toulouse, La Bédoyère, Bien acquis, Conquérant, Salabery, Légère, Saint-Paul, Saint-Jean-Baptiste, duc de Bourgogne, Fleurissant, Saint-Hugues, Deux amis, Saint-Paul-Alcion, Elisabeth, Pondichery, Saint-Claude, Marie Amériquaine,* 1707.

Philypeaux, Neptune, Marguerite, Elisabeth, Saint-Joseph, Ville de Nantes, Louise, Saint-Louis, Concep-

*tion, Saint-Estienne, Gaillarde, Brillant, Saint-Pierre,
Guillaume, Mercure, Soleil, Ruby, Postillon, Saint-
Germain, Saint-Jacques, Brave, Brillante, Aurore,
Cornulier, Prince des Asturies, Charles, Saint-Pierre,
Notre-Dame de Bonne-Garde, Marie Anne, Benjamin,
Comte d'Issé, Deux amis, Saint-Jean-Baptiste, Marie-
Joseph, Vierge de grâce, Nestor, Lusencay, Diligent,
Reyne de Nantes, Elisabeth, Hardy, Espérance, Saint-
Pierre, Auguste, Prophète Elie, Royalle, duc de Bre-
tagne, Aurore, Salabery, Vigilante, César, Colombe,
Ruby, Petit Ruby, Lyon d'or, Louise Légère, 1708.*

*Loyseau, Estienne, Neptune, Saint-Jacques, Joseph,
Saint-Charles, Duchesse Anne, Marie-Anne, Cornélie,
Duc Daniou, Comtesse de Choiseul, Mercure Vollant,
Saint-Paul, Armoriquain, Saint-Jean, Saint-Pierre,
Jazon, Aurore, Brave, Ruby, Brillant, Rivale, Galant,
Notre-Dame de Bon-secours, Amazone, Léopard,
Eclair, Nestor, Anne-Françoise, Lusencay, Mercure.
Saint-Louis, Aurore, Saint-Martin, Philipeaux, Roi
de Suède, Comte de Toulouse, La Bédoyère, Anne
Philypeaux, Hirondelle, Prince des Asturies, Saint-
Germain, Hercule, Saint-Joseph, 1709.*

*Reyne, Comte de Tessé, Aymable, Marie, Fleur de
Lys, Elisabeth, Postillon, Aurore, Cigne, Gaillarde,
La Bédoyère, Jacques, Sept pucelles, Fine, Jason, Fran-
çois, Amériquaine, Héroïne, Content, Ville de Nantes,
Saint-Jean, Marie, Jourdan, Marie Galère, Paix,
Armoricain, Saint-Luc, Thérèse, Cornélie, Estienne,*

7 P

Concorde, Duc Daniou, Amazone, Aurore, Dauphin, César, Andromède, Superbe, Vierge Marie, Conquérant, Salabery, Heureux retour, Duc de Bretagne, Nestor, Marie Anne, Ruby, Saint-Pierre, Saint-Martin, Royal Louis, Cérès, Roy de Suède, Cupidon, François, Vaucresson, Jean-Joseph, 1710.

Rolland, Six Frères, Hercule, Justice, Léopard, Glorieux, Cigne, Duchesse de Berry, Vigilante, Duc de Bretagne, Brave, Saint-Pierre, Françoise, Saint-Jean, Espérance, Saint-Jacques, Saint-Germain, Héroïne, Marie, César, Dhirbonde, Reyne, Licorne, Ville de Bilbao, François, Hermine, Brillant, Prudent, Thérèse, Guinguette, Amazone, Andromède, Favory, Saint-Anthoine, Nestor, Duc Daniou, Dauphin, Gaillard, Ruby, Hermine (n. c.) Dauahin (n. c.) Amitié, Amazone (n. c.) Union, Comte de Marsil, 1711.

Dorade, Roi de Suède, Union, Vierge de Grâce, Colombe, Hercule, Superbe, Nymphe, Comte de Lamoignon, Royale Louis, Joachin, Cérès, Justice, Aurore, Dorade, Aigle, Françoise, Saint-André, Tigre, Anne, Andromède, Lucrèce, Saint-Michel, N.-D. de Bonne Espérance, Espérance, Saint-Jean, Généreux, Léopart, Sainte-Clair, Dauphin, Saint-Simon, Galant, Duc de Bretagne, Fleurant, César, Eclair, Afriquain, Reyne, Marie, Vierge de Grâce, Hardy Jason, Intrépide, Amazone, Petit Ruby, 1712.

Afriquaine, Hercule, Nestor, Saint-Bernard, 1713.

Conquérant, Apollon, Victoire, Triomphante, 1744.

Perle, Prince de Conty, Elisabeth, 1745.

Henriette, Deux amys, Conquérant, Comte de Maurepas, Vénus, Jean François, Dauphin, Chasseur, Cérès, 1746.

Gabriel Marie, Saint-Antoine, Guillaume, 1747.

Le jeune Monarque, Geneviève, Sauveur, 1748.

Sainte-Marthe, Julie, Don Royal, (1) 1757.

Aimable Marie, 1758.

Brocanteur, Dorade, 1759.

Mars, Déterminé, 1760.

Prudent, Elise, Phénix, 1761.

Rose, Julie, 1770.

Jeune Agathe, 1778.

(1) Ex *Ménilmontant,* repris par des vaisseaux du roi, et rendu à l'armateur, qui lui donna, par reconnaissance, le nom de *Don-Royal.*

CHAPITRE II

LA CROISIÈRE

SECTION PREMIÈRE

Des choses de bonne prise.

La course pouvait, avons-nous dit précédemment, avoir lieu en temps de paix. Elle avait alors pour but, soit de capturer les pirates ou forbans, soit de réparer le déni de justice d'un autre Etat, et d'obtenir par la force, au nom du *droit de représailles*, ce qu'on ne pouvait obtenir par d'autres moyens.

L'amirauté de Nantes, n'ayant jamais eu, à notre connaissance, du moins, à enregistrer des lettres de représailles, nous ne nous attarderons pas davantage sur cette forme exceptionnelle de la course.

L'exercice normal de la course est le temps de guerre, et le *droit de guerre* lui même semble en être le fondement, bien qu'on ait soutenu parfois que la prise était fondée sur le *droit de butin*.

Pendant longtemps, les belligérants capturèrent sur

mer la propriété privée, par intuition, pourrait-on dire, et sans chercher à pénétrer bien avant le fondement et les raisons de cette capture. le seul motif d'affaiblir l'ennemi leur paraissant suffisamment valable. « Il est du droit de guerre d'affaiblir son ennemi autant qu'on peut en le troublant dans ses possessions et son commerce », dit Valin. (1)

Plus tard, lorsque la théorie de l'étatisme commença à se faire jour, on entendit ses protagonistes, aidés des soi-disant philantropes et humanitaires, discuter la légitimité du droit de prise, et, par suite, la course elle-même. C'est cet état d'esprit que reflètent les discussions oiseuses de l'Assemblée Législative.

Admettons, pour un instant, les conséquences extrêmes de l'étatisme en ce qui regarde les modes d'hostilité. L'Etat serait un être réel, vivant d'une existence indépendante et distincte de celle des individus qui le composent. Il ne viendra cependant à l'esprit de personne de soutenir que les Etats pourraient se faire la guerre entre eux sans le concours de ces mêmes individus. L'Etat belligérant est obligé de cesser les hostilités, lorsque la résistance collective de ses membres devient impuissante à les continuer. La guerre n'aurait évidemment aucun effet si en frappant l'Etat, elle n'atteignait pas d'abord l'individu. Tous les moyens, sans doute, pouvant contribuer à vaincre la résistance de l'in-

(1) Nouveau Commentaire sur l'Ordonnance de 1681, t. ii, p. 213.

dividu ne doivent pas être légitimement employés. Prétendre le contraire obligerait à justifier les plus extrêmes barbaries, à approuver les anciennes guerres d'extermination. Il est impossible, d'autre part, de faire la guerre sans que l'individu en souffre, et ne nous concevons pas, d'un autre côté, l'idée que les nations puissent régler leurs différends par la seule conciliation, à l'exclusion de toute violence. Il faudra donc toujours y recourir, mais jusqu'à quel point et sous quelle forme ? Où trouver le critérium indiquant avec certitude la légitimité de tel mode de coercition, l'illégitimité de tel autre? Sur ce point croyons-nous, il faudra se laisser guider par l'empirisme et par des considérations du moment.

Le principe de la capture de la propriété privée sur mer est actuellement attaqué de divers côtés. De bons esprits ont entrepris de le renverser, mais n'ont jusqu'à présent, réussi qu'à l'ébranler. Il ne nous semble pas désirable qu'ils réussissent dans leur entreprise, car, la propriété privée devenue insaisissable, on aura supprimé un moyen de coercition très efficace et aussi humain que possible. Il faudra, sans doute, le remplacer par d'autres, et avoir recours, dans une plus large mesure, aux ultimes manifestations de la violence — on répandra plus de sang. Sinon il faudra que la guerre dure plus longtemps, pour arriver à briser la résistance de l'adversaire.

La légitimité de la capture sur mer de la propriété privée a été excellemment défendu par Ortolan, Pistoye et Duverdy, Hautefeuille, Barboux, en France; par

Ward, Tetens, Wildman, Travers-Twiss, Westlake, Lorimer, de Negrin, à l'étranger. (1)

Ne faut-il pas préférer, puisqu'on ne peut l'éviter, une guerre vigoureusement menée et ne durant que quelques mois, à une autre mollement conduite, mais s'éternisant des années ? Une crise aiguë, de courte durée, est, pour l'Etat, comme pour l'individu, moins dangereuse qu'une maladie de langueur.

Les navires que pouvait rencontrer le corsaire durant sa croisière, rentraient nécessairement dans une des trois catégories suivantes, *ennemi, neutre, national ou allié*, et les marchandises chargées sur les vaisseaux de chacune de ces catégories, rentraient dans une de ces trois mêmes divisions.

Nous allons examiner comment chacun de ces cas était traité, aux XVIIe et XVIIIe siècles, par le droit public français.

Pour le *navire ennemi, chargé de marchandises ennemies*, on admettait, sans divergence, que le tout était de bonne prise. « Seront de bonne prise tous vaisseaux apppartenans à nos ennemis » dit l'ordonnance de 1681, t. IX, Article 4.

Il était généralement admis, en théorie, et constamment, en pratique, que le navire appartenant, partie à des ennemis, partie à des neutres, devait être considéré, pour le tout comme ennemi, et la jurisprudence

(1) Voir de BOECK. De la propriété privée ennemi sous pavillon ennemi, p. 514.

du conseil des prises était bien établie dans ce sens, la crainte de fraudes faciles empêchant la solution contraire de prévaloir.

Notre ancien droit avait, de bonne heure, admis une exception au principe de capture de la propriété ennemie sur mer.

Les ordonnances de 1543 et 1584 donnaient à l'amiral le droit d'accorder aux pêcheurs ennemis des « *trèves pêcheresses* » à charge de réciprocité.

Une ordonnance du 1er octobre 1692 reconnut la neutralité de la pêche, et accordait aux ennemis qui l'exerçaient, des délais pour rentrer dans leurs pays.

Louis XV, dans une lettre du 5 juin 1773, ordonnait aux commandants de ses bâtiments de ne pas inquiéter les pêcheurs ennemis, et cette tolérance fut pareillement observée pendant la guerre de l'Indépendance. — Lettre de Louis XVI à l'amiral du 5 juin 1779. En 1795, le comité de Salut Public renvoyait sans conditions tous les pêcheurs anglais capturés et amenés en France, et la même conduite fut constamment observée pendant les guerres de la Révolution.

Cette immensité n'était d'ailleurs applicable qu'à la pêche *côtière*, et non à la pêche au *long cours*.

Les *marchandises neutres chargées sur navire ennemi*, furent pendant quelque temps regardées comme insaisissables, par application du principe du *consulat de la mer*, qui déclarait de bonne prise toute propriété ennemie, sur quelque navire qu'elle se trouvât, et res-

respectait toute propriété neutre, même embarquée sur navire ennemi.

La pratique du *Consulat de la mer* peut se résumer par cette double règle. Les marchandises ennemies sur vaisseau neutre étaient de bonne prise, mais il fallait en payer le fret au capitaine neutre. Les marchandises neutres sur vaisseau ennemi étaient respectées ; le vaisseau était de bonne prise, mais le propriétaire des marchandises neutres payait le fret au capteur.

Les ordonnances de 1543 et 1548 abandonnent ce principe et adoptent une règle nouvelle. Le chargement partage le sort du navire, et le navire suit le sort du chargement, *confiscantur ex navibus res, ex rebus naves.* Cependant une déclaration du 1er février 1650 avait repris le principe du Consulat de la mer, mais l'ordonnance de 1681, revint au nouveau système, qui resta en vigueur, en ce qui concerne les marchandises neutres sur navire ennemi, pendant toute la période que nous étudions, sauf exceptions de faveur, et jusqu'à la déclaration de 1856.

« Tous navires qui se trouveront chargés d'effets appartenans à nos ennemis, et les marchandises de nos sujets ou alliés qui se trouveront dans un navire ennemi, seront pareillement de bonne prise ». C'est en ces termes que s'exprime l'ordonnance de 1681, t. 9, art. 7. Il n'y est pas question de marchandises neutres, mais on était d'accord pour admettre qu'elles étaient implicitement

visées par notre article 7 et on les traitait en conséquence.

Les marchandises nationales sur navire ennemi étaient
de bonne prise conformément au même article. Le
Français, faisant transporter ses marchandises par un
navire ennemi, favorisait le commerce de l'adversaire,
et Valin commentant cette mesure rigoureuse de l'ordonnance de 1681, l'approuvait complètement. (1)

Le *navire neutre chargé de marchandises ennemies*
était insaisissable d'après le Consulat de la mer, qui,
avons nous dit, se bornait à saisir la marchandise ennemie, partout où elle se trouvait, et relâchait le navire
porteur, après l'avoir préalablement contraint à conduire
les marchandises dans un port du capteur, sauf indemnité en cas de voyage excédant celui originairement
entrepris par le capturé.

Ces principes, nous l'avons vu, furent mis de côté,
en France, dès le xvie siècle, repris pendant une période
s'étendant de 1650 à 1681 et abandonnés, de nouveau,
par l'ordonnance sur la marine de 1681.

L'arrêt du conseil du 26 octobre 1692 confirmait les
dispositions de l'ordonnance de 1681 et l'art. 5 du règlement du 23 juillet 1692 s'exprimait ainsi : « s'il se
trouve sur les vaisseaux neutres des effets appartenans
aux ennemis de Sa Majesté, les vaisseaux et tout le
chargement seront de bonne prise ».

(1) VALIN. Nouveau commentaire sur l'ordonnance de 1681, t. II,
p. 252.

L'art. VII, t. 9 de l'ordonnance de 1681 resta la règle de droit commun jusqu'au règlement du 26 juillet 1778, mais les conventions particulières faites, dans la suite, avec différents Etats, en restreignirent considérablement la portée pratique.

Un règlement du 21 octobre 1744, portait que le navire neutre chargé de marchandises ennemies serait relaché, les marchandises du cru ou de la fabrique de l'ennemie demeurant confisquées, mais, fait observer Valin, « comme ce nouvel arrangement n'a été fait que relativement aux traités conclus avec quelques puissances amies ou neutres, et que cela peut changer, dans la suite, il ne faut pas perdre de vue le principe établi par notre article, suivant lequel, dès qu'il y a des effets ennemis dans un navire, tout est sujet à confiscation » (1).

Les traités conclus par la France furent d'abord d'une durée expressément limitée. La convention passée, le 18 avril 1646 entre la France et les Provinces-Unies, n'était valable que pour quatre ans. Celle conclue avec les villes Hanséatiques, le 18 mai 1655, pour 15 ans, l'accord intervenu avec l'Angleterre, le trois novembre de la même année, n'avait qu'une durée de trois ans.

A partir du traité des Pyrénées, les conventions relatives aux marchandises sous pavillon neutre prennent un caractère, pour ainsi dire, définitif et illimité,

_____

(1) VALIN. Nouveau commentaire sur l'ordonnance de 1681, t. II, p. 253.

étant considérées comme invalables jusqu'à dénonciation expresse. — Décision du 19 décembre 1673 en faveur de l'Angleterre, la Suède et le Danemarck.— Traité passé en 1677 entre la France et l'Angleterrre.— Traité d'Utrecht.

Le règlement du 25 juillet 1778, paru à l'occasion de la guerre de l'indépendance faisait « défense d'arrêter les navires des puissances neutres quand même ils sortiraient des ports ennemis ou qu'ils y seraient destinés » on le regarde comme la reconnaissance solennelle d'un principe nouveau : *le pavillon couvre la marchandise*, établissant l'insaisissabilité de la propriété ennemie sur navire neutre, et, a fortiori, du navire neutre portant cette même marchandise.

Il faut convenir cependant que l'article 1er du règlement du 26 juillet que nous venons de citer n'était pas suffisamment explicite, et donnait matière à contestation. Le Commissaire du gouvernement près le conseil des prises, soutint, dans la séance du 23 vendémiaire an IX, que le règlement de 1778 ne proclamait nullement l'inviolabilité des marchandises ennemies sur navire neutre. « Il ne suit pas, disait-il, de la disposition de cet article que la propriété ennemie doit être respectée. Le règlement de 1778 est positif sur cet objet ; il porte: art. 15. Veut, au surplus, S. M. que les dispositions du titre des prises de l'ordonnance sur la marine, du mois d'août 1681, soient exécutées selon leur forme et teneur autant et à quoi il n'aura pas été dérogé par le présent règlement. Le titre des prises fait donc partie de ce règlement. Or, l'art. 7 de cette ordonnance dit expressément : tous navires qui se trouveront chargés d'effets appartenant à nos ennemis, et les marchandises de nos sujets ou alliés qui se trouveraient dans un navire ennemi seront pareillement de bonne prise. Il n'y a donc pas de doute sur la confiscation de la cargaison, d'après ces principes particuliers ». Le conseil, adoptant ces conclusions du commissaire du gouvernement avait validé la prise. *Affaire H. Moser contre l'Héraclée* (1).

Le règlement du 26 juillet 1778, ne proclamait pas textuellement, il est vrai, la liberté des marchandises ennemies sur navires neutres, mais l'admettait, néanmoins, implicitement, en garantissant aux neutres, la liberté de faire le commerce avec l'ennemi. C'est, dans cet esprit, qu'il fut, à des rares exceptions près, appliqué par le conseil des prises.

Signalons pendant la période révolutionnaire un retour de peu de durée aux anciens principes. La loi du 29 Nivôse an VI attribuait aux navires la qualité de neutres ou d'ennemi, d'après la nature de la cargaison. Etaient regardées comme ennemies toutes les marchandises de fabrique anglaise, de sorte qu'en rapprochant cette loi de celle du 10 brumaire an V qui réputait provenir des fabriques anglaises toute une série de mar-

_____

(1) Pistoye et Duverdy. Traité des prises maritimes, t. ii. p. 363.

chandises et en interdisait l'importation quelle qu'en fut
la véritable origine, on voit que la France édictait une
proscription presque générale sur les marchandises étrangères (1). Elle fut abrogée par l'arrêté consulaire du 29
frimaire an VIII, qui remit en vigueur le règlement de 1778.

Le navire neutre chargé de marchandises neutres
était, en principe, insaisissable. Il ne devenait de bonne
prise ainsi que ses marchandises, que dans certains cas
déterminés.

Tout d'abord, lorsqu'il refusait d'obéir à la semonce
du corsaire, et d'arrêter pour lui laisser vérifier son
identité. « Tout vaisseau qui refusera d'amener ses
voiles, après la semonce qui lui en aura été faite par
nos vaisseaux, ou ceux de nos sujets armés en guerre
pourra y être contraint, et en cas de résistance et de
combat, il sera de bonne prise ». Ordonnance de 1681,
art. XII, t. des prises, qui renouvelait et confirmait une
semblable disposition de l'ordonnance de 1584.

Le navire neutre était aussi de bonne prise lorsque,
au moment de la visite, il ne présentait pas « sa charte-
partie ou police de chargement, à qui il convient d'ajouter le contrat de propriété du navire, s'il est de fabrique
ennemie, les expéditions qu'il a du prendre dans le lieu
de son départ, en un mot, toutes les pièces justificatives
que les effets de la cargaison appartiennent à des amis

(1) Voir code des prises maritimes et des armements en course,
par le citoyen X... (A. Guichard) an VII.

ou à des sujets des puissances neutres (1) », dit Valin, commentant l'art. XIII des prises.

Le navire neutre et son contenu étaient encore de bonne prise, lorsqu'il était constaté, au moment de la visite du corsaire, qu'il avait jeté des papiers à la mer. C'est ce que décidaient les ordonnances de 1543 et de 1584, mais elles ne prévoyaient la confiscation qu'en cas de jet de la charte-partie, ce qui permettait de soutenir qu'il n'y avait pas lieu à confiscation, lorsque après le jet de cette pièce, il en restait, à bord, assez d'autres, pour faire connaître, de façon certaine, le propriétaire du navire et du chargement. C'est pour dissiper ces doutes que l'ordonnance du 5 septembre 1708 décidait « que tout vaisseau duquel on auroit jetté des papiers à la mer, seroit, sur la seule preuve du jet de papiers, de bonne prise avec son chargement, sans qu'il fut besoin d'examiner quels étaient ces papiers, par qui ils avoient été jettés, ni s'il en restoit suffisamment à bord pour justifier que le vaisseau et son chargement appartînt à des amis ou alliés ».

Cette décision parut trop rigoureuse aux commissaires du conseil des prises, aussi, à la suite de réclamations adressées par eux à Louis XIV, celui-ci écrivit à l'amiral la lettre du 2 février 1710. Il y était dit que la confiscation ne devait être ordonnée que dans le cas de jet de papiers « qui pourroient donner quelque preuve de

(1) Valin. Nouveau commentaire sur l'ordonnance de 1687, t. II, p. 271.

propriété ou de destination ennemies ». Liberté était laissé au conseil des prises d'interpréter et d'appliquer l'ordonnance du 5 septembre 1708 suivant l'exigence des cas et des circonstances qui avaient pu obliger à jeter à la mer les papiers du bord.

L'art. 6 du règlement du 21 octobre 1744 ayant reproduit les termes de l'ordonnance du 5 septembre 1708, sans rappeler les dispositions de la lettre à l'amiral, on se demanda si on devait la considérer ou non comme abrogée. Valin soutenait qu'elle continuait à demeurer valable. « Cette lettre, écrivait-il, ne m'en paraît pas moins applicable à ce règlement (du 21 octobre 1744) pour en tempérer la rigueur selon les circonstances. » (1).

Le règlement de 1778 conçu dans les mêmes termes que ceux de 1708 et de 1744, évitait de se prononcer, peut-être à dessein, sur ce point contesté, mais l'année suivante, une lettre du roi à l'amiral, conçue à peu près dans les mêmes termes que celle du 2 février 1710, vint, le 13 novembre, trancher la question.

Certaines puissances neutres, à la suite de traités, n'étaient pas considérées comme visées par ces divers règlements.

Etait également de bonne prise le navire neutre chargé de marchandises de contrebande.

D'après l'ordonnance de 1681, art. 9, a. 11, était de bonne prise le navire neutre, chargé de marchandises neutres, mais qualifiées de contrebande.

(1) VALIN. Nouveau commentaire sur l'ordonnance de 1681, t. II, p. 269.

Etaient considérées comme telles, « les armes, poudres, boulets et autres munitions de guerre, même les chevaux et équipages, dit l'art. 11, reproduisant les dispositions des ordonnances de 1543 et 1584.

Pendant la guerre de la Troisième Coalition, on ajouta à cette liste le goudron, mais par une exception toute spéciale, les vaisseaux Suédois chargés de cette marchandises ne furent pas inquiétés. — Lettre de Pontchartrain, du 25 juillet 1703.

Pendant le cours du XVIIIe siècle, la liste des marchandises considérées comme contrebande de guerre s'accrut de la paix, des voiles, chanvres et cordages, mâts et bois de construction pour les navires.

Le règlement du 23 juillet 1704 tempéra la rigueur de l'ordonnance de 1681, en décidant que le navire neutre chargé de marchandises de contrebande ne serait pas capturé ; seules, les marchandises qu'il contenait étaient de bonne prise.

Ce règlement fut confirmé par un autre du 21 octobre 1744.

Etait également de bonne prise, ainsi que son contenu, d'après le même règlement de 1744, tout navire sur lequel se trouvait : « un subrécargue marchand, commis ou officier major d'un pays ennemi de la France, ou dont l'équipage était composé au dela du tiers de matelots sujets des Etats ennemis ». Toutefois la confiscation ne devait pas être prononcée, lorsque le capitaine d'un navire arrêté pour contravention à cette

8 P

dernière disposition, pouvait prouver, qu'il avait du,
par force majeure, engager, en cours de route, des matelots d'un pays ennemi pour compléter son équipage.

Enfin, était de bonne prise le navire neutre chargé
de marchandises neutres qui cherchait à franchir un
blocus.

La pratique du blocus ne s'affirme que dans le courant du xviiie siècle, et son importance augmente à
mesure que le principe de l'inviolabilité de la propriété
ennemie sur navire neutre se fait jour.

Le règlement du 21 octobre 1744 est le premier qui
prévoit sa violation par le navire neutre, confisqué, dans
ce cas, avec sa cargaison. Celui du 26 juillet 1778 contient les mêmes dispositions.

La qualité de navire neutre était déterminée par le
congé ou permission de naviguer, donné par l'autorité
publique du lieu de son armement, et il devait y avoir à
bord l'acte de propriété en bonne et due forme.

Lorsque le navire neutre avait été acheté à un ennemi
pendant le cours des hostilités, il fallait, pour que cette
mutation fut regardée comme valable, qu'il en eut été
fait une vente par devant les officiers publics ayant pouvoir de passer ces sortes d'actes, et que le contrat fût
à bord, accompagné d'un pouvoir authentique du premier propriétaire, lorsqu'il n'avait pas vendu lui-même.
—Règlement du 17 février 1694, confirmé par celui du
12 mars 1696 et par l'ordonnance du 22 octobre 1744 qui
ajoutaient la nécessité de l'antériorité de la vente à la

déclaration de la guerre. Le règlement du 26 juillet 1778 contenait la même disposition.

Le *congé*, ou passeport n'était valable que pour un seul voyage, et devait être regardé comme nul, lorsqu'il était prouvé que le navire pour lequel il avait été délivré, n'était, lors de l'expédition, dans aucun des ports de l'Etat qui l'avait accordé.

La neutralité des marchandises chargées sur navire neutre, devait être prouvée par les chartes-parties, connaissements et factures. Ces pièces, pour être valables, devaient réunir les deux conditions suivantes : être signées. — Règlement du 21 octobre 1744 — et se trouver à bord au moment de la visite — A. du C. 21 janvier 1693.

Le règlement du 21 octobre 1744 admettait la validité des passeports accordés par les autorités neutres aux propriétaires de navires, sujets d'un état ennemi, mais seulement dans le cas de naturalisation et de résidence antérieures à la déclaration de guerre. Tout voyage du naturalisé dans son pays d'origine, après l'obtention des lettres de naturalisation, en annulait également l'effet.

Le navire neutre, chargé de marchandises nationales, — par nationales, nous entendons françaises, — était en principe, insaisissable, ainsi que ses marchandises. Les cas de confiscation étant les mêmes que pour le navire neutre, chargé de marchandises neutres, nous ne nous attarderons pas davantage sur ce sujet.

Le navire *national* pouvait être chargé de marchandises *ennemies — neutres — nationales.*

Les marchandises *ennemies* trouvées sur un navire *national* étaient confisquées conformément à un usage tellement constant que l'ordonnance de 1681 avait jugé inutile de le mentionner. Quant au navire national, sa confiscation était spécifiée par l'art. 7. — T. des prises de l'ordonnance de 1681.

Le roi délivrait parfois, moyennant finances, des sauf-conduits à des commerçants d'un pays en guerre avec la France, leur permettant de faire transporter leurs marchandises, sans crainte de confiscation, et l'immunité s'étendait naturellement au navire, de quelque nature qu'il fut, chargé du transport.

Le navire *national* chargé de *marchandises neutres* ou *nationales*, était saisissable ainsi que son chargement dans les mêmes cas que le navire neutre chargé de marchandises neutres ou nationales, c'est-à-dire, refus d'obéir à la semonce. — Absence ou insuffisance de papiers — jet de papiers au moment de la visite — marchandises de contrebande — présence d'un subrécargue ou de matelots étrangers — tentative de violation de blocus.

SECTION DEUXIÈME

Où s'exerçait le droit de prise.

L'élaboration scientifique de la théorie du droit international public s'est faite, en partie, au cours des XVIIᵉ et XVIIIᵉ siècles. Il en résultait que certaines questions, admises sans conteste aujourd'hui, se posaient alors comme toutes nouvelles et donnaient lieu à des interprétations différentes. C'est ainsi que le principe de la liberté de la mer avec ses deux exceptions en ce qui touche les mers territoriales et les mers fermées était vivement controversé.

L'Espagne veut empêcher toute navigation étrangère dans la mer des Indes ; l'Angleterre prétend à la souveraineté exclusive des mers qui baignent ses côtes, mais par une inconséquence flagrante, on la voit, en temps que puissance belligérante refuser d'admettre l'existence de mers territoriales en capturant les navires ennemis le long des côtes neutres où ils cherchent refuge. On voit cependant la théorie de la liberté de la mer prendre peu à peu le dessus, sauf divergences en ce qui concernait l'étendue de la mer territoriale. Les uns veulent la limiter à une distance fixe sur laquelle ils ne sont pas d'accord ; les autres admettent que son étendue est variable et la déterminent, soit par l'étendue de mer qui pouvait être aperçue du rivage, soit par la distance qui pouvait être gardée par les armes, c'est-à-dire, le canon. De plus, certains partisans de cette solution, exigent pour qu'il y ait mer territoriale, que la côte soit effectivement défendue par de l'artillerie. C'est l'opinion que semble soutenir Valin. La prise, dit-il « serait illégitime si elle était faite sous le canon d'une forteresse amie ou neutre (1) ».

(1) VALIN. — Nouveau commentaire sur l'Ordonnance de 1681, t. II, p. 324.

Les hostilités pouvaient s'exercer sur la haute mer sans qu'on fît de distinction entre la marine proprement dite des Etats belligérants et les bâtiments armés par l'initiative particulière de leurs nationaux. Du reste, dans la pratique de la mer maritime, les droits, comme les devoirs, étaient les mêmes pour les vaisseaux de l'Etat comme pour les corsaires.

Pendant la guerre de Sept-Ans, le garde des sceaux adressa à M. Millain, commissaire général de la Marine à Nantes, la lettre suivante :

« A Compiègne, le 9 aoust 1756.

La neutralité du Danemark, Monsieur, devant procurer un azile et sureté égales sur les costes et dans les ports, mouillages de la domination de cette couronne, aux deux nations en guerre, S. M. Danoise a fait expédier en conséquence, les mêmes ordres que dans la précédente pour conserver et faire respecter cette neutralité. Quoy qu'elle favorise l'entrée et relâche dans tous les ports en général, des bâtiments françois des armateurs et de leurs prises, comme pour les anglois, j'ay été informé que tous les ports de Norwège n'étaient pas également surs et défendus, et pour prévenir à tout événement et autant qu'il est possible, les accidents qui pourroient y arriver, il m'a paru nécessaire que les armateurs qui pourront aller, ou se trouver par les circonstances de leur course, dans cette partie du Nord, fussent avertis des ports qui y sont le plus hors d'insulte. Vous en communiquerez à cet effet la notte ci-jointe à ceux des armateurs qui pourroient prendre des commissions dans votre département, et vous les préviendrez, en même tems, à n'exercer aucun acte d'hostilité, dans les lieux et sur les costes où ils seront reçus et protégés, parce que S. M. est dans l'intention de les réprimer et d'en donner satisfaction ainsi que la neutralité même et les lois de la guerre l'exigent, dans les limites où les hostilités doivent être réciproquement interdites.

Signé : Machault.

Pour copie :

Millain.

Notte des ports de Norwège les plus en état de défense : *Wardhus, Drontheim, Berghen, Christiansandt, Friderichtwern, Stawern, Christina* ou *Ousto, Fridericshtal, Fridericshall.* (1) »

Des termes de cette lettre, il semble bien ressortir que la France ainsi que le Danemark admettaient, qu'il n'était pas nécessaire, pour qui il y eut mer territoriale, qu'elle fut effectivement défendue par de l'artillerie commandant la côte, mais que, par contre, les Anglais, partisans de la théorie contraire, plus conforme à leurs intérêts, s'emparaient des navires ennemis dans les eaux neutres des pays incapables de faire respecter leur souveraineté.

Cinq ans plus tard, le duc de Choiseul envoyait à M. Millain, deux autres lettres sur le même sujet.

---

(1) Archives de la Ch. du commerce de Nantes. Corsaires. 688.

« Versailles, 16 novembre 1761,

Vous avez été prévenu, Monsieur, le 9 aoust 1756, de la nécessité d'indiquer aux corsaires qui voudroient faire la course dans les mers du Nord, les ports où ils pourroient être en sûreté, surtout aux côtes de Norwège, et ils ont du en étre avertis.cependant plusieurs d'entre eux se sont exposés à être pris par les ennemis dans des mouillages sans défense, et quelque motif qu'ils ayent eu de s'y réfugier, peut-être pour être moins surveillés dans leur conduite, je dois vous rappeler les mêmes instructions pour qu'à l'avenir ils s'y conforment mieux. Vous ferez en sorte que tous les armateurs recommandent expressément à leurs capitaines, de ne relâcher, autant qu'il sera possible, que dans les lieux qui pourront être défendus par quelques forts de S. M. Danoise, parce qu'autrement, ils ne pourroient s'en prendre qu'à eux du défaut de protection qu'il ne seroit pas praticable de leur assurer ailleurs.

Signé, Choiseul

Pour copie

Millain » (2)

Suivait la même liste de ports que dans la lettre du 9 août 1756.

« Mr le président Ogier, ambassadeur du Roy à Copenhague, qui a été informé, Monsieur, que depuis quelque temps plusieurs corsaires et autres bâtiments

(1) Archives de la Ch. de commerce de Nantes. Corsaires, 688.

françois ont été pris par les Anglois sur les costes de Norwège, en a porté ses plaintes à la cour de Danemark. Il luy a été répondu que ces prises n'ont été faites que parceque nos bâtiments se réfugient dans des rades ouvertes et que cela n'arriveroit point s'ils ne cherchoient un asile que dans les ports et rades défendus par des forts. Je vous informe de ce qui s'est passé à cet égard, afin que vous avertissiez les négocians et armateurs de votre département qui peuvent avoir des navires à envoyer dans le Nord, de donner des instructions en conséquence aux capitaines qui commandent leurs bâtiments.

Je suis. . . . . etc.

Signé, Duc de Choiseul

Versailles, le 23 novembre 1761

Pour copie,

Millain » (1)

Le gouvernement danois, trop faible pour faire respecter la neutralité de ses eaux territoriales, et peut-être aussi favorable à la cause de nos ennemis, semblait approuver et partager la théorie restrictive de l'Angleterre.

Pendant les XVIIe et XVIIIe siècles, la portée efficace des projectiles ne dépassant guère un kilomètre, c'était donc la limite pratique de protection efficace à cette époque, limite complètement modifiée aujourd'hui par l'artillerie moderne.

(1) Archives de la Ch. de commerce de Nantes. Corsaires, 688.

La question de savoir si la poursuite d'un navire commencée en haute mer pouvait se continuer dans les eaux neutres, avait été fort discutée, et résolue, en théorie, par la négative ; bien que certains auteurs, eussent soutenu à la suite de Bynkershock, que l'ardeur d'un combat, commencé en pleine mer, pouvait excuser et légitimer la capture opérée dans les limites d'une mer territoriale.

L'opinion contraire, constamment suivie en France, fut expressément stipulée au traité d'Utrecht, avec l'Angleterre, la Hollande et l'Espagne — en 1742, avec le Danemark — en 1786, avec l'Angleterre, et en 1787, avec la Russie.

La jurisprudence du conseil des prises se prononçait pour la nullité de toute capture faite dans un rayon de deux lieues des côtes, qu'elles fussent ou non protégées par de l'artillerie ou des forts.

Pistoye et Duverdy citent, dans leur *Traité des prises maritimes* (1), les conclusions du commissaire du gouvernement au conseil des prises, dans l'affaire *Nostra senora del carmen* contre la *Vénus de médicis*.

La *Vénus de médicis* était un corsaire armé à Nantes en l'an V, par l'armateur Renou. Il avait capturé dans les eaux territoriales du Maroc et conduit à la Corogne le navire portugais *N. S. del Carmen*, où le consul de France, se basant sur ce que la capture avait eu lieu en

_____
(1) T. 1, p. 106.

vue d'une côte non protégée, l'avait déclaré de bonne prise. Le conseil des prises, sur les conclusions conformes du commissaire du gouvernement déclara la prise nulle.

On commençait à admettre au XVIIᵉ siècle, qu'un corsaire, escortant une prise, ne pouvait la laisser séjourner dans un port neutre.

C'eût été, en effet, continuer l'exercice du droit de prise sur le territoire d'une puissance neutre. D'après Valin, le corsaire et sa prise, entrés dans un port français pour éviter la tempête, pouvaient y séjourner tant que le mauvais temps ne permettait pas de remettre en mer ; mais devaient le quitter après vingt-quatre heures, s'ils avaient abordé pour toute autre cause.

C'est ce que portait l'ordonnance de 1681, art. 14, t. des prises, reproduisant les dispositions de l'art. 5 de la déclaration du 1ᵉʳ février 1650 qui défendait « à tous gouverneurs et commandans de souffrir dans leurs ports et rades, plus de vingt-quatre heures, aucuns capitaines ayant commission étrangère, et ayant fait quelque prise, si ce n'est qu'ils y ayent relâché, et soient contraints d'y demeurer par mauvais temps. »

Cette règle, encore nouvelle, n'était pas encore observée dans tous les pays, aussi les corsaires trouvaient ils assez facilement des ports neutres où il leur était permis, non seulement de conduire et de faire séjourner leurs prises, mais encore de les vendre.

Comment s'exerçait le droit de prise

§ I. — Pavillon. — Semonce. — Visite.

S'il était admis, en France, comme par la majorité des
nations européennes que les mesures effectives d'hostilité ne devaient pas être prises avant un avertissement
préalable, il en était, trop souvent, fait tout autrement,
en pratique, et la saisie des navires, dans les ports et
sur mer, avant toute déclaration de guerre, était un fait
courant.

La course n'était autorisée, en France, que lorsque les
hostilités se trouvaient déjà engagées depuis quelque
temps et que toute possibilité prochaine de leur cessation était écartée ; aussi ne pourra-t-on jamais lui repro-
cher d'avoir agi déloyalement et par surprise.

Les ordonnances de 1517-1543-1584 obligeaient tout
navire français à porter les étendards et enseignes de
l'amiral, c'est-à-dire, le pavillon français, de manière,
dit Valin, « qu'il étoit défendu d'en arborer d'autre pour
faire la guerre, comme le porte l'art. 4 de la déclaration
du 1er février 1650, confirmé par l'A. du C. du
13 août 1658. » (1)

Une ordonnance du 23 février 1674 décidait qu'en cas
de prise d'un vaisseau allié ou neutre, sans raison appa-
rente et légitime, les armateurs qui se trouveraient saisis

(1) VALIN. Nouveau commentaire sur l'ordonnance de 1681,
t. II, p. 239.

de plusieurs pavillons seraient considérés comme forbans et punis des mêmes peines.

L'ordonnance de 1681 déclarait de bonne prise tout vaisseau combattant sous un autre pavillon que celui de l'État dont il avait commission, et punissait comme pirates les officiers qui le commandaient, mais seulement lorsqu'il était armé en guerre. Elle abrogeait implicitement les dispositions de l'ordonnance de 1674, et permettait aux corsaires d'avoir à bord tels pavillons qu'ils jugeaient à propos, et de s'en servir, soit pour reconnaître plus facilement les vaisseaux qu'ils rencontraient, soit pour éviter les poursuites et s'échapper plus facilement. Il leur était seulement interdit de tirer le *coup d'assurance* ou de *semonce* sous pavillon étranger, à peine de confiscation de leurs parts de prise au profit du roi, si elle était jugée valable, et, dans le cas contraire, à peine de tous dépens et dommages-intérêts tant contre le capitaine que l'armateur.

L'ordonnance du 18 juin 1704, interprétant celle du 17 mars 1696, décidait que les équipages des corsaires qui auraient fait des prises après avoir tiré le coup de semonce sous pavillon autre que celui de France ne seraient point atteints par la confiscation des prises, qui ne devait frapper que l'armateur et le capitaine.

Un article du Code du 23 juillet 1706 confirmait cette exception, et portait qu'à l'avenir, la confiscation serait faite au profit de l'amiral.

Les vaisseaux anglais tiraient souvent le coup de

semonce sous pavillon autre que le pavillon national, aussi, pendant les guerres du xviiie siècle, les corsaires français, pour ne pas rester en état d'infériorité sur ce point, prirent l'habitude, tacitement autorisée par les autorités maritimes, et par l'exemple des vaisseaux du roi, de tirer le coup de semonce sous n'importe quel pavillon, et n'assuraient le pavillon français qu'au moment d'engager le combat.

Il en fut de même pendant les guerres de la Révolution et jusqu'à l'arrêté du 2 Prairial an XI, dont l'article 33, défendant de combattre sous pavillon étranger, permettait, par la même, de tirer le coup de semonce sous n'importe quel pavillon.

C'est, qu'en effet, les corsaires, d'une force et d'un tonnage très inférieurs aux vaisseaux de guerre proprement dits, ne pouvant visiter et arrêter que des navires d'une force à peu près égale à la leur, l'emploi de pavillons étrangers contribuait puisamment, non seulement à faciliter les prises, mais encore à assurer leur sécurité.

Le corsaire devait arrêter tout navire à portée, sauf le cas d'infériorité de force manifeste, pour vérifier sa nationalité et son chargement.

La semonce se faisait quelquefois à la voix, mais plus généralement par un coup de canon tiré à poudre. Le navire, refusant d'y répondre, pouvait y être contraint par force, sans pouvoir, en aucun cas, réclamer des dédommagements pour les avaries que pouvaient lui occasionner son refus. Nous avons vu précédemment que toute résistance de sa part le rendait de bonne prise.

Le corsaire, le coup de semonce tiré, devait s'arrêter hors de portée de canon. Cette distance était quelquefois stipulée dans des traités, notamment dans celui des Pyrénées. Par une exception singulière et inexplicable, le traité du 11 janvier 1787 entre la France et la Russie, stipulait que les croiseurs des deux pays devaient s'arrêter à une demi portée de canon seulement du navire semoncé.

Le corsaire envoyait généralement un officier accompagné de deux ou trois hommes visiter le navire semoncé et s'assurer de sa nationalité et de la nature de sa cargaison. Les traités des Pyrénées et d'Utrecht, — celui conclu en 1787 avec la Russie, limitaient à trois le nombre des hommes chargés d'accompagner l'officier procédant à la visite.

Le rôle de l'officier chargé de cette mission était particulièrement délicat. Il lui fallait, en une visite hâtive, le plus souvent entravée par la passivité ou la mauvaise volonté de l'équipage du semoncé, prendre connaissance des papiers du bord et de la nature du chargement. Une pratique approfondie des langues étrangères était donc de toute nécessité pour s'assurer de la régularité des pièces, ou pour découvrir une contravention suffisante pour justifier une confiscation. Il lui fallait un coup d'œil avisé pour deviner, sous les dehors de marchandises ordinaires, une cargaison de contrebande habilement masquée.

L'armateur remettait ordinairement au capitaine, avant le départ du corsaire, une instruction contenant le nom du ou des pays en guerre avec la France, et indiquant les cas dans lesquels les navires neutres et leur cargaison étaient de bonne prise, avec mention des textes qui autorisaient la capture.

Nous faisons suivre le texte des instructions données au capitaine du corsaire le *Rhuyter*, armé au Croisic, en l'an VI, par P. Gaudin.

« Le capitaine du corsaire le *Rhuyter*, est autorisé à arrêter et envoyer en France.

1° Tout bâtiment anglais, portugais et russe.

2° Loi du 9 may 1793 — Tout bâtiment étranger à bord duquel sont des marchandises appartenantes à nos ennemis, ou dont la propriété n'est pas justifiée être véritablement neutre par des connoissements qui indiquent le nom du chargeur, celui du propriétaire neutre et le lieu de leur destination. Ces connoissements doivent être signés par le capitaine ou l'écrivain du bord.

3° Loi du 26 juillet 1778 — art. 2. — Tout bâtiment étranger dont les connoissements ne sont pas signés et, en général, toute pièce quelconque non signée est réputée nulle et le capitaine ne doit y avoir aucun égard.

Lois — Traités — Ordonnance de 1681. 4° Tout

bâtiment étranger destiné pour un port ennémi et chargé, en tout ou partie, de marchandises de contrebande. (1)

Arrêté du 12 Ventose an V — Traités de 1742 et 1769.

A ces objets de contrebande, il faut ajouter pour les navires américains, danois et hambourgeois, les chanvres, bois de construction, brais, goudron, résines, cuivre en feuilles, toiles et cordages; lorsque ces objets seront trouvés sur des navires américains, danois ou hambourgeois, ces navires pourront être arrêtés et envoyés en France.

5° Ordonnance de 1681. Tout bâtiment à bord duquel il ne sera trouvé ny connoissement, ny charte partie ny factures.

6° Loi du 26 juillet 1778 — Art. 4. Tout bâtiment qui naviguera avec un passeport nul, et un passeport est nul lorsqu'il aura servi pour un voyage antérieur et terminé, et lorsqu'il aura été délivré dans un moment où ledit bâtiment n'étoit pas dans un des ports de l'État ou du prince qui aura expédié ledit passeport. — Traité de 1778. Art. 22. En outre, un passeport américain est nul lorsqu'il a plus d'un an de date, à moins que le navire américain n'ait pas retourné dans cet intervalle dans un des ports des Etats-Unis.

Loi du 26 juillet 1778 — 7° Tout bâtiment dont il

(1) Suivait la liste des marchandises considérées comme telles.

sera prouvé que tout ou partie des papiers ont été jetés à la mer, supprimés ou distraits par l'équipage dudit bâtiment ; et, à cet égard, le capitaine aura le plus grand soin a ce qu'il n'en soit distrait aucun par ceux qu'il enverra visiter le navire, observant que ce délit est puni de peines corporelles.

Ordonnance de 1681, art. 12. — Loi du 26 juillet 1778, art. 5.

Tout bâtiment qui refusera d'amener les voiles après la semonce qui aura été faite et qui fera résistance.

Loi du 26 juillet 1778, art. 5. — 9° Tout bâtiment dont le passeport exprimera un nom de bâtiment différent de l'énonciation qui en sera faite dans les autres pièces du bord, à moins que les preuves du changement de nom et l'indentité du bâtiment ne se trouvent dans les pièces ou actes authentiques qui sont à bord, lesquels actes ne sont authentiques que lorsqu'ils sont signés par des officiers publics du lieu de départ.

Loi du 26 juillet 1778, art. 5. — 10° Tout bâtiment dont le capitaine sera contrevenu au passeport qu'il aura obtenu. La contravention à un passeport consiste à aller dans un autre lieu que celui indiqué par le passeport et à ne pas s'y conformer dans ses autres dispositions.

Loi du 26 juillet 1778, art. 6. — 11° Tout bâtiment dont le capitaine sera d'un pays ennemi de la France et qui n'aura pas été naturalisé trois mois avant la présente guerre (la guerre a été déclarée le 23 février 1793) ou bien qui, ayant été naturalisé avant la guerre, sera retrouvé dans les Etats ennemis de la France pour y continuer son commerce.

Loi du 26 juillet 1778, art. 7. — 12° Tout bâtiment de fabrique ennemie ou qui aura eu un propriétaire ennemi, à moins que le capitaine du bâtiment ne justifie par des actes authentiques, c'est-à-dire, signés par un officier public et enregistré devant le principal officier du lieu de départ et signé de son propriétaire ou de son fondé de pouvoirs, que la vente ou cession du bâtiment a été faite d'un citoyen d'un pays neutre ou allié avant le commencement de la guerre.

Loi du 26 juillet 1778, art. 8. — Les bâtiments de fabrique ennemie qui ont été pris par des français ou alliés depuis la guerre et vendus à des neutres ne sont pas compris dans cet article, s'il se trouve, à bord, des actes en bonne forme, passés devant les officiers publics à ce préposés et justificatifs, tant de la prise que de la vente qui en aurait été faite dans les ports des états alliés ; faute de ces pièces justificatives, le bâtiment sera de bonne prise.

Loi du 26 juillet 1778, art. 9. — 13° Tout bâtiment étranger, neutre ou allié, sur lequel il y aura un super-cargue marchand, commis ou officier-major d'un pays ennemi de la France.

14° Tout bâtiment dont l'équipage sera composé au-delà du tiers de matelots d'un pays ennemi de la France.

Il y a une exception à ces deux articles, lorsque les

capitaines ou maîtres du dit bâtiment justifieront par des actes réguliers, trouvés à bord, qu'ils ont été obligés de prendre des officiers-majors ou matelots dans les ports où ils auront relâché, pour remplacer ceux du pays neutre qui seront morts dans le cours du voyage. Le capitaine observera que la loi n'admet que le cas de mort pour autoriser le remplacement des officiers-majors ou matelots. Il ne devra donc admettre ni le cas de désertion ou quelque autre que ce soit.

15° Tout bâtiment qui n'aura pas à bord un rôle d'équipage arrêté par un officier public du lieu neutre d'où il est parti (on appelle officier public, tout homme chargé d'une fonction publique, comme notaire, juge de paix, officier de la douane ou de marine,

Traité de 1778. — 16° Tout bâtiment américain, qui ne sera pas muni d'un passeport au modèle remis au capitaine et de connoissement signé.

17° Lorsque le capitaine d'un navire arrêté déclarera être chargé pour compte ennemi, le capitaine insérera cette déclaration détaillée dans le procès-verbal qu'il rédigera. Elle devra contenir le nom et le lieu de la résidence du propriétaire ennemi, et le tout devra être signé par le capitaine du navire pris.

Aussitôt que le capitaine jugera à propos d'arrêter un navire, il dressera un procès-verbal conforme au modèle qui lui sera donné autant que possible, ce procès-verbal contiendra avec la plus grande exactitude, toutes les circonstances de la prise, la note du lieu où elle aura été faite, les motifs qui auront déterminé à la faire, les déclarations du capitaine et des autres personnes de l'équipage prises qui seront interrogés. Ce procès-verbal devra en tout être conforme du cahier de route.

Lorsque ce procès-verbal aura été ainsi rédigé, le capitaine du corsaire prendra tous les papiers du navire pris pour les mettre sous enveloppe sur laquelle il appliquera son cachet, et sommera le capitaine du navire pris d'y appliquer le sien. Il n'oubliera pas d'insérer dans le procès-verbal qu'il a rempli cette formalité et que le capitaine pris a mis son cachet sur l'enveloppe ou bien qu'il a refusé de le faire malgré la sommation.

Ces formalités remplies, le capitaine signera ce procès-verbal, le fera signer à son état-major et au capitaine du navire capturé, si celuy-ci refuse de le signer, il en fera mention au dit procès-verbal.

Ce procès-verbal sera fait double dans la même forme et dans les mêmes termes; une expédition restera entre les mains du capitaine du corsaire, l'autre sera remis au capitaine conducteur de la prise avec le paquet de papiers de bord du navire pris et les ordres particuliers que le capitaine du corsaire jugera à propos de lui donner sur sa conduite.

Dans ces ordres, après les instructions d'usage, le capitaine du corsaire recommandera expressément au conducteur de la prise.

1º de remettre aussitôt son arrivée en France, le paquet contenant les papiers du navire pris au juge de paix du lieu où il abordera, et de faire dresser procès-verbal de cette remise.

2° de faire la déclaration audit juge de paix ainsi qu'au bureau de la douane, à qui il remettra le double du procès-verbal qui lui aura été donné par le capitaine du corsaire et de faire insérer cette remise dans le procès-verbal qui sera rédigé audit bureau de la douane de sa déclaration.

3° de ne pas souffrir que les gens de l'équipage pris qui seront avec lui descendent à terre et y communiquent avec qui que ce soit avant qu'ils aient été interrogés par le juge de paix sur toutes les circonstances qui pourront servir à faire statuer sur la validité de la prise.

Lorsque vous arrêterez un navire parce qu'il vous paroitra marqué ou que ses papiers de mer ne seront pas en règle, pour que ces mêmes papiers vous soyent représentés également qu'au capitaine neutre, vous les chiffrerez et parapherez tous les uns après les autres, votre second capitaine et votre interprète les chiffreront également, vous les ferez aussitôt chiffrer par le capitaine neutre, et après cette disposition, (qui est absolument de rigueur), vous les paqueterez, et scellerez le paquet du cachet du corsaire et de celui du capitaine neutre.

Vous aurez soin de faire mention de cette formalité dans le procès-verbal de capture.

Nantes, 5 brumaire an VI.

P. Gaudin.

Je reconnais avoir reçu les présentes instructions et m'engage à les suivre en tout ce qui sera en mon pouvoir.

Nantes. 6 brumaire an VI.

B. Benoist » (1).

On remarquera à la lecture de ce document que la presque totalité des textes cités sont antérieurs à la Révolution, et que la manière de procéder à la capture des navires arrêtés est exactement celle fixée par l'ordonnance de 1681 et le règlement du 15 novembre 1693.

§ II. — Amarinage des prises et formalités consécutives.

La visite terminée, le corsaire laissait le bâtiment continuer sa route, s'il se trouvait en règle, ou, dans le cas contraire, l'amarinait, comme étant de bonne prise ou simplement suspect.

La première formalité que devait remplir le capitaine du corsaire preneur, était, dit l'ordonnance de 1681, reproduisant les dispositions des ordonnances de 1543 et 1584, de se saisir « des congés, passe-ports, lettres de mer, charte-parties, connoissements et de tous autres papiers concernant la charge et destination du vaisseau. » Ordonnance de 1681, art, 7, t. des prises,

Le règlement du 25 novembre 1693 décidait, en outre, que l'inventaire des papiers devait avoir lieu en présence

(1) Archives de la Marine, à Nantes. Corsaires, an VI.

des officiers de la prise, mis en demeure de le signer avec l'officier envoyé à bord de la prise et l'écrivain.

L'inventaire terminé, les papiers devaient être enfermés dans un sac cacheté, pour être remis aux officiers d'amirauté, ajoute le même règlement.

Le capitaine du corsaire devait ensuite faire dresser par l'écrivain, un procès-verbal de capture de la prise, contenant l'exposé des motifs qui l'avaient déterminé à la faire. Ce procès-verbal était doublement utile : D'abord, pour permettre aux autorités chargées de juger la prise d'en apprécier la validité, ensuite, pour contenir l'ardeur, parfois excessive, des corsaires, tentés de capturer sur des motifs futils.

Voici le texte d'un procès-verbal de prise.

« Je soussigné, P. Salmon, 1er lieutenant et écrivain, certifie, que le 7 juillet, sur les 5 heures du matin, avons pris un sloup lequel paroit chargé, et par le mauvais tems le sieur de Villeferon n'a jugé à propos que d'expédier l'équipage et le sieur Godefroy, dédié capitaine pour le conduire, qu'il a promis s'en acquitter fidèlement, et de remettre à son arrivée en France le présent procès-verbal aux mains de MM. les officiers de l'amirauté du lieu qu'il atterira, et incertain du nom du navire, et ignorant la nature du chargement, j'ai fait et dressé le présent procès-verbal, en mer, le 7 juillet 1781.

Salmon » (1).

(1) Archives du département de la Loire-Inférieure, B. Amirauté, prises, 1781.

Le corsaire preneur était la *Duchesse de Polignac*, capitaine de Villeferon, armé à Saint-Malo.

L'ordonnance de 1681, t. des prises, art. 16, prescrivait aussi au capitaine, de serrer les clefs des coffres, armoires et chambres, et de fermer les écoutilles et autres lieux où étaient déposées les marchandises, dans un but facile à comprendre — la crainte de voir les marchandises soustraites ou pillées.

Ces formalités accomplies, le capitaine du corsaire, après avoir fait passer, sur son navire, la majeure partie de l'équipage capturé, pour éviter un soulèvement possible, envoyait, à bord, un de ses officiers, en qualité de chef de prise, avec une certaine quantité de matelots, et selon l'importance de la capture, l'envoyait au port le plus proche, ou l'escortait lui-même.

L'ordonnance de 1681, t. des prises, art. 17, prescrivait de conduire la prise, au port où le corsaire avait été armé, à peine, pour le capitaine, de perte de ses droits de prise et d'amende arbitraire. C'était dans le but avoué de sauvegarder les intérêts de toutes les parties intéressées, et aussi, sans doute, pour assurer la perception intégrale du *dixième*, revenu le plus important de l'amiral.

Constatons cependant que cette mesure continua à demeurer en vigueur après la suppression du dixième, mais l'Etat continuait à être directement intéressé par la perception de la *retenue des invalides*.

L'art. 17, n'admettait d'exception que dans deux cas de force majeure — tempête — crainte de capture.

Dans les cas de relâche en un port autre que celui de l'armement, le premier soin du capitaine devait être d'en donner avis aux intéressés. L'art. 17 ne dit pas — *à l'armateur* — dans la crainte, peut-être, de voir ce dernier agir sans consulter ses co-intéressés. Cette disposition, disait Valin, « a pour objet de donner aux intéressés le moyen de prendre la résolution qui leur paroîtra la plus convenable, soit pour envoyer sur le lieu quelqu'un d'entre eux ou autre chargé de leurs pouvoirs, soit pour donner ordre au capitaine d'amener la prise ou de la décharger en observant les formalités réquises ». (1)

L'obligation de conduire les prises au port de l'armement — entrave extrêmement gênante — n'était pas observée en pratique, et les corsaires envoyaient toujours leurs prises au port le plus proche. Cette tolérance était même devenue la règle tacitement établie. Nous voyons, en effet, deux lettres de l'amiral, l'une, sans date, du comte de Toulouse à l'amirauté de la Rochelle — l'autre, du duc de Penthièvre (3 avril 1745), interdire aux officiers de l'amirauté du port où la prise avait relâché de l'y retenir sous quelque prétexte que ce fut. La déclaration du capitaine faite, ils devaient lui laisser la liberté de conduire la prise où bon lui semblait. Leur seul droit, était de placer sur la prise, tant qu'elle séjournait dans le port,

_____

(1) VALIN. Nouveau commentaire sur l'ordonnance de 1681, t. II p. 278.

un gardien chargé d'empêcher le détournement des marchandises. Il leur était en même temps, prescrit d'envoyer au secrétaire général de la Marine, une copie de la déclaration du capitaine ou du chef de prise.

La question était plus complexe lorsque la prise était conduite dans un port étranger. Nous avons vu que l'article 17 de l'ordonnance de 1681 n'était pas appliqué, et d'autre part, les dispositions réglementant le cas faisant défaut, on en était réduit — en théorie — à s'appuyer sur l'opinion des jurisconsultes. Valin était d'avis que la prise devait être ramenée, quelque fut le danger, sinon au lieu de l'armement, du moins dans le premier port du royaume, excepté dans le cas de permission expresse du roi (1).

En pratique, il en était tout autrement. Les prises conduites dans un port étranger, y demeuraient, et la vente en était effectuée sous la surveillance de nos consuls, également chargés de l'instruction préparatoire.

Il parut, pendant la guerre de l'Indépendance, touchant les prises conduites par les corsaires dans des ports étrangers, deux règlements — l'un du 27 septembre 1778 — l'autre du 5 juin 1779, dont nous ferons l'analyse au chapitre suivant.

Les prisonniers faits lors de la capture des navires ennemis étaient souvent une cause d'embarras pour les corsaires dont l'intérêt eut été de n'en conserver que le nombre nécessaire à la manœuvre, depuis qu'on

(1) VALIN. Nouveau commentaire sur l'ordonnance de 1681, t. II, p. 278.

n'admettait plus la possibilité de racheter sa liberté à prix d'argent. Il est vrai que les déclarations des 5 mars 1748, 15 mai 1756 et 24 juin 1778 accordaient une prime par chaque tête de prisonnier. Son importance variait selon que la capture du prisonnier avait été faite sur un navire marchand ou un corsaire, — ou, à la suite ou non d'un combat ou d'un abordage.

Les armateurs ne profitant pas de ces primes, exclusivement réservées aux équipages, n'y trouvaient pas la compensation des dépenses supplémentaires pour l'entretien et la nourriture des prisonniers, dépenses qui augmentaient les frais d'armement, auxquels l'équipage n'était jamais tenu de contribuer.

Il importait, par contre, à l'Etat, de disposer du plus grand nombre possible de prisonniers pour les échanger contre nos marins capturés par les anglais, aussi l'ordonnance de 1681, article 17, titre des prises, enjoignait aux capitaines de corsaire d'amener tous leurs prisonniers, à peine de perte de leurs droits de prise et d'amende arbitraire.

Quelquefois le manque de vivres, ou l'impossibilité de surveiller un nombre trop considérable de prisonniers obligeait le corsaire à les débarquer en pays neutre ou à se contenter d'une rançon.

Les ordonnances des 7 novembre 1703 et 11 Mars 1705 prescrivaient — ou de ne relâcher les prisonniers qu'après leur avoir fait prendre l'engagement de faire faire leur remplacement par les autorités de leurs pays,

— où de les amener en quelque port ami, pour les remettre au consul français qui se chargeaitde les faire passer en France.

Une ordonnance du 4 octobre 1760 condamnait le capitaine qui relâchait des prisonniers, sans nécessité, à 100 livres d'amende par homme relâché.

Il était cependant autorisé, lorsque le nombre des prisonniers dépassait le tiers de son équipage, à embarquer le surplus de ce tiers, et même davantage dans le cas où il manquait de vivres, sur les navires neutres qu'il rencontrait en mer.

Les corsaires pouvaient être tentés de disposer de la prise en dehors de tout contrôle. Le fait, prévu par l'ordonnance de 1681 était puni de mort. L'art. 18, t. des prises s'exprime ainsi « Faisons défenses à peine de vie à tous chefs, soldats et matelots de couler à fond les vaisseaux pris et de descendre les prisonniers en des isles ou côtes éloignées pour celer la prise ». L'art. 18 cessait d'être applicable lorsque la destruction de la prise et le débarquement des prisonniers n'avait pas pour but de dissimuler la capture.

Lorsqu'il ne s'agissait que de détournements et de pillages partiels, non accompagnés des circonstances aggravantes de destruction de la prise et de débarquement des prisonniers, on appliquait alors l'art 20, ordonnance de 1681, t. des prises, qui prononçait la peine de restitution du quadruple et de punition corporelle.

Les ordonnances interdisant et punissant les pillages

des prises furent fréquemment renouvelées, les équipages des corsaires succombant trop souvent à la tentation de prendre eux-mêmes leurs parts de prise, aussi l'ordonnance de 1681 n'avait fait que reproduire les dispositions des ordonnances de 1400 — 1517 — 1543 — 1584 et de la Déclaration du 1er février 1650.

L'art. 20 de l'ordonnance de 1681, parlant de punition corporelle en cas de pillage de la prise, n'en spécifiait pas la nature. On appliquait, d'après le règlement du 25 novembre 1693, la peine du carcan.

Ce règlement, sans abroger l'art. 20, t. des prises de l'ordonnance de 1681 condamnait au carcan et à la privation de parts de prise « ceux qui rompront les caisses, coffres ou lots dans les prises ou auront enlevé quelques marchandises.» Il y avait, par conséquent deux textes pour punir le même délit.

Les termes de ce même art. 20 conduisaient à décider que les deux peines de restitution du quadruple et de punition corporelle devaient toujours être prononcées conjointement, mais on fit observer qu'il pouvait y avoir, dans certains cas, une rigueur excessive à le faire. Aussi, Louis XIV, dans sa lettre du 25 septembre 1709 à l'amiral, décida que les pillards pourraient être condamnés, à l'une ou à l'autre des deux peines seulement, ou aux deux, selon la gravité du cas.

Le pillage des prises était si commun aux xve et xvie siècles, dit Valin, « que les équipages en étoient venus, jusqu'à jurer sur le pain, le vin et le sel, devant un prêtre, que tout ce qu'ils pourroient prendre ou dérober des prises, soit or, argent monoyé ou autres, perles, bijoux et autres choses de valeur, ils n'en révéleroient ni diroient aucune chose à la justice, aux propriétaires, armateurs ni autres, et qu'ils en feroient le partage entre eux. Serment abominable, qui fut enfin proscrit par l'ordonnance de 1543. — art. 26, et par celle de 1584 — art. 40, avec injonction à tous corsaires de représenter tout ce qui seroit de la prise aux officiers de l'amirauté, sur ladite peine de confiscation de corps et de biens, et défenses aux prêtres de plus recevoir pareil serment, sur peine de prison, et d'être poursuivis extraordinairement ». (1)

Nous regrettons de ne pouvoir rien ajouter à ces curieux détails donnés par Valin, nos recherches personnelles sur l'origine de ce singulier serment, étant demeurées sans résultat.

Les ordonnances de 1543 et 1584 n'espérant pas supprimer entièrement les pillages et dépradations des prises avaient essayé d'en pallier les inconvénients, en autorisant, ce qu'on pourrait appeler un *pillage légal*. L'équipage du corsaire avait droit à « toute la dépouille des habillemens, harnois et bâtons des ennemis, avec l'or et l'argent qu'ils trouveront sur eux jusqu'à la somme de dix écus. » Elles leur accordèrent aussi « les coffres et communs habillements de l'ennemi, excepté

(1) Valin. Nouveau commentaire sur l'ordonnance de 1681, t. II, p. 292.

ceux de grande valeur ou qui auroient été destinés à être vendus, et toutes les marchandises avec l'argent qui se trouveroient dans lesdits coffres ou ailleurs dont ils n'auroient tout de même que lesdits dix écus. »

« On ne voit rien de semblable ni d'afférent à ceci pour ou contre, dans les ordonnances postérieures, » dit Valin. « Cependant, il est passé en usage, confirmé par plusieurs exemples de la dernière guerre (1) que la dépouille des ennemis, leurs coffres, hardes, et tout ce qui y est, avec leurs armes, ustensiles et instruments de leur profession, appartiennent à l'équipage du corsaire, en gardant néanmoins la différence de leurs grades ; de manière qu'au capitaine corsaire appartient la dépouille du capitaine du navire pris avec son coffre ; au pitote la dépouille du pilote avec les instruments du pilotage ; au charpentier, les outils du métier, ainsi du reste des officiers mariniers, et aux matelots, la dépouille des matelots pris, chacun pour ce qu'il en peut attraper, et sans aucun rapport, soit au profit de l'armateur, soit entr'eux (2). »

Il n'y avait d'exception que pour le coffre du capitaine pris dont la valeur n'était acquise au capitaine preneur que jusqu'à concurrence d'une certaine somme fixée par le règlement du 25 novembre 1693, à 500 écus, le surplus devant être rapporté à la masse ; aussi devait-il

(1) Guerre de la succession d'Autriche.
(2) VALIN. Nouveau commentaire sur l'ordonnance de 1681, t. II, p. 292.

être visité et inventorié par les officiers d'amirauté, en présence de l'armateur, après le jugement déclarant le navire capturé de bonne prise, mesure. bien tardive et par suite, inutile, puisque d'après l'article XVI de l'ordonnance de 1681, t. des prises, les clefs des coffres, armoires et chambres restaient aux mains du capitaine.

La déclaration du 24 juin 1778, article 29, supprima le privilège du capitaine preneur sur le coffre du capitaine de la prise, mais lui permit de stipuler une somme proportionnée à la valeur de la prise.

Une lettre du ministre de la marine, vint décider, trois ans plus tard, que la somme accordée au capitaine comme dédommagement ne pourrait dépasser 2 %. Cette mesure, demeurée en vigueur, pendant les guerres de la Révolution, fut confirmée par l'arrêté du 2 prairial an XI, article 93.

Nous faisons suivre le texte d'une supplique présentée au roi au sujet d'une contestation survenue entre deux corsaires dont l'un accusait l'autre de lui avoir ravi ses prises.

« Février 1710.

Au Roy

Sire

Les armateurs du vaisseau le *Comte de Tessé*, de Nantes, cy devant commandé par le feu capitaine Hubert Levêque, armé en guerre, remontrent fort humblement à Votre Majesté, que, par jugement de Mgr l'amiral, du 19 février dernier, René de Montaudoin, l'un des sup-

pliants a été condamné à payer aux armateurs du vaisseau, nommé le *François Dargouges*, par forme de
dommages et intérêts, une somme de 15,000 livres, pour
raison des pillages, voyes de fait et d'hostilité prétendus
comis (*sic*) par ledit feu sieur Levêque.

Les suppliants ont interjeté appel de ce jugement par
acte du 16 may dernier sur lequel ils réclament la justice
de Sa Majesté.

Leur grief est d'autant plus grand que dans la forme,
ils n'ont point été appelés dans le procès dont l'instruction s'est faite en l'amirauté de (Vannes)? et dans le fond,
le vaisseau la *Comte de Testé* n'a fait aucun pillage sur
le vaisseau anglois nommé le *Thomas*, de Londres, et
encore moins sur un brigantin que l'on dit tantôt anglois,
tantôt portugais et qu'il n'a été fait aucun acte d'hostilité
ni de fait : Conséquemment, que dans le fond et dans la
forme, le jugement dont est appel ne peut se soutenir et
ne peut subsister.

Le 21 février 1710, le navire le *Comte de Tessé*, donna
chasse à deux vaisseaux qu'il avait découverts, et à un
brigatin. L'un d'eux, qui étoit le *François Dargouges* se
sépara des deux autres, qui étoient le brigandin et le
Thomas. Il tira deux coups de canon aiant pavillon
anglois et prit sa route sur l'isle de Ténerif, l'autre vaisseau et le brigantin prirent la leur comme s'ils vouloient
gagner l'isle de la Grande-Canarie.

Par ces manœuvres, le capitaine Lévêque les crut
ennemis et les poursuivit d'abord sous pavillon anglois,

mais, les aiant approchés, il mit pavillon françois qu'il assura d'un coup de canon sous le vent. Ce qui confirma l'idée que le capitaine Lévêque avoit que ces vaisseaux étaient ennemis, fut qu'ils rangèrent la terre, que le *Thomas* alla s'échouer, et le brigantin se mit à l'ancre.

Le capitaine Lévêque envoya sa chaloupe à bord du brigantin, dans lequel ses gens ne trouvèrent que deux anglois seulement, ce qui leur confirma que tous ces navires étaient ennemis.

Ils s'emparèrent de ce brigantin qu'ils mirent à la voile pour aller sauver le *Thomas* qui s'étoit échoué, mais s'étant élevé un gros vent du N.-N.-O., ils furent obligés de se remettre à l'ancre pour ne pas s'exposer dans des roches où ledit vaisseau le *Thomas* s'étoit échoué, et le cable dudit brigantin s'étant cassé, la tempête le fit échouer à terre.

Dans ce temps, les Anglois qui étaient restés à bord du brigantin, leur avouèrent que le *Thomas* et lui lui étoient anglais, et qu'ils avoient été pris par les François.

Cette déclaration obligea le gens du vaisseau des suppliants d'abandonner ladite prise et de retourner à bord de leur navire pour en avertir le capitaine Lévêque, qui, sur cela, ne fit plus plus aucune poursuite.

Deux faits certains 1° que le brigantin que les gens de l'équipage du navire des suppliants ont abordé étoit lège, et alloit à l'isle de Madère.

2° Que les gens dudit équipage n'ont point été à bord du vaisseau le *Thomas,* conséquemment, qu'il n'y a point eu de pillage, que personne ne s'est plaint d'aucune voie de fait, et qu'une chasse donnée à des vaisseaux ennemis n'est point un acte qui puisse être blâmé, puisqu'il est enjoint à tous vaisseaux françois armez en guerre, même à tous les sujets de Sa Majesté de courir sus aux ennemis de l'Etat.

Cependant, comme si le capitaine Lévêque et son équipage avoient été prévenus et coupables des faits dont ils ont accusés, il a été ordonné qu'à la requéte du procureur de Votre Majesté en l'amirauté de Vannes, il en seroit informé pour que l'information faite et raportée, être ordonné ce que de raison.

Il n'a point été fait d'information, personne n'a été entendu depuis le jugement du 30 may 1712 qui a ordonné qu'il seroit informé. La première procédure a été la réquisition faite par ledit procureur de Votre Majesté, le 13 juillet 1713, à ce que le capitaine Levêque et le capitaine en second fussent assignés pour être ouis sur les cas résultans des informations.

Les supplians conviennent que les intéressés ont représenté, le 18 février 1712 que le capitaine de la Vigne-Buisson qui commandait le *François Dargouges*, avait fait deux prises, qu'ils ne savoient ce qu'elles étoient devenues, ni les marchandises qu'ils supposoient être de valeur, et qu'ils ont demandé qu'ils leur fut permis d'en faire informer.

Le capitaine en second du *F. Dargouges*, nommé

Godefroy Gallet, et le 1er lieutenant du vaisseau, nommé Julien de la Perche, ont donné leurs déclarations.

Le premier rapporte la chasse que le capitaine Levêque a faite sans parler d'aucun pillage ni d'aucune voye de fait : sur la fin, il dit que le sieur Raoul qui étoit le capitaine du *Maurepas*, avait écrit au sieur Michel de se transporter à l'endroit où étoient les prises, pour prendre un compte exact de ce que l'on pourroit sauver, pendant que ledit Gallet iroit prendre des attestations des Espagnols, de la manière dont le *Comte de Tessé* avoit forcé les prises, et comme son équipage avoit pillé, mais cette idée n'a été soutenue ni suivie d'aucunes preuves.

Au contraire, un notaire de la Villeguya, a attesté dès le 21 février 1710, qu'il a vu un grand navire sur un banc de sable, qu'il en vit un autre plus petit qui étoit mouillé, qui étoit en apparence à l'ancre un peu éloigné, qu'il vint à terre deux chaloupes, qu'il y avoit un grand navire dehors, qu'il s'approcha de l'endroit où étoient les deux bâtiments, et que, par les gens qui étoient dans le dit grand navire, il fut arboré un pavillon anglois, que dudit navire on mit en mer deux chaloupes qui vinrent à terre garnies d'artillerie, qu'ils mirent du monde dans le petit navire et deux hommes à terre, que les autres s'en allèrent audit navire qui étoit échoué, que ceux qui étoient dans le petit, couperent le cable et tirerent le dit navire à l'endroit de celuy qui étoit à la voile, que quelque temps après ils le ramenerent et le lais-

serent sans amarre, qu'il donna à terre et échoua, que
les hommes qui avoient sauté à terre étoient français,
que le lendemain, la mer ayant grossy, on se disposa à
en retirer quelques effets.

Par cette déclaration, qui est jointe à la procédure que
les suppliants ont fait traduire en France, le vaisseau le
Comte de Tessé n'est accusé d'aucun pillage ni d'aucune
voye de fait. Il y a plus, car, le vice-consul de France
aux Canaries, voulant être informé de la vérité de ce qui
s'étoit passé, a fait faire une information par devant le
corregidor de l'ile, de laquelle il résulte, que le *Thomas*
avoit donné en terre, que le brigantin étoit sur une ancre,
que le navire qui leur donnoit chasse tira deux coups de
canon et mit sa chaloupe en mer, et vint au brigantin
qu'il arrima, et coupa l'amarre, fit sortir le brigantin
dehors, mais le ramena à terre à l'endroit où ils l'avoient
tiré et l'abandonnerent. Cette information a été composée
de quatre témoins. Pas un ne dépose de pillage n'y
d'aucune voye de fait.

Par le rapport du capitaine de la Vigne, du 12 février.
Il dit qu'il rencontrera un petit brigantin anglois, le
9 février 1710, qu'il prit; qu'il n'y fit aucun pillage, ny
ayant rien dedans; que sept jours après, il rencontra un
bâtiment anglois, qu'il prit le 16 dudit mois, après une
heure de combat; qu'il en donna le commandement au
capitaine de la Perche, et celuy du brigantin, au sieur
Duranc, dont on n'a pris aucune déclaration.

Que le sieur G. de la Merueille, qui n'étoit point sur

les prises, en faisant sa déclaration, n'a pas pris garde qu'il avait déclaré qu'il avoit été d'abord de la prise, avec le capitaine de la Vigne; qu'ils trouverent que c'étoit un navire anglois, nommé le *Thomas*, chargé d'effets suivant le mémoire qu'en avoit été donné au sieur de la Perche, par le fermier de la douane chez lequel les marchandises avoient été déchargées par ordre du gouverneur.

L'on voit, par le mémoire des marchandises de ladite prise qui ont été remises à la douane de Guya, qu'il y avoit des marchandises déchargées, saines et entières et d'autres mouillées, mais nulle plainte de pillage ni de soustraction, au contraire, le dit de la Merueille, a rapporté que le receveur de la douane, nommé don Bernardo Ramon de Moncado, luy avoit fait voir sur son registre, les détails des effets de la prise, qui luy avoient été remis, dont ayant pris une notte, il la trouva conforme au mémoire qu'en avoit dressé le sieur de la Perche, à mesure qu'on les sortait de la prise, preuve certaine qu'elles s'y trouvoient et que sy aucunes manquoient, il falloit qu'elles fussent restées dans le navire brisé, puisqu'il avoit fait marché avec un nommé Jean André et un nommé Rocas, de les retirer de la mer.

L'autre témoin est le sieur de la Perche, à qui le sieur de la Vigne avoit donné le commandement de la prise, témoin qui étant partie et intéressé ne pouvait servir. Ce témoin fait un long discours sur les ordres qui luy

avoient été donnés d'échouer, dit qu'il envoya sa chaloupe à bord du brigantin, pour sauver son monde à
terre avec son équipage, que ledit brigantin, étoit vide,
que le vaisseau des suppliants tira un coup de canon
sous le vent, qu'il mit son pavillon blanc en berne, et
une flamme blanche à son grand mast, que le vaisseau
preneur envoya sa chaloupe à bord du brigantin qui
l'amena, qu'ayant vu que c'étoient deux prises françoises
il les renvoya ; que son câble s'étant cassé par la force
des vagues, ledit brigantin s'en alla en travers, et se
perdit à la côte où il s'étoit brisé ; qu'ayant voulu aller à
bord de la grande prise qui étoit le *Thomas*, persuadée
qu'elle étoit ennemie, pria les Espagnols d'empêcher
que les gens du petit n'abordassent la dite prise ; qu'ils
furent à terre où il se firent reconnaitre françois ;
qu'ayant été à l'officier de la chaloupe des suppliants,
les prier d'ayder à remettre le navire à flot, il ne reçut
que des injures ; que dans le temps qu'il travaillait à
relever le brigantin, les gens du vaisseau des suppliants
allèrent à bord de la prise, les empêchèrent de travailler,
les maltraiterent, enfonçant partout pour piller ; que les
deux capitaines, étant venus dans leurs canots, ils
avoient emporté ce qu'ils avoient pu, et sur le reproche
qui leur fut fait qu'ils agissoient comme ennemis, l'un
deux leur tira un coup de pistolet, dont heureusement
personne ne fut blessé ; qu'il avoit trouvé les marchandises contenues dans le mémoire qu'il avoit signé
conforme à celuy de la douane, et qu'à mesure que les

marchandises arrivoient à terre, il les faisoit porter dans une tente qu'il avoit fait dresser.

Les réflections que l'on doit faire sur cette déposition en feront voir la nullité.

1° Le témoin dépose en sa propre cause.

2° Il n'est point interrogé sur son nom, surmon, âge, qualité ny demeure, s'il est serviteur ou domestique, parent ou allié, dont il n'est point fait mention dans sa déposition; nullité expliqué par l'art. 5 du Tribunal des informations de l'ordonnance de 1670.

3° Que le vaisseau le *Comte de Tessé*, ne sachant point sy ces deux vaisseaux ennemis étoient deux prises, il avoit été en droit de les chasser, et que les ayant reconnues, il n'y voulut point toucher.

4° Qu'on ne peut lui imputer de ce qu'ils se sont perdus, puisque le capitaine de la Vigne avoit donné un ordre précis de ranger la terre et de s'échouer.

5° Que les gens des suppliants n'ont point abordé la prise le *Thomas*, dont les officiers du vaisseau le *F. Dargouges* ont toujours été les maîtres.

6° Que ceux du *Comte de Tessé* n'ont été, ny requis, ni priés de relever le brigantin ; qu'ils n'ont pas même proféré aucune injure, aussi le capitaine de la Vigne ny le sieur de la Meruelle n'en ont pas dit un seul mot, ni qu'ils ayent empêché le travail de la chaloupe des premiers preneurs, ny qu'ils aient enfoncé, ny pillé, ny emporté aucune chose, ny tiré un coup de pistolet.

Cette disposition est donc nulle, elle est unique, elle

est d'une partie intéressée; elle est faite deux ans après la prises; elle n'a pu servir de fondement à une condamnation, d'autant plus qu'il n'y a pas eu de plaintes ny procès-verbal, ny consulat de tous ces faits; qu'au contraire, les suppliants rapportent le consulat de France aux Canaries, le 27 février 1710, sitôt qu'il est arrivé à l'isle de Féneriffe, qui à pris la déposition de trois capitaines anglois qui ont passé leur déclaration de ce qui s'est passé sur la poursuite desdites deux prises, sur leur échouement et sur ce qui s'est passé depuis.

Cette déclaration cy jointe, qui a été faite par les trois capitaines anglois, six jours après l'échouement, justifie pleinement de la vérité du fait que les suppliants ont rapporté, et détruit en même temps la déposition que le sieur de la Perche a faite deux ans après, qui, bien examinée, se contrarie, les faits qu'ils rapporte sur la fin étant contraires à ceux qu'il a dit dans le commencement.

Dans ces circonstances, les suppliants espèrent que Votre Majesté trouvera qu'il étoit du devoir du capitaine Lévéque, de poursuivre lesdits navires ennemis, puisqu'il ne savoit point s'ils étoient des prises faites par le *F. Dargouges*, que les gens de l'équipage du *Comte de Tessé* n'ont ny mal traité, ny pillé, ny fait aucun tort aux prises, puisque les premiers preneurs ont toujours été en possession du Thomas, et qu'ils avoient abandonné le brigantin sur lequel il n'y avoit que deux anglois ; que la déposition d'un seul homme n'a pu servir de prétexte pour condamner les suppliants en la personne du sieur Montaudouin, en 15.000 livres par forme de dommages et intérêts, puisque ces bâtiments avoient l'ordre d'échouer, et que ce n'est pas la faute du *Comte de Tessé* sy, quand le capitaine Levêque a assuré son pavillon françois par un coup de canon au vent, ils ont cherché à s'échouer, et enfin quand ils ont retrouvé à terre les mêmes marchandises qu'ils avoient trouvées en le prenant.

Il est donc surprenant que les suppliants se trouvant condamnés comme sy leur vaisseau avoit pillé et maltraité ces deux prises.

Et ces causes, plaise Votre Majesté recevoir les suppliants appelants du jugement de Monseigneur l'amiral du 19 février dernier, et faisant droit sur leur appel, les décharger des condamnations y portées, condamner les armateurs du *F. Dargouges* pour leur indue vexation aux dommages et intérêts, et aux dépens » (1).

Le dossier renfermant cette pièce ne contenait aucun document indiquant la solution donnée à cette affaire.

§ III. — Transactions en matière de prises

Le corsaire, en faisant une prise, agissait, en théorie, par délégation de l'Etat, et pour le compte exclusif de ce

(1) Archives de la Chambre de Commerce de Nantes. Corsaires, 689.

dernier. Il ne pouvait, par conséquent, disposer du navire capturé, soit pour le relâcher, soit pour le détruire; mais, en pratique, l'intransigeance de la théorie avait dû s'incliner devant la matérialité des faits.

Le navire capturé pouvait être réduit en si mauvais état, à la suite du combat ou du mauvais temps, qu'il était à craindre de le voir couler avant d'arriver au port. Sa marche inférieure ou la trop grande quantité de son équipage exposait parfois le capteur a être pris lui-même, ou à subir une révolte dangereuse. Il pouvait aussi se faire que la prise, de minime valeur, ne valait pas la peine d'être envoyée en lieu sûr. Enfin, l'obligation de conserver la prise aurait eu, dans certains cas, pour résultat de dégarnir l'équipage du corsaire d'une façon dangereuse, et de compromettre le succès même de l'expédition.

Le corsaire se trouvant dans un de ces cas, après capture d'une prise, avait donc à choisir entre deux partis — la détruire — en tirer le meilleur parti possible en la rançonnant.

La destruction des prises était pratiquée assez fréquemment par les vaisseaux de la marine royale, mais les corsaires ne s'y décidaient naturellement qu'à la dernière extrémité.

Les ordonnances de 1400-1543-1584 ne prévoyaient pas la *rançon*; il en est question pour la première fois dans l'ordonnance de 1681, titre des prises, article 19. « Avant ce temps là, dit Valin, le commerce avait

des bornes fort étroites, et il n'étoit pas encore bien
établi, entre les nations en guerre, que, de part et
d'autre, on exécuteroit les billets de rançon comme
dettes légitimes » (1).

Le capitaine du corsaire ne pouvait rançonner la
prise de sa seule autorité; il lui fallait obtenir — atteinte
presque unique à son pouvoir discrétionnaire, — l'approbation de ses lieutenants et de la majorité de l'équipage.

Il devait, de plus, soit que la prise fut détruite ou
mise à rançon, prendre les papiers du bord et retenir
les deux principaux officiers, à peine de privation de sa
part de prise et de punition corporelle dans certains cas.

L'ordonnance du 2 décembre 1693 spécifiait que les
otages devaient être le maître ou capitaine du vaisseau
capturé. Celle du 27 janvier 1706 se contentait d'un ou
deux officiers, sans exiger que ce fut le capitaine, souvent indispensable pour la conduite du bâtiment. Un
arrêt du Conseil du 11 octobre 1780 ordonnait de retenir
outre l'otage, cinq hommes en sus du navire rançonné,
lorsque son équipage était de trente hommes, trois lorsqu'il n'était que de vingt et deux seulement lorsqu'il
n'atteignait pas ce chiffre. On ne saisissait plus les
papiers depuis le règlement du 27 janvier 1706, car, on
avait fait justement observer, que, d'après l'usage admis
par le droit public de l'Europe, tout navire sans papiers

(1) VALIN. Nouveau commentaire sur l'ordonnance de 1681, t. II,
p. 282.

était de bonne prise ; mais cette dérogation à l'article XIX
de l'ordonnance de 1681 ne s'appliquait pas au cas
où le corsaire, ne pouvant aboutir à un accord au sujet
d'une rançon, s'emparait de toutes les marchandises
qu'il pouvait prendre.

L'ordonnance du 1er octobre 1692 interdisait aux corsaires de donner aux vaisseaux rançonnés l'autorisation
de continuer leur navigation ; ils ne pouvaient leur
accorder qu'un sauf-conduit valable durant le temps
strictement nécessaire pour arriver à leur destination,
avec défense de s'écarter de leur route sous peine d'être
de bonne prise.

La contravention à cette prescription de l'ordonnance
précitée, était punie de cent livres et de la restitution de
la rançon, dont le montant devait être partagé entre le
vaisseau qui avait repris le navire rançonné et les hôpi-
taux du lieu de l'armement, en cas de récidive, un mois
de prison en plus des peines ci-dessus. Cette mesure
fut prise pour couper court à l'habitude des corsaires de
donner aux bâtiments rançonnés un sauf-conduit pour
tout le temps nécessaire à la continuation de leur commerce.

L'ordonnance du 27 janvier 1706 n'y fit que quelques
changements de détail. Le délai laissé, auparavant, à
l'appréciation du corsaire fut uniformément fixé à six
semaines.

L'ordonnance du 30 septembre 1693 défendait de rançonner les navires chargés de blé, à peine de perte de

la rançon et de 3000 livres d'amende pour les armateurs, et d'un an de suspension de grade pour le capitaine, avec perte de ses parts de prise. Cette ordonnance, rendue à la suite de la disette qui régnait à l'époque, était une mesure de circonstance et comme telle tomba bientôt en désuétude. Valin la regardait comme tacitement abrogée (1).

Une autre ordonnance du 2 décembre de la même année avait fait défense aux corsaires d'accepter une rançon au-dessous de 1000 livres, et leur enjoignait de brûler ou couler tous bâtiments dont les capitaines ne voudraient pas convenir de cette somme. Il leur était également interdit de rançonner au-dessus de 10.000 livres, les prises devant être, dans ce cas, obligatoirement, conduits en France. Elle fut abrogée par celle du 16 mars 1696, qui permit les rançons au-dessous de 1000 livres et jusqu'à 15.000 livres. Un arrêt du Conseil du 7 avril suivant, lui donna un effet rétroactif, en déchargeant les armateurs et les capitaines des peines par eux encourues, pour contravention à l'ordonnance du 2 décembre 1693.

Une ordonnance du 6 février 1697 avait permis aux armateurs faisant la course aux *Iles de l'Amérique*, de rançonner jusqu'à 30.000 livres, et un article du code du 23 janvier 1706 rendit à l'amiral le droit de confiscation en cette partie, dérogeant en cela à l'ordonnance du 17 mars 1696, qui avait attribué ce droit au roi.

(1) VALIN. Nouveau commentaire sur l'ordonnance de 1681 t. II p. 283.

Le règlement du 26 janvier 1706 laissait aux corsaires liberté de rançonner quelque fut la somme convenue.

La déclaration du 15 du mai 1756 ne permettait la rançon que lorsque le corsaire avait déjà fait trois prises, mais cette disposition, difficile à faire observer, fut supprimée peu après.

Un arrêt du Conseil du 11 octobre 1780 défendit de rançonner en dehors des mers d'Irlande, des canaux de Bristol, Saint-George, et du nord-ouest de l'Ecosse, bientôt suivi de l'ordonnance du 30 août 1782 interdisant complètement rançon.

Certains corsaires avaient trouvé le moyen d'éluder les dispositions de cette ordonnance en revendant en mer aux capturés les prises faites sur eux, aussi un article du code du 15 janvier 1783 vint défendre aux capitaines ces sortes de marchés, à peine de suspension de trois mois, et en cas de récidive, d'incapacité de commander. Le montant de la vente était, de plus, confisqué.

Il était défendu, d'autre part, de relâcher moyennant rançon une prise arrivée en rade du royaume, — jugement de l'amiral du 8 février 1696, et il était expressément interdit, et cela, de toute ancienneté, de remettre en liberté, après composition, un corsaire ennemi.

Un autre jugement de l'amiral enjoignait au capitaine qui avait stipulé quelque somme à son profit ou retiré du navire capturé des effets ou marchandises d'en faire exactement mention dans son rapport à l'amirauté, à peine de restitution du quadruple et privation de parts de prise.

Pour éviter toute contestation entre le capteur et le capturé, il était d'usage de dresser, par écrit, un acte contenant les conditions de la transaction, et signé des deux parties : on l'appelait *billet de rançon*.

L'armateur ou le capitaine du corsaire se faisait délivrer, par l'amirauté du lieu de l'armement un certain nombre de formules imprimées, portant l'entête de billet de rançon, d'un modèle uniforme pour tout le royaume. Il suffisait d'en remplir les blancs et d'apposer la signature des deux parties.

Il existait, dans chaque amirauté, un registre sur lequel on mentionnait le nom de chaque corsaire demandant des billets de rançon, — ceux de l'armateur et du capitaine, — le tonnage du bâtiment, — le nombre de ses canons, — celui des billets délivrés dont l'armateur ou le capitaine devait donner reçu au greffier.

Nous avons parcouru deux registres de délivrance de billets de rançon (1) pour les périodes de 1706 à 1713 et de 1744 à 1762, et fait ainsi le relevé complet des armements en guerre, et de ceux en guerre des marchandises pendant ce laps de temps. Nous voyons qu'il fut délivré, de 1706 à 1713, 3359 billets de rançon. Le nombre de billets demandé par chaque corsaire variait de

(1) Archives du département de Loire Inférieure. — Registres pour la délivrance des billets de rançon aux capitaines, 1706 à 1713-1744-1762.

cinq à vingt, selon la force du bâtiment, et la nature de
son armement.

Signalons, pendant la période de 1744 à 1762, une diminution proportionnelle considérable des armements,
sur celle de 1706 à 1713, diminution principalement cau-
sée par la difficulté de faire sortir des bâtiments en
course, presque infailliblement capturés par les croiseurs anglais postés aux embouchures de la Loire.

Pour prévenir le refus de certains capitaines de signer
les billets de rançon, sous prétexte qu'ils ignoraient le
français, on prit, depuis 1707, l'habitude de mettre, au
dos du billet, une traduction en anglais, ou autre langue étrangère, de la formule française imprimée au
recto.

C'est le règlement du 27 janvier 1706 qui avait prescrit
la création d'un modèle officiel et uniforme de billets de
rançon ainsi que la tenue de registres en constatant la
délivrance.

Par un formalisme rigoureusement étroit, ce même
règlement déclarait nulles à l'égard du capteur, et confisquées au profit de l'amiral, les rançons faites par les
corsaires qui négligeaient de prendre à l'amirauté des
billets de rançon.

Le navire rançonné repris par un autre corsaire pour
irrégularité et déclaré de bonne prise, était vendu au
profit du second capteur, mais celui-ci devait remettre
au premier le montant de la rançon. Dans le cas où la
rançon avait été accordée indûment, le montant en était

confisqué au profit de l'amiral, d'après un arrêt du conseil dérogeant à l'ordonnance du 17 mars 1696 qui avait attribué cette confiscation au roi.

On s'était demandé si l'armateur d'un navire rançonné d'abord, et repris ensuite pour être contrevenu au billet de rançon, devait payer la somme convenue dans ce billet, indépendamment de la confiscation de son navire, puisque c'était par sa faute qu'il avait été repris ; mais dit Valin, « cela seroit trop rigoureux pour être juste, c'est assez qu'il perde son navire, dès-là, il doit être quitte de la rançon » (1).

On s'était également demandé si la perte accidentelle du navire en mer annulait le billet de rançon.

Pour l'affirmative, on soutenait que le capitaine du navire capturé n'avait consenti à payer la rançon que dans l'espérance que son navire arriverait à bon port, à sa destination.

Valin, se déclarant pour la négative, faisait observer que la rançon, toujours fort au-dessous de la valeur de la prise, était un traité à forfait, qui, par conséquent, la rendait pleinement acquise au corsaire preneur, quelque put être, dans la suite, le sort du navire rançonné. Il ajoutait, de plus, que décider le contraire, pouvait prêter à la fraude.

On discutait encore sur la légitimité pour un corsaire d'arrêter et de prendre les navires ennemis, sans tenir

(1) VALIN. Nouveau commentaire sur l'ordonnance de 1681, t. II, p. 286.

compte du billet de rançon, sauf à en payer le montant au premier capteur, qui, au lieu d'amener la prise, avait consenti à transiger.

La raison mise en avant par les partisans de l'affirmative était d'ordre purement pratique. On soutenait qu'il fallait suivre l'exemple des anglais, qui, durant la guerre de 1756, avaient pris l'habitude d'en agir ainsi, et qu'un capitaine rencontrant un vaisseau ennemi qui ne lui paraissait pas avoir été rançonné pour sa valeur à beaucoup près, était en droit de s'en emparer, sans tenir compte du billet de rançon, le premier capteur ayant été forcé, par les circonstances, de se contenter d'un arrangement qu'il n'accordait, que faute de pouvoir faire autrement.

On répondait, avec raison, que le règlement du 27 janvier 1706, défendant d'arrêter les vaisseaux munis de billets de rançon, sauf le cas d'irrégularité, n'avait jamais été abrogé. Un jugement du 4 mars 1759 déclarait une prise faite dans ces conditions, nulle et indûment faite et la restituait à son propriétaire, sauf la rançon.

La mort ou l'évasion de l'otage devait-elle faire cesser l'obligation d'acquitter la rançon? Cette question fut surtout controversée en théorie, le cas se présentant rarement.

Pendant la guerre de la succession d'Autriche, les commissaires de l'amirauté de Londres, consultés à ce sujet, répondirent que la mort ou l'évasion de l'otage faisait cesser toutes les obligations relatives au paiement de la rançon, et en France, le ministre de la Marine, adoptant cette manière de voir, envoya aux amirautés des instructions pour leur enjoindre de juger les cas qui pourraient se présenter conformément à la solution anglaise.

Quelque temps après, survint la contestation suivante : Un navire de Bayonne fut pris par un corsaire de Guernesey et relâché contre rançon. Les propriétaires de ce navire envoyèrent le montant de la rançon aux sieurs Brovsne, négociants à Nantes, comme correspondants du corsaire de Guernesey, mais ayant appris peu après la mort de l'otage, ils réclamèrent la restitution de la rançon, se fondant sur l'avis donné par les commissaires de l'amirauté de Londres. Refus des correspondants du corsaire anglais qui faisait valoir une consultation donnée à Londres par deux jurisconsultes, dont l'un était avocat général à l'amirauté, dans laquelle on soutenait que la mort ou l'évasion de l'otage ne faisait pas cesser l'obligation de payer la rançon convenue.

Le ministre de la Marine fit porter une seconde fois la question devant les commissaires de l'amirauté de Londres, demandant une solution ferme qui pût servir de règle à la décision de l'affaire pendante en France, et de toutes celles qui se présenteraient à l'avenir dans les deux pays.

Guichard (1), qui rapporte cette affaire, ne parle pas de la façon dont elle fut tranchée.

(1) Code des prises maritimes, t. I, p. 176.

Nous avons vu, qu'il était de défendu de rançonner, dans certains cas, les prises ennemies. Les prises neutres pouvaient être rançonnées aussi valablement que les prises ennemies. Plus tard, l'article 39 de l'arrêté du 2 prairial an XI vint défendre de rançonner les navires neutres. Les corsaires n'eurent plus que l'alternative de les conduire en France pour les faire juger, ou de les relâcher.

L'armateur du navire rançonné avait encore à supporter les frais de nourriture des otages, soit d'après un tarif fixé par les règlements, soit d'après un tant par jour spécifié dans le billet de rançon.

Nous faisons suivre le texte du billet de rançon de la *Mœuse*, capturée, le 2 novembre 1706, par le *Saint-Esprit*, de Nantes.

« Amirauté de Nantes.

Nous soussignez, *Estienne Burot*, commandant le *Saint-Esprit de Nantes*, venant de *La Martinique*, et *Guillaume Smith*, maistre du vaisseau *La Mœuse de Whetaven*, sommes convenus de ce qui suit. C'est à scavoir que moy *E. Burot* reconnois avoir rançonné le dit vaisseau *La Mœuse*, appartenant à *André Linch*, bourgeois de *Glascow*, du port de *Nonante Tonneaux*, le *deux* du présent mois de *novembre*, l'année *1706*, à la hauteur de *43 d. lat. nord et 33 d.* allant de *Virginie à Whetaven*, sous pavillon de *Angleterre* et passeport *Whetaven*, chargé de *deux cents boucauds tabac* pour le compte de *A. Linch*, bourgeois de *Whetaven*, lequel vaisseau je suis convenu de rançonner moyennant la somme de *Quatre cents livres sterling*, pour laquelle j'ai remis ledit vaisseau en liberté, pour aller au port de *Whetaven*, où il sera tenu de se rendre dans le temps et espace de *deux mois*. Après l'expiration duquel temps, le présent traité ne pourra le garantir d'être arresté par un autre armateur : pour sécurité de laquelle rançon j'ay reçu en otage *Thomas Thompson*, *interressé dans ledit vaisseau*, sur ledit vaisseau, priant tous amis et alliez de laisser seurement et librement passer la *Mœuse de Whetaven* pour aller au dit port de *Whetaven*, sans souffrir qu'il luy soit fait pendant le temps et sur ladite route, aucun trouble ou empeschement.

Et moi, *Guillaume Smith*, tant en mon nom que celui dudit *André Linch*, propriétaire dudit vaisseau et des marchandises, me suis volontairement soumis au payement de ladite rançon, de *deux cents livres sterling*, seureté de laquelle j'ay donné ledit *T. Thomson*, en otage, promettant de ne point contrevenir au conditions du présent traité, dont chacun de nous a retenu un double que nous avons signé avec ledit T. Thomson, retenu pour otage.

Fait à bord du vaisseau le *Saint-Esprit*, le 20 novembre 1706.

Signé: Burot,
Danguy.

Thomas Gilchrist,
W. Smith,
T. Thomson »

On lit au verso du billet de rançon: « Le présent a esté délivré au sieur Burot, capitaine du navire nommé le *Saint-Esprit*.

A Nantes, le 12 mars 1706.

Mabit, greffier » (1)

§. VI. — **Prises de corsaires armés à Nantes** (2)

Guerre de la Ligue d'Augsbourg

Le *Jeune Thobie*, hollandais pris par *Saint-Anthoine*, 1690 — *Jacques*, de la Jamaïque, et *Diligence*, de Limerick, par la *Joyeuse*, de Saint-Malo, 1690 — *Prince de Galles*, anglais, par l'*Aigle*, de Nantes, 1692 — *Espérance*, de Londres, par la *Royale*, 1695 — *Le Viollet, la Marie*, de Londres, *Concorde de Flessingue, Sagrada Familia, Nuestra senora del Rosario, Las alma* de San Sebastian, espagnols, 1695, prises faites de concert par le *Saint-Esprit* et *François d'Assise* — *Recouvrance*, anglais, par la *Ville de Namur*, 1695 — L'*Aigle bleu*, d'Amsterdam, par la *Courageuse*, 1695.

Guerre de la 3ᵐᵉ coalition

Vitesse, anglais, pris par *Duc de Bourgogne*, 1702 — *Mariane*, de Bristol, par *Biche*, 1702 — L'*Union*, d'Ams-

(1) Archives du Département de Loire-Inférieure. Régistre pour la délivrance des billets de rançon, 1706-1713.

(2) On trouvera dans cette liste quelques prises amenées à Nantes par des corsaires armés dans d'autres ports. Nous ne pensons pas que leur nomenclature sorte des limites tracées par le titre de cet ouvrage.

terdam, la *Tourterelle*, de Philadelphie, par *Valincourt*,
1702 — *Espérance, Aventure, Concorde, Retour du
bâton, Saint-Antoine*, anglais, par *Duc de Bourgogne*,
1703 — *Marie de Bedford*, anglais, par *Duc de Bourgogne* (nouvelle croisière) 1703 — *Elisabeth, Junon,
Salabery*, anglais, pris par *Duc de Bretagne*, 1705 — *Di-
gne*, anglais, par *La Joye*, 1706 — *Elisabeth*, anglais, par
Cœzard, 1706 — *Julienne*, hollandais, par *Cœzard* et la
Femme de Londres, par le même, 1707 — *Cathe-
rine*, anglais, *Saint-Paul*, hollandais, *Derby, Cherchel
Guelly, Suzanne*, anglais, par *Cœzard* (autre croisière)
1708 — *Rebecca, Phénix, Kingfish, Briswater, Provi-
dence*, anglais pris par *Lusençay*, 1709 et 1710 — *Port-
Royal*, anglais, rançonné par le même, 1710 — *Le Jean
Galey*, corsaire anglais, par l'*Illustre* 1710 — *Charles
Elisabeth* et *Jean-Jacques*, anglais, par *Lusençay*, 1711
— *Conquérant*, anglais, par *Hardy-Guépin*, 1711 —
Jeune-Jean, corsaire de Flessingue, pris par *Saint-Pierre*,
1711 — *Tigre, Marie, Saint-Antoine, Saint-Joseph,
Reine de Corck, François, Katherine, Saint-Nicolas,
Hampton-Galley*, anglais, pris par *Maréchal d'Estrées,
Annibal*, rançonné par le même, 1712 — l'*Aventurier*,
portugais, *Greenborough* et *Dragon*, anglais par *Lusen-
çay*, 1712.

Guerre de la succession d'Autriche.

Plantation d'Antigue, anglais, pris par l'*Hermine*,
jointe à un autre corsaire, 1745 — *Philippe* et *Sara*

Marie, Hélène, Lion, anglais, par l'*Hermine* (nouvelle croisière). *Prosperon,* anglais, rançonné par le même, ainsi que *Charles, Union, Bonne-Intention,* anglais également, 1745. — *Willes* et *Penbrok,* anglais, pris par le *Mars* et la *Bellone* réunis, 1745 — *Spitweel* et *Zeenne* par *Bellone,* 1746 — *Saint-Christophe,* anglais par *Conquérant* (de Grandville) 1746 — *Saint-André,* anglais, par *Revange* (de Grandville) 1746 — *Jenny,* anglais, par *Superbe* (de Saint-Malo) 1746 — *Reine de Hongrie* par *Tavignon* (de Saint-Malo) 1746 — *Roi de Sardaigne* par *Chorame,* 1746 — *Trois sœurs,* anglais, par *Marquise de Tourny* (de Bordeaux) 1747 — *Triomphe,* anglais par *Tavignon* (de Saint-Malo) 1748 — *Prince d'Orange,* anglais par *Jeune Hortense,* 1748.

Guerre de sept ans.

Grenezey et *Amitié,* anglais, pris par *Maréchal de Richelieu,* 1757, qui s'empare aussi, de concert avec les vaisseaux du roi l'*Entreprenant* et le *Dragon,* du *Prince-Guillaume,* anglais, 1757 — *Jeanne-Suzanne,* anglais, par *Sauterelle* (de Brest) 1757 — *Hirondelle, Nancy, Deux-Cousins,* anglais, par *Sauterelle,* qui rançonne, de plus, *Fanny,* autre anglais, 1757 — *Caton,* anglais, par *France* (de la Rochelle) 1757 — Une frégate de la marine royale anglaise est capturée par le *Courteille,* 1758 — *Betsy,* anglais, pris par *Déterminé,* 1761 — *Marguerite-Marie,* anglais, par *Duchesse de Gramont* (de Saint-Malo) 1761 — *Jean-Thomas*, anglais, par *Amiral* (de Bayonne) 1761.

Guerre de l'Indépendance.

Betsy, anglais, pris par *Général Misslin* (des Etats-Unis) 1779 — *Sally*, anglais, pris par *Prince de Soubise* (de Dunkerque) qui rançonne en même temps *Duc de Glocester*, *Weels*, *Amitié*, 1780 — *Dame Bigoyna*, repris sur les Anglais par *Hercule* (des Etats-Unis) 1780 — *Hop*, anglais, pris par la *Duchesse de Polignac* (de Saint-Malo) 1781 — La *Fidèle Mariane*, prise par le corsaire anglais *Ranger*, parvient à s'échapper et à s'emparer de son capteur, 1781 — *Hendrich-Jacob*, hollandais, repris sur les Anglais par *Américain* (de Grandville) 1781 — *Charles*, anglais, pris par *Port-Packet* (des Etats-Unis) 1783 — *Kitty*, *Betzy-Sally*, anglais, par *Boucanier* (des Etats-Unis) 1783.

SECTION QUATRIÈME

Police des équipages.

Les équipages de corsaires, avons nous dit, étaient, pour diverses raisons, composés d'éléments se ployant difficilement à une exacte discipline, et trop enclins à oublier la nature et la durée des engagements pris par eux.

Les hommes de l'équipage, tels qu'ils étaient inscrits

sur le rôle, se trouvaient rarement au complet le jour
du départ. Les uns, attablés dans les cabarets du port
n'étaient peut-être pas en état d'entendre le son régle-
mentaire du tambour, annonçant le départ du corsaire.
Les autres, après avoir reçu leurs *avances*, que les règlements, en une sage prévoyance, avaient cherché à
réduire le plus possible, ne pouvant les supprimer complètement, contractaient allègrement un second engagement avec un autre armateur, et, la poche doublement
garnie, oubliaient finalement le premier, quelquefois les
deux.

Pendant la croisière, on obtenait difficilement d'eux
un travail autre que celui de se battre, le corsaire, n'hé-
sitant jamais à payer de sa personne au moment du
combat, se prêtait mal au rôle de manœuvre et de portefaix.

Aussi le règlement du 25 novembre 1693 et la déclaration du 24 juin 1778 portaient qu'il serait retenu sur les
gages des matelots qui manquaient au travail, la somme
de trente sols par jour.

Enfin, chose plus grave, le corsaire abandonnait trop
souvent son bâtiment, surtout lorsque la course s'annonçait infructueuse, et disparaissait à la première relâche.
Parfois même, éclataient à bord de véritables révoltes,
dont nous donnons plus loin quelques exemples.

L'ordonnance du 31 octobre 1691 punissait ceux qui
ayant traité avec un armateur, contractaient ensuite un
second engagement, de trois jours de carcan, un mois

de prison et restitution des avances, et ceux qui aban-
donnaient le corsaire, pendant la croisière, de la perte
de leurs parts de prise et de la restitution des avances.

Le règlement du 25 novembre 1693 punit des mêmes
peines la désertion avant et pendant la course, — trois
jours de carcan, un mois de prison et restitution des
avances.

L'ordonnance du 25 mars 1745 punissait la désertion,
qu'elle eut lieu avant le départ ou pendant la course,
d'un mois de prison, la première fois, et de deux, en cas
de récidive, avec restitution des avances.

Le matelot qui s'engageait sous un faux nom, ou qui
indiquait un domicile supposé, était puni de trois jours
de carcan et d'un mois de prison, s'il n'avait pas reçu
d'avances, et celui qui avait reçu des avances de deux
armateurs, du fouet, et de détention jusqu'à leur complète restitution, à moins qu'il ne fut réclamé par le premier armateur qui l'avait engagé. — Ordonnance de 1693.

Les peines portées contre les matelots déserteurs
étaient également applicables aux officiers. Par exception,
le chirurgien, considéré cependant comme officier-major,
était traité, dans ce cas d'une façon différente. Sa désertion était punie « de la perte de ses gages, cent livres
d'amende, et de pareille somme d'intérêt envers le
maître. » Cette peine, visant spécialement le chirurgien, il
s'en suivait donc, dit Valin, « qu'il ne pouvait être traité
comme les matelots déserteurs » (1).

(1) VALIN. Nouveau commentaire sur l'ordonnance de 1681, t. I,
p.508.

L'ordonnance du 31 octobre 1784 obligeait les capitaines de corsaire à faire la déclaration des déserteurs
aux commissaires des classes, et à l'amirauté, sous peine
d'avoir à leur donner leurs parts de prise, et de
remettre, en plus, pareille somme, à la caisse des Invalides.

Lorsque le roi prêtait à des particuliers, pour faire la
course, des vaisseaux avec leurs équipages, ces derniers
étaient soumis à la discipline suivie sur les vaisseaux de
de la flotte. — Ordonnance de 1745. Les matelots destinés à monter ces navires étaient levés d'autorité par les
commissaires des classes, et condamnés en cas de
désertion avant et pendant le voyage aux galères perpétuelles.

Nous voyons là, un mode d'exercice du droit de prise
exécuté par l'initiative individuelle, se confondant presque
avec celui exercé directement par l'Etat. Dans cette
variété de la course, le vaisseau appartient à l'Etat,
l'équipage et l'état-major relèvent uniquement de lui.
Les seules différences sont les suivantes. La direction
de l'entreprise est confiée à un particulier qui ne représente qu'indirectement et temporairement l'Etat, lequel
se réserve alors une part moins forte dans la répartition
des prises.

Les matelots convaincus de révolte ou d'excitation à
la rebellion étaient punis de mort. Lorsqu'ils se bor-
naient à contraindre le capitaine, à rentrer avant la fin
du terme fixé pour la course, ils étaient condamnés au

fouet et à la restitution des avances. Règlement du 25 novembre 1693.

En 1708, un soulèvement causé par le refus des matelots de servir jusqu'à l'expiration de leur engagement, éclata à bord du corsaire *Cœzard*, armé à Nantes par le sieur La Brouillère. Le capitaine Cazala, commandant le bâtiment, parvint, avec peine, à rétablir l'ordre (1).

En 1710, l'équipage du *Lusençay*, se révolte pour le même motif. Soutenu par quelques matelots restés fidèles, le capitaine Vié réussit à ramener son navire à Paimbœuf, où il fait incarcérer les mutins (2).

Le 31 mars 1780, le capitaine Larmel (3) commandant le *Prince de Soubise*, armé à Dunkerque par le sieur de Maricourt, et forcé de relâcher à Nantes à cause du mauvais temps, adressa la plainte suivante à l'amiauté contre divers marins du corsaire.

« A peine le suppliant fut-il arrivé, le 26 février dernier, en ce port où il est mouillé à Chezine, que partie de son équipage se révolta et montra au suppliant la plus grande insubordination en lui manquant de respect, en l'insultant même à toute rencontre.

(1) Archives du département de Loire-Inférieure. B. Amirauté, procédures.

(2) Archives du département de Loire-Inférieure, B. Amirauté, procédures.

(3) M. Gallois mentionne dans *les Corsaires français*, t. 1. p. 188, le corsaire de Dunkerque, *l'Egalité*, sous le commandement de Larmel. C'est sans doute le même dont il est question dans le document que nous reproduisons.

D'après ce début, ils refusèrent la nourriture à bord, laissèrent gâter les vivres, et prétendirent être payés, non-seulement de leur nourriture en argent, pour en disposer comme bon leur sembleroit, mais encore qu'ils devaient avoir payement de leurs journées, qu'ils travaillasent ou non.

Le 1er mars, le suppliant voulut bien consentir, de l'agrément et à la prière de M. le commissaire aux classes de cette ville, à accorder les vivres en argent à son équipage, et la demi solde à ceux qui travailleroient à bord. Son but fut d'apaiser la sédition que les mutins avoient excitée, car, aux fins de l'ordonnance et des ordres et conditions du suppliant, dont lecture fut donnée à l'équipage, il est certain qu'il n'y étoit point assujetti.

Dans l'intervalle qui se passa entre leur révolte et cet arrêté, c'est-à-dire, le 28 février, le suppliant ayant alors quelques matelots à travailler à bord, plusieurs des plus mutins parmi les révoltés, s'étant attroupés à terre, portèrent les choses jusqu'à lancer une quantité de pierres contre ceux qui travailloient, pour les obliger d'interrompre leur travail et les ranger dans leur rébellion. Leur but étoit sans doute, pour nuire au suppliant et à ses armateurs, de l'empêcher de réarmer son navire, car quelques autres, plus acharnés encore, descendirent, le 3 ou 4 mars, présent mois, pendant l'absence du capitaine, dans la calle, et là, armés de pinces de fer et de barres d'anspeck, ils dégradèrent, autant qu'il leur fut

possible les membres dudit navire et firent tout le plus
de mal qu'ils purent. Dans le même tems, les séditieux
se portèrent à différents autres excès, et, entre autres, ils
volèrent au capitaine, des pistolets, des bayonnettes,
enfoncèrent son coffre d'armes.

Dans le même tems, ces mêmes particuliers et d'autres
aussi composant son équipage, se permirent de rédiger
une lettre, ou plutôt un libelle contenant les calomnies
les plus atroces contre lui, qu'ils envoyèrent à ses armateurs à Dunkerque, après l'avoir fait signer à une très
grande quantité de ses matelots et volontaires, sans
leur en avoir même donné lecture, en leur persuadant
seulement que cet écrit n'avoit d'autre objet que de
faire condamner le navire ».

Voici le texte de la lettre écrite par l'équipage du
Prince de Soubise à l'armateur de ce corsaire.

« Nantes, 29 février 1780.

M.

A notre arrivée à Nantes, le 26 du courant, le capitaine a voulu nous faire faire chaudière à bord, nous
n'avons pas voulu y consentir, et avons voulu avoir
nos journées en travaillant à bord, à laquelle clause il
n'a jamais voulu souscrire, et a toujours persisté dans
sa première opinion.

Nous avons tout lieu de nous plaindre de sa mauvaise
façon d'agir dans le cours de notre voyage. Il a même
pris la licence de faire mettre sur le canon et la bring-

12 P

balle (1) plusieurs gens de notre équipage, et a même
donné un coup de sabre au calfat, qui, heureusement n'a
coupé que sa veste. Nous avons toujours rempli notre
devoir à bord autant qu'il a été en notre pouvoir, et sans
jamais avoir murmuré un seul instant, malgré sa grande
brutalité à notre égard.

Notre intention n'est pas de continuer la course avec
le même capitaine, mais si vous voulez nous envoyer
M. Blanchemain ou Villeneuve, nous consentons tous
de l'achever.

Par sa négligence, nous avons eu une partie de poudre
gatté par l'eau, que nous avons jetté à la mer et le restant conduit à Paimbœuf pour les faire retravailler.

Nous vous demandons, Messieurs, de plus, s'il est
permis au capitaine de fumer jour et nuit dans sa chambre, dessous laquelle sont les poudres et de laisser ouvrir
la soutte où elles sont renfermées, avec un feu d'enfer
dans la cuisine ; une étincelle eut pu nous faire périr tous.

Après plusieurs jours de course, nous amarinames un
navire anglois venant de Terre-Neuve, où il y avait un
subrecargue à bord, qui, au moment de se voir pris,
jeta un pacquet à la mer que nous eumes le bonheur de repê-
cher, contenant 925 livres st. de lettres de change. Il
embarqua avec lui, à bord de notre corsaire, une grande
malle que l'on n'a jamais visitée, et qu'on a laissée partir
avec lui pour s'embarquer à bord de notre prise le
Wells, rançonnée pour 6.000 guinées, sans consulter

(1) Levier servant à la manœuvre des pompes.

personne sur la relâche de ce prisonnier. Nous croyons, Messieurs, qu'un capitaine n'a pas le droit de renvoyer aucun prisonnier, sans, au préalable, être arrivé dans un port de France avec le consentement de l'amirauté.

Enfin, Messieurs, nous vous prions de nous donner un autre capitaine, ou de nous désarmer à Nantes ».

Suivaient les signatures.

Les armateurs du *Prince de Soubise*, ayant pris le parti de le faire désarmer à Nantes, le capitaine Larmel se désista de sa plainte, ainsi qu'en témoigne la pièce suivante.

« 23 octobre 1780.

Comme depuis la plainte (du capitaine) les armateurs du navire ont jugé convenable de le faire désarmer de gré à gré, cette plainte qui ne tendoit qu'à contenir son équipage pour ne point interrompre sa croisière, s'est trouvée absolument sans objet, au moyen du désarmement du navire; en conséquence, et comme le sieur comparant n'a plus aucun intérêt légitime de suivre une plainte qui se trouve destituée d'objet, il déclare donner pouvoir spécial et irrévocable à M. P. Gedoüet, procureur à Nantes, pour lui et en son nom se désister purement et simplement, comme il se désiste par ces présentes de la plainte par lui formée par devant M. le lieutenant criminel de la dite amirauté de Nantes, et de toute la procédure qui s'en est suivie à cet effet » (1).

(1) Archives du département de Loire-Inférieure. B, Amirauté. Prises, 1780-1781.

CHAPITRE III

JUGEMENT DES PRISES

SECTION PREMIÈRE

Instruction et formalités antérieures au jugement

§ Iᵉʳ — Déclaration de prise

Le premier devoir du corsaire, après avoir conduit une prise dans un port de France, était de se présenter devant les officiers de l'amirauté, pour leur exposer les circonstances de la prise et leur remettre les prisonniers et les papiers du vaisseau capturé. C'était au capitaine du corsaire ou, à son défaut, au chef de prise délégué par lui qu'incombait le soin de faire cette déclaration. — Ordonnance de 1681 — article 21 — t. des prises.

La déclaration devait être faite aussitôt après l'arrivée de la prise, c'est-à-dire, dit Valin, « sans délai et sans attendre les 24 heures accordées aux capitaines des vaisseaux marchands pour faire au greffe de l'amirauté leur déclaration d'arrivée ou de relâche, et cela, de peur que dans l'intervalle, les gens du corsaire établis sur la prise ne trouvent le moyen de mettre secrettement des marchandises à terre » (1).

Lorsque le corsaire n'avait pas été armé dans le port où la prise été amenée, il fallait que le capitaine, avant d'être admis à faire son rapport, présentât sa commission, en guerre et marchandises, ou en guerre seulement. Dans le cas où la déclaration était faite par un lieutenant chef de prise, il devait remettre une copie de la commission du corsaire. A cet effet, le capitaine se faisait remettre, par l'amirauté, en même temps que les billets de rançon, un certain nombre de copies de commission. Ces copies étaient imprimées sur papier, à la différence de l'original, qui l'était sur parchemin, et contenaient les mêmes indications. — Instruction du 16 août 1692.

Le capitaine du corsaire, au moment de confier le bâtiment capturé au chef de prise, lui en remettait un exemplaire, après avoir écrit, au verso de la pièce, le nom du chef de prise et des matelots détachés du corsaire, le nom et la date de la prise.

Il existe aux archives du département de Loire-Inférieure, dépositaires du fonds de l'amirauté de Nantes, une assez grande quantité de ces copies de commission.

Le rapport de déclaration de prise devait contenir, non seulement le procès-verbal de capture, mais encore,

(1) VALIN. Nouveau commentaire sur l'ordonnance de 1681, t. II, p. 309.

dit l'article XXI de l'ordonnance de 1681, toutes les circonstances du voyage, c'est-à-dire, l'époque à laquelle avait commencé la course, les événements survenus pendant la croisière, les noms des autres prises faites au cours de celles-ci, en un mot, toutes circonstances dignes de remarque.

Le capitaine de corsaire devait faire un rapport dans la même forme, lorsqu'il avait rançonné une prise, et déposer en même temps au greffe le billet de rançon, en déclarant ce qu'il avait fait de l'otage.

- Le rapport terminé, le capitaine ou chef de prise remettait les papiers saisis, aux juges de l'amirauté qui en ordonnaient le dépôt au greffe, après les avoir paraphés et numérotés, en présence du procureur du roi, partie nécessaire dans tout ce qui avait rapport à la procédure concernant les prises.

Les lettres trouvées à bord des prises évidemment ennemies, étaient envoyées, dès leur dépôt à l'amirauté, au ministre de la Marine, quant à celles trouvées sur des prises suspectes, il fut prescrit aux officiers de l'amirauté de ne garder que les lettres qui pouvaient donner quelques éclaircissements sur leur validité, pour les joindre à la procédure et de garder les autres. Il n'était pas défendu d'en prendre connaissance, aussi les officiers d'amirauté les ouvraient pour la plupart, tant pour en retirer les connaissements relatifs au chargement de la prise, qu'en vue de découvrir les projets des ennemis pour en informer le ministre.

Lorsqu'il s'agissait d'une rançon, le rapport du capitaine était fait dans la même forme, et le billet déposé au greffe.

Les prisonniers faits par les corsaires, étaient envoyés, selon l'occurrence, soit dans les prisons du roi, soit dans celles des seigneurs justiciers. Pendant longtemps, amiral eut seul le droit d'ordonner leur élargissement, mais durant la minorité du Comte de Toulouse, les commandants de place où les prisonniers étaient amenés s'attribuèrent le droit d'en disposer, selon les ordres qu'ils recevaient immédiatement du roi, sans l'intermédiaire de l'amiral, qui, malgré ses réclamations, ne put obtenir d'être réintégré dans son droit.

Dans certains ports, les commissaires de Marine, avaient seuls le droit de s'occuper des prisonniers. Il n'y avait donc, sur ce point, aucune uniformité.

Lorsqu'un corsaire arrivait avec plusieurs prises, une seule déclaration suffisait pour toutes, mais, lorsque les prises, arrivées simultanément, n'étaient pas accompagnées par le corsaire qui les avait capturées, il fallait une déclaration spéciale pour chacune d'elles.

On admettait encore, au xviie et xviiie siècles, que les prises faites par les corsaires pouvaient, non-seulement être conduites dans des ports neutres, mais encore y être jugées et vendues, sans que ce fait put être considéré comme portant atteinte à la neutralité et à la souveraineté de l'Etat où la prise avait été conduite. — Règlement de 1779 et loi du 8 Floréal an IV. En vertu de ces

deux manifestations du pouvoir législatif, l'instruction
préparatoire des prises faites par nos corsaires et conduites en pays étrangers était faite par le consul du port
où la prise avait été conduite, ou par le consul le plus
voisin. A cet effet, le capitaine du corsaire ou le chef de
prise devait, dès son arrivée dans le port neutre, se rendre au consulat de France, pour y faire sa déclaration et
remettre les papiers de la prise.

Pendant la période révolutionnaire, et jusqu'à l'arrêté
de Prairial an XI, la déclaration de prise ou de rançon
fut faite par devant le juge de paix du port où arrivait la
prise ou le corsaire ; ce magistrat étant, d'après les lois
de 1791 et 1793, chargé des attributions des amirautés.

§ II — Descente des autorités sur la prise

La déclaration reçue, les officiers de l'amirauté, accompagnés du greffier devaient se rendre immédiatement à
bord de la prise pour y dresser procès-verbal de la
quantité et qualité des marchandises, et de l'état dans
lequel se trouvaient les chambres, armoires et écoutilles
du vaisseau, qu'ils devaient faire fermer et sceller —
Ordonnance de 1681, art. 22, t. des prises, renouvelant
les dispositions de l'arrêt du Conseil du 31 juillet 1666 et
du règlement du 6 juin 1672.

La visite terminée, les officiers d'amirauté devaient,
aux termes du même article, reproduit dans l'instruction

du 16 août 1692, établir des gardiens pour veiller à la conservation des scellés et empêcher le détournement des
marchandises, mais, dit Valin, « l'usage est de n'en
mettre qu'un pour épargner les frais, et cela est venu
sans doute de ce que, dès qu'il arrive une prise dans
les rades, deux commis des fermes y sont envoyés, qui
n'en sortent point jusqu'à ce que la prise soit déchar-
gée » (1).

Le procès-verbal était fait en présence du capitaine du
vaisseau pris, et, en son absence, des principaux officiers
ou matelots de son équipage, du capitaine preneur et des
réclamants, s'il s'en présentait — Ordonnance de 1681,
art. 23, t. des prises. Il devait être signé de toutes les
parties ci-dessus mentionnées, bien que l'art. 23 ne le
disait pas expressément.

Nous donnons ci-après les procès-verbaux de déclaration de la prise du *Hop*, et du transport de l'amirauté
à bord.

« Déclaration de prise au greffe de l'amirauté du
Croisic, par le sieur Godefroy, capitaine de la prise
Hop.

Du 11 juillet 1781, a comparu le sieur Jean Godefroy,
originaire de Saint-Malo et y demeurant, embarqué au
mois d'avril dernier, 1er lieutenant sur le corsaire nommé
Duchesse de Polignac, du lieu de Saint-Malo, commandé

(1) VALIN. Nouveau commentaire de l'ordonnance de 1681, t. II,
p. 321.

par le sieur de Villeferon, armé de 36 canons et
345 hommes, lequel a déclaré que le 7 de ce mois de
juillet, étant en croisière dans le dit corsaire par la latitude nord de 50°, 49', et 14°, 50' de long, occ. méridien
de Paris, il auroit rencontré et pris à 5 heures du matin
le sloup anglois nommé le *Hop*, d'un port d'Angleterre
dont il ignore le nom, ainsi que celui du capitaine,
d'environ 25 à 30 tonneaux, le dit sloup armé d'un
canon, quatre pierriers et cinq hommes, lequel a amené
son pavillon sans tirer, venant du lieu de Port-en-Port,
en Portugal, chargé de vins et quelques jambons ; ledit
sieur Godefroy établi capitaine sur ladite prise avec cinq
hommes, déclare aussi n'avoir été resaisi ni trouvé
aucun papier à bord de ladite prise, le capitaine anglois
les ayant emportés avec lui, à bord dudit corsaire
Duchesse de Polignac, où il est resté avec son équipage.
Ledit sieur Godefroy a conduit et est entré en ce port du
Croisic, aujourd'huy, environ les cinq heures du soir
avec ledit bâtiment anglois. Telle est sa déclaration qu'il
a affirmée être véritable et sincère et a signé au registre
— Godefroy.

A l'endroit, ont comparu les sieurs le Maigre, second
capitaine à bord de ladite prise, et lieutenant sur le
corsaire *Duchesse de Polignac*, et Danet, volontaire,
auxquels, ayant donné lecture de la déclaration ci-dessus,
ont dit qu'elle étoit véritable, et n'y avoir rien changé et
ont signé au registre.

Je soussigné, certifié le présent extrait conforme au

registre-journal tenu à cet effet ; délivré au Croisic pour
MM. du siège de l'amirauté.

le 12 juillet 1781

Drézigué, David, greffier »

« 11 juillet 1781 — Procès du transport à bord du
sloup le *Hop*, et apposition des cachets du greffier et
des employés des fermes.

Nous Guillaume David de Drézigué, greffier de l'amirauté de Nantes au Croisic, déclarons nous être transportés, environ les sept heures du soir à bord de la prise
anglaise le *Hop*, conduite en ce port, ce jour, environ
les cinq heures du soir, par le sieur J. Godefroy, établi
capitaine à bord, ladite prise faite le 7 de ce mois par le
corsaire *Duchesse de Polignac*, de Saint-Malo,
commandé par le sieur de Villeferon, accompagné de
M. Gaborit, receveur des fermes du Roy au Croisic, et
Renaud, brigadier, qui avaient déjà préposé des employés
des fermes pour veiller à la conservation des effets
contenus dans ladite prise, le capitaine et l'équipage
présents.

Après avoir examiné ladite prise, matée et grayée en
sloup, d'environ 25 à 30 tonneaux, chargé de vin, tout
nous a paru être en bon état, et avons fait condamner et
clouer par P. Raoul, menuisier, une petite écoutille, qui
étoit au-dessus la chambre, et conjointement avec le sieur
Gabon, receveur des fermes, nous y avons apposé le
scellé de nos cachets, de même que sur le dome, sur le

grand panneau, et sur l'écoutille de devant à babord, et avons mis des cadenas, et établi pour gardien à bord de la dite prise, pour veiller à sa conservation de jour et de nuit, et à celle des effets, les nommés Dalineau et A. Baillon, archers de cette ville. Le sieur Renaud, brigadier, a pareillement commis deux employés pour veiller aussi jour et nuit. Les matelots de l'équipage ont enlevé leurs faits et hardes après la visite qui en a été faite en nos présences par les employés des fermes »

Suivaient les signatures.

« Procès-verbal d'inventaire et d'apposition des scellés de la prise anglaise *Hop*.

L'an 1781, le samedi 14 juillet sur les 7 heures du matin, étant au greffe.

Devant nous, M. P. Bascher, conseiller du Roy, lieutenant particulier, assesseur civil et criminel du siège royal de l'amirauté de Nantes, ayant avec nous, Mᵉ C. P. Holstein, commis greffier du siège, de lui serment pris.

A comparu M. J. A. Urieu, avocat du Roy audit siège, pour le procureur du Roy, lequel a dit, par la présente rémontrance verbale, qu'ayant été fait déclaration le 11 du mois, au greffe du siège établi au Croisic, qu'il venait d'y entrer une prise angloise, ainsi qu'on le voit par la copie de cette déclaration qui a été adressée au siège, le lendemain et par la lettre d'avis du même jour de M. de Drézigué, il croit devoir requérir sur le champ notre transport, de ce lieu de notre résidence à celuy du

Croisic, à bord de ladite prise, qu'il y doit être, pour, au désir de l'art. 42 de la déclaration du Roy du 24 juin 1778, dresser procès-verbal, sceller les écoutilles, faire inventaire, établir gardiens, en un mot, exécuter ce qui est prescrit par les lois ou estre convenable.

Signé : Urieu

Duquel réquisitoire, nous, juge susdit, avons décerné acte, et, y faisons droit, avons fixé notre descente au lieu du Croisic, à ce jour et heure, et en conséquence, sommes effectivement partis, sans délai du greffe de compagnie de l'avocat du roi, de notre greffier, et suivi de M. Maisonneuve, huissier pour l'exécution de nos ordres, et, étant arrivé à Paimbœuf, environ les huit heures du soir, avons remis à demain, au point du jour, la continuation de notre voyage, après quoy, avons signé avec les cy dessus dénommés ».

Suivaient les signatures.

« Et, advenant le lendemain, dimanche, 15 du présent mois, nous, juge susdit, de compagnie de l'avocat du roy, de notre greffier, et suivi de l'huissier, voulant profiter de l'heure de la marée, sommes partis de grand matin dudit lieu de Paimbœuf, pour nous rendre au Croisic, où nous sommes arrivés sur les 3 heures du soir, et attendu la feste, avons remis, à demain, 5 heures du matin, le commencement des opérations annoncées, à l'effet de quoy, avons ordonné à notre huissier de prévenir le directeur des fermes, ainsi que celui des

devoirs fixés au Croisic, de nos intentions, même de
demander toutes les autres personnes nécessaires pour
faciliter et accélérer nos opérations, de se trouver à
ladite heure à bord de la prise en question et avons
signé ».

Suivaient les signatures.

« Et advenant le lendemain lundi, 16 juillet, 5 heures
matin, nous, juge susdit, de compagnie dudit avocat du
roy et de notre greffier et suivi de l'huissier, nous sommes transportés du lieu de notre auberge à bord de
ladite prise, dénommée dans la déclaration le *Hop*,
sloup anglais, mouillé près les quays dans les bassins
du port, où étant, nous avons trouvé le sieur Gabory,
brigadier des fermes du Roy en cette ville, et Lemay,
négociant audit lieu, lesquels ont déclaré vouloir assister au présent, le premier, pour la conservation des
droits du Roy, et Lemay pour les armateurs de la
Duchesse de Polignac, corsaire preneur de la prise,
dont il nous a dit être le correspondant, mais n'ayant
pu fournir de preuves de son titre aux fins de la sommation verbale que nous lui avons faite, soit par lettre,
soit autrement, s'il voulait que nous le reconnaissions
pour représentant des armateurs, nous lui avons
annoncé que c'est sans approbation de sa qualité et à ses
risques que nous procéderions contradictoirement avec
lui, parceque exiger qu'il eut préalablement justifié
avoir commission des armateurs pourroit donner prise
pour le présent; et étant entré à bord, tant avec lui

qu'avec les préposés aux fermes, y avons trouvé les nommés J. Dalineau et A. Baillou qui nous ont dit être gardiens du bâtiment, ayant été choisis à cet effet par le sieur de Drézigué, greffier du siège en ce département, et avoir veillé à sa conservation, de concert avec deux employés du directeur des fermes ; ensuite de quoy, après avoir donné en temps que besoin défaut contre le directeur des devoirs qui ne comparait pas que contre les armateurs de la *Duchesse de Polignac*, au cas où le sieur Lemay ne soit pas jugé leur représentant, contre le capitaine de la prise, dont il nous a été appris, sur les informations que nous en avons faites, pour remplir à leur égard le vœu de l'ordonnance, qu'aucun ne se trouvait actuellement sur les lieux, avons remarqué que le grand panneau et les autres communications du dessus du navire avec la calle étoient fermés par le moyen de cadenas, et, de plus, scellés de cachets, et que ledit sieur de Drégigué, cy présent, nous a dit avoir faits contradictoirement avec les préposés aux fermes, à l'arrivée de la prise, suivant le procès-verbal signé d'eux, lequel sera joint au présent pour valoir ce que de raison, passé de quoy, avons procédé comme suit ».

Le lieutenant charge le nommé L. Berthaut, capitaine, qui prête serment, de faire un rapport détaillé sur la nature et l'état du navire pris. — Examen de la cargaison du navire. L'avocat du roi représente « qu'il lui paroissait intéressant à tous égards de procéder sur le

champ au déchargement du dit vin, que le préalable
étoit d'abord nécessaire à l'effet de satisfaire aux déclarations du Roy, c'est-à-dire pour dresser procès-verbal
d'apposition des scellés de la prise et pour faire inventaire de ce qui ne pouvait être scellé, que d'ailleurs, il
étoit économique de faire l'inventaire exact, définitif, afin
d'éviter les frais d'un nouveau transport de justice,
puisqu'aussi bien, le vin, qui semble composer principalement la cargaison du navire, se trouvera inventorié
par le déchargement ; qu'au surplus, le vin sera infini-
ment mieux dans un magasin qu'à bord du bâtiment
où il peut éprouver bien des événements préjudiciables,
aux fins de tout quoy, nous dit juge, vu ce qui résulte
en temps que besoin de la déclaration du sieur Lemay
d'adopter le réquisitoire de l'avocat du Roy, aurions
fait mander par l'huissier 16 journalliers, les uns, pour
travailler conjointement avec les deux gardiens à sortir
le vin du pont et à le mettre sur le quay, les autres, à
rouler les barriques dans les magasins du sieur Lemay,
que nous avons arresté d'après ses offres, après que
les barriques auront été visitées et marquées par les
nommés R. Langlais et Ch. Guiberdenc, tonneliers de la
ville, que nous avons nommés à cet effet. »

Suivaient l'inventaire et la désignation détaillée des
marchandises — apposition de marques sur les barriques — Remisage dans des magasins — constation
qu'une partie de la cargaison composée d'oranges et
citrons menace de s'avarier.

Les inventaires eurent lieu les 14, 15, 16, 17, 18, 19 juillet 1781.

Ensuite fut fait le procès-verbal de constation de l'état du navire, de ses agrès, ustensiles, et de son armement, composé, dit le procès-verbal de « 5 *canons fictifs en bois*, » l'armement véritable n'étant que de deux pierriers et un canon.

Les opérations de leur ministère étant terminées, « le mercredi, 18 juillet, à 6 heures matin, nous, juge, susdit, de compagnie de l'avocat du roi, de notre greffier et suivi de M. Maisonneuve, huissier, sommes party du dit lieu du Croisic, pour nous rendre par terre, attendu les vents contraires, à celuy de notre résidence ordinaire, Nantes, et étant arrivés vers les 8 heures du soir dans la ville de Savenay, avons remis la continuation de notre voyage à demain jeudi, et avons signé avec l'avocat du Roy, notre greffier et l'huissier » (1).

Suivaient les signatures.

Même procès-verbal pour le voyage de Savenay à Nantes.

Nous avons été tout d'abord surpris de cette surabondance d'écritures, dans lesquelles on consacrait une page pour exprimer ce qui pouvait être dit en quelques lignes. La raison en était simple : le papier timbré sévissait alors autant qu'aujourd'hui, et les greffiers étaient

(1) Archives du département de Loire-Inférieure, B. Amirauté, prises, 1781.

payés à tant la page, d'après un tarif exorbitant — Tarif de 1770.

Dans le cas de la prise *Hop*, le déplacement des officiers de l'amirauté de Nantes, était, il nous semble, au moins superflu, puisqu'il existait au Croisic un fonctionnaire de l'amirauté qui, ayant déjà accompli seul, partie des formalités prescrites, aurait pu les terminer ; mais il fallait bien que les officiers de l'amirauté rentrassent dans le prix d'achat de leur charge, et leurs déplacements, d'après le tarif précité, étaient grassement rétribués.

§ III. — Interrogatoire des prisonniers

L'interrogatoire des prisonniers avait toujours été regardé comme fort important pour déterminer la nationalité véritable des prises, et la régularité de leur capture, aussi fut-il prescrit de toute ancienneté — ordonnances de 1400 — 1543 — 1584 — déclaration de 1650, et pouvait, d'après l'Arrêt du Conseil du 26 octobre 1692, prévaloir sur les pièces du bord.

« Les officiers de l'amirauté entendront sur le fait de la prise le maître ou commandant du vaisseau pris et les principaux de son équipage, » dit l'ordonnance de 1681, article 24, t. des prises.

Le juge devait demander aux prisonniers leur nom — âge — demeure ordinaire — qualité ou profession.

Il était aussi d'usage de s'informer s'ils avaient femme et enfants, et de les interroger sur la religion à laquelle ils appartenaient. Mais, dit Valin, « c'est une vieille formule à abandonner, quoique prescrite par le règlement du 16 août 1692, de même que ces autres questions — s'ils ont obtenu des lettres de bourgeoisie dans le pays de leur demeure, depuis quel temps et à quel dessein, s'ils ont donné caution ou non d'y résider (1). »

Le juge les interrogeait ensuite sur le propriétaire du navire et du chargement, sur les connaissements, factures et charte-parties.

On leur demandait encore en quelle qualité ils s'étaient embarqués sur la prise — le nombre de l'équipage — de quel port était parti le navire et sa destination — sous quel pavillon il avait navigué depuis son départ. Enfin, après les avoir interrogés sur les circonstances de la capture, on leur demandait s'ils n'avaient pas été maltraités par les gens du corsaire.

Les officiers d'amirauté pouvaient en outre poser aux prisonniers toutes questions susceptibles de les éclairer sur les faits et circonstances de la prise.

On commençait l'interrogatoire par le capitaine, et on se contentait généralement d'interroger deux des matelots si la prise paraissait évidemment bonne. Dans le cas contraire, on pouvait interroger toutes personnes capables de donner des éclaircissements.

(1) VALIN. Nouveau commentaire sur l'ordonnance de 1681, t. II, p. 325.

Les papiers de la prise écrits en langue étrangère, étaient remis à un interprète, qui, après avoir fait la traduction écrite, certifiait par serment qu'elle était sincère et véritable. Il y avait dans les amirautés les plus importantes, un *traducteur juré*, dispensé, par suite, de prêter serment pour chaque affaire. — Ordonnance du 15 avril 1689.

La procédure était la même en cas de rançon, sauf le nombre de prisonniers à entendre.

Dans le cas — assez rare — où la prise était amenée sans prisonniers, charte-parties et connaissement, l'article 25 de l'ordonnance de 1681, t. des prises, ordonnait que les officiers, soldats et équipages du capteur seraient interrogés sur les circonstances de la capture, et le vaisseau et ses marchandises visités par experts pour essayer d'en reconnaître la nationalité.

La prise dont il était impossible de déterminer la nationalité était mise sous séquestre, après inventaire, et si aucune réclamation ne se produisait pendant un an et un jour, elle était partagée, par parties égales, non comme *prise*, mais comme *épave*, entre le roi, l'amiral et l'armateur — ordonnance de 1681, article 26, t. des prises. Ce dernier avait tout avantage à faire reconnaître la nature véritable de la prise, puisqu'au lieu d'en avoir les deux tiers, il n'obtenait, lorsqu'elle était considérée comme épave, que deux parts du troisième tiers.

Voici un exemple d'interrogatoire : c'est celui des

prisonniers de la *Marguerite-Marie*, prise faite par la *Duchesse de Grammont*.

« L'an 1760, le vingtième jour de décembre, nous J. Bascher, conseiller du roy, lieutenant particulier et assesseur civil et criminel, du siège royal de l'amirauté de Nantes, ayant avec nous pour greffier, M⁰ Jean Plainchard, commis au greffe dudit siège, de luy serment pris en cas requis, nous étant transportés dans notre chambre du conseil au Palais-Royal, avons ordonné à M⁰ Ch. Joubert, huissier audiencier du siège, d'aller chercher les prisonniers trouvés sur la prise, la *M.-M.*, de Poul, en Angleterre, ce à quoy, ayant obéi, il nous a amené en cette chambre un particulier de haute taille, vêtu d'un surtout de toile, culotte pareille, bas bruns, cheveux courts bruns, ayant un bonnet de laine bleu à la main, et par le moyen de M. M. Vanneunen, interprète juré des langues étrangères en ce port, mandé à cet effet, nous avons dit au particulier de lever la main, promettre à Dieu, au Roy, et à justice de dire vérité, à quoy ayant satisfait, nous avons procédé à son interrogatoire, ainsi qu'il suit.

Interrogé de son nom, surnom, âge, qualité et religion.

A répondu par l'organe de M⁰ Vanneunen, qu'il se nomme W. Goodwin, âgé d'environ 24 ans, navigateur, de la religion prétendue réformée.

Interrogé de quel pays il est originaire, où il fait sa résidence actuellement, a répondu qu'il est originaire de Waerhem, distant de 3 lieues de Pool, en Angleterre, et qu'il y fait sa résidence. Interrogé s'il a de la famille et en quoy elle consiste, a répondu qu'il a sa mère et son frère avec lesquels il demeure ordinairement audit lieu.

Interrogé s'il a pris des lettres de bourgeoisie, (1) dans quelle intention il les a obtenues, s'il a donné caution de résider dans la ville dont il a été fait bourgeois, et quelle est sa caution, a répondu qu'il n'a point de lettres de bourgeoisie, qu'il n'a point donné de caution de résider dans ledit lieu de Waerhem. Interrogé depuis quel temps il navigue et en quelle qualité, a répondu qu'il y a cinq ans qu'il navigue en différentes qualités et qu'en dernier lieu, il était maître d'équipage ou bossman.

Interrogé pourquoi et comment il se trouve en cette ville — a répondu que le navire sur lequel il étoit embarqué ayant été pris, il a été conduit en ce port.

Interrogé comment s'appelle le navire, d'où il est et à qui il appartient, a répondu que le navire se nomme la *Marguerite-Marie* dudit lieu de Waerhem près de Pool, et qu'il appartient aux sieurs Christman et Tuck, marchands en compagnie audit lieu.

Interrogé s'ils sont seuls intéressés dans ledit navire a répondu qu'il l'ignore.

Interrogé si le capitaine y a part, a répondu qu'il ne le sait.

---

(1) « Les mots *bourgeois*, *bourgeoisie* ne sont pas pris ici dans l'acception vulgaire. *Bourgeois* en terme de marine est le propriétaire d'un vaisseau ; c'est celui qui l'équipe et ensuite le loue à un marchand ou capitaine pour naviguer. » — GUICHARD, Code des Prises, t. I, p. 59.

Interrogé si le navire est neuf, combien de voyages il a faits, a répondu que ledit navire a environ cinq ans, et qu'il ignore combien il a fait de voyages.

Interrogé en quelles marchandises il est chargé, a répondu qu'il était chargé de poisson sec.

Interrogé quels sont les chargeurs, les propriétaires et les consignataires, a répondu que c'est le nommé Brédick, qui a chargé ledit poisson pour le compte de Chrisman et Tuck.

Interrogé quel jour le navire est party, de quel port, a répondu qu'au mois d'avril dernier, il partit dudit lieu de Pool chargé de victuailles, pour aller à Haerto, dans la baye de Trinité, en la Nouvelle Finlande, où il a pris son chargement de poisson sec, qu'il en partit à la my-octobre dernier pour aller aux costes de Portugal, et y vendre sa cargaison au premier port où il pourroit aborder.

Interrogé sous quel pavillon il naviguoit, a répondu qu'il naviguoit sous pavillon anglois.

Interrogé si le navire avoit congé, passeport ou commission, a répondu qu'il l'ignore.

Interrogé s'il étoit armé et comment — a répondu qu'il n'y avoit à bord que deux fusils pour toutes armes.

Interrogé si ledit navire est grand, et de combien d'hommes il estoit équipé, a répondu que ledit navire étoit du port de 70 tonneaux, et équipé de 7 hommes tout compris.

Interrogé s'il a fait quelques rencontres à la mer pendant sa route—a répondu qu'il n'a rencontré d'autre vaisseau que celui qui l'a pris.

Interrogé par qui il a été pris, répond que c'est par un corsaire qu'il croit être de Saint-Malo, qu'il en ignore le nom, armé de 16 canons et de 200 hommes.

Interrogé quel jour et en quel endroit il a été pris, répond que c'est le 15 du mois de novembre dernier, à la hauteur d'environ 42 degrés de latitude, à peu de distance de Lisbonne.

Interrogé s'il a attaqué, s'il s'est défendu, et sous quel pavillon il a combattu, a répondu qu'il a souffert la chasse du navire preneur pendant 3 heures, que ledit vaisseau avoit alors pavillon anglois, mais qu'étant parvenu à le joindre et ayant arboré son pavillon françois, le bâtiment anglois se serait rendu sur le champ, sans qu'il ait été tiré un seul coup de canon, ny fait aucune résistance.

Interrogé si quelque navire autre que le preneur a été présent à la prise, y a contribué ou étoit en vue, répond qu'il n'y en avoit aucun.

Interrogé s'il y avoit à bord des connoissements, factures et charte-parties, a répondu que le capitaine avoit sûrement des papiers, mais qu'il ignore en quoy ils consistaient, et qu'il y a apparence que le capitaine les a emportés à bord du preneur.

Interrogé s'il y a eu du pillage à bord, a répondu qu'il n'y en a point eu, dans le chargement lors de la prise, que l'équipage preneur a seulement pris quelques hardes et nipes à l'équipage pris, que depuis la prise, comme il manquoit à bord de la chandelle et du pain, le capitaine de prise ayant fait rencontre d'un corsaire de Bayonne, il lui demanda du pain et de la chandelle, et lui donna en échange du poisson.

Interrogé s'il y a eu des papiers jetés à la mer, répond qu'il n'en a point vu jeter.

Interrogé quel est le nom de son capitaine, répond, qu'il se nomme J. Braduck, du lieu de Bridgeport.

Lecture et interprétation a luy faite de mot à autre par ledit Vanneunen, du présent interrogatoire, il a dit que ses réponses contiennent vérité et y persister, et a signé : W. Goodwin, Van Neunen.

. Ce fait, nous avons ordonné audit Imbert de reconduire ledit particulier en prison, ce qu'il a fait, et nous nous sommes retirés après avoir signé le présent avec ledit greffier et ledit Imbert » (1).

Suivaient les signatures.

D'après le règlement du 8 novembre 1779, les consuls français pouvaient retenir, sur territoire neutre, les prisonniers amenés par nos corsaires, et les échanger, sans attendre le jugement de bonne prise, avec les consuls du pays ennemi. Le même règlement leur permettait de retenir prisonnier l'équipage des navires neutres, lorsque le tiers de cet équipage était reconnu ennemi.

(1) Archives du département de Loire-Inférieure. B, Amirauté, prises, 1760.

§ IV. — Déchargement et vente provisoire des marchandises de prise.

Il pouvait, dans certains cas, y avoir urgence à retirer les marchandises du vaisseau capturé, pour éviter leur perte ou leur détérioration. Le cas était prévu par l'ordonnance de 1681, art. 27, t. des prises. Il prescrivait de faire l'inventaire des marchandises en présence du procureur du roi et des parties intéressées, c'est-à-dire, — le capitaine du navire capturé — l'armateur du corsaire — l'amirauté — la Compagnie des Fermes, qui toutes devaient signer le procès-verbal.

Les marchandises déchargées étaient mises ensuite sous la garde d'une personne solvable, ou dans un magasin fermant à trois clefs, dont l'une était remise à l'armateur, l'autre au receveur de l'amiral, la troisième aux réclamants, s'il s'en présentait, et à leur défaut, au procureur du roi.

Plus tard, après l'abolition du dixième de l'amiral, la clef attribuée à son receveur fut supprimée.

Lorsque la validité de la prise semblait douteuse, on ne la déchargeait que lorsque les marchandises étaient menacées de perdre sérieusement de leur valeur. Lorsqu'au contraire, elle était évidemment bonne, la crainte du moindre dépérissement suffisait pour en justifier le déchargement qui n'était ordonné d'office par les officiers d'amirauté qu'en cas d'urgence absolue.

Hors ce cas, le déchargement devait toujours être demandé par un des autres intéressés.

C'est un Arrêt du Conseil du 2 juillet 1697, confirmé par deux autres du 7 août 1744 et 15 mars 1757, qui avait formellement reconnu aux fermes le droit de se faire représenter au déchargement des marchandises de prise avant jugement.

L'article 27 ne faisait que renouveler les dispositions des ordonnances de 1400-1517-1543-1584.

Lorsque le déchargement ne pouvait se faire en une fois, il était d'usage de reposer les scellés après chaque séance.

Valin fait observer que, de son temps, il n'était plus d'usage de confier la garde des marchandises à une personne solvable, bien que cette disposition de l'article 27 n'eut jamais été formellement abrogée. Il était d'obligation de les déposer dans un magasin fermant à trois clefs (1).

Le contrôle des portefaix chargés de transporter les marchandises du navire au magasin était assuré par un billet contenant la liste des marchandises qu'on leur remettait et qu'ils devaient présenter à l'entrée du magasin. On tenait, à bord du navire, un état des marchandises sorties — au magasin, un état correspondant des marchandises entrées, avec l'indication des voituriers et des marchandises à eux confiées, et, à la fin de chaque séance, on se transportait du navire au magasin, pour vérifier les billets déposés par les voituriers, et la concordance des deux états. Enfin, le déchargement terminé, on procédait à la vérification générale des mar-

(1) VALIN. Nouveau commentaire sur l'ordonnance de 1681, t. II, p. 330.

chandises et à la clôture du procès-verbal d'inventaire signé de toutes les parties.

Le déchargement des marchandises susceptibles de s'avarier n'était pas toujours suffisant pour assurer leur conservation ; dans ce cas, on procédait à leur vente. « Les marchandises qui ne pourront être conservées, disait l'ordonnance de 1681, article 28, t. des prises, seront vendues sur la réquisition des parties intéressées, et adjugées au plus offrant, en présence de notre procureur, à l'issue de l'audience, après trois remises d'enchères de trois en trois jours, les proclamations préalablement faites et affiches mises en la manière accoutumée. »

Cette vente se faisait dans les mêmes formes que la vente définitive, sauf l'intervalle laissé entre les remises d'enchères qui était de trois jours, alors que dans la vente générale, il était toujours de huit jours au moins.

L'ordonnance de 1681 ne permettait, avant le jugement de la prise, que la vente des marchandises avariées ou susceptibles de le devenir, mais, sur les réclamations des armateurs, on en vint à autoriser la vente avant jugement des prises et de leurs marchandises lorsqu'elles étaient évidemment bonnes et qu'il ne se produisait pas de réclamations. — Lettres de l'amiral des 21 mars 1696 et 14 janvier 1703, relatives au règlement du 9 mars 1695, article 11, confirmé par ceux du 3 septembre 1733 et 23 avril 1744.

Les sommes provenant de la vente étaient remises entre les mains d'une personne solvable pour être attribuées, après le jugement de la prise, à qui de droit —

Ordonnance de 1681, article 29, t. des prises. Dans la pratique, elles étaient déposées, soit au greffe de l'amirauté, soit au domicile de l'armateur, mais non entre les mains du receveur des consignations.

Tribunaux de prise.

Pendant longtemps, les corsaires français, après avoir capturé une prise, s'en attribuaient la possession, de leur propre autorité, sans que le pouvoir royal, trop faible alors, vint en sanctionner la légitimité. Lorsque plus tard, il fut en mesure d'imposer sa volonté et de la faire respecter, il introduisit le principe que seul le souverain avait le droit de juger les prises, comme conséquence de la nécessité d'obtenir de lui la délivrance de lettres de marque.

On a voulu voir entre la course et la juridiction des prises une relation de cause à effet et soutenu parfois qu'il n'y aurait jamais eu de tribunaux, de prises si les corsaires n'avaient pas existé.

L'ordonnance de 1400 établit pour la première fois la nécessité d'un jugement en forme, antérieur à toute attribution de prise.

Les tribunaux chargés de prononcer sur la validité des captures faites par les corsaires, étaient institués par l'amiral, et les jugements rendus en son nom, en vertu non pas d'un pouvoir propre, mais de la délégation par le souverain, de ses pouvoirs sur ce point.

La création des tribunaux de prise, date du jour où le

roi de France devint assez puissant pour interdire toute capture faite en dehors des règles imposées par lui.

A l'origine, pour écarter des longueurs que la difficulté des communications rendait inévitables, l'amiral, par une subdélégation de ses pouvoirs, confiait aux officiers d'amirauté le soin de juger les prises en son nom — Ordonnances de 1400-1543-1584, sauf à eux, ajoute l'art. 14 de l'ordonnance 1400, « à renvoyer devant lui les matières de grand prix, esquelles ils verroient qu'ils ne pourroient pas être obéis » (1).

L'appel des jugements rendus par les officiers d'amirauté se portait le plus souvent à la Table de Marbre, mais, parfois, les Parlements, par un empiètement d'attributions, alors fréquent, s'emparaient de l'affaire. Il en résultait des longueurs et des délais tenant tout en suspens qui excitaient les plaintes des armateurs, intéressés à une prompte solution des affaires. Aussi, pour y remédier, il fut décidé que les jugements seraient rendus par l'amiral en personne, à l'exclusion des officiers d'amirauté. « On ne voit point, dit Valin, l'origine de cet établissement, quoiqu'il n'ait pu avoir lieu que depuis l'ordonnance de 1584 ». On voit, depuis Henry de Montmorency, l'amiral procéder seul au jugement des prises, et les sentences qu'il prononce sont rendues en vertu du pouvoir attaché à sa charge d'amirauté, dit une décision rendue par lui, le 3 octobre 1624.

(1) VALIN. Nouveau commentaire sur l'ordonnance de 1681, t. I, p. 302.

Les historiens s'accordent généralement à dire que la charge d'amiral fut créé au xiiie siècle, mais ne s'entendent sur les noms des titulaires qu'à partir de Pierre le Mègue, nommé amiral en 1327. A l'origine, toutes les provinces maritimes eurent un amiral particulier, et ce n'est qu'avec le temps, que ces charges locales furent peu à peu supprimées et fondues dans une charge unique.

La Bretagne, notamment, avait, lors de sa réunion à la France, une amirauté particulière, dont le titulaire était ordinairement le gouverneur général de la province. Cette charge ne fut pas supprimée, lors de l'annexion, et donna lieu à certaines difficultés, par suite des prétentions des gouverneurs, qui, s'appuyant sur un usage ancien, soutenaient que leur charge de gouverneur était indissolublement liée à celle d'amiral de Bretagne, et s'opposaient à l'immixtion de l'amiral de France.

Ces démélés existaient encore en 1669, lorsque Louis XIV rétablissant la charge d'amiral de France, en excepta formellement la province de Bretagne, exception confirmée par l'ordonnance de la Marine faite spécialement, en 1684, pour cette seule province ; mais, pour qu'il n'y eut qu'un amiral en France, le pouvoir royal eut soin de donner au Comte de Toulouse, amiral de France, les fonctions de gouverneur de Bretagne, ce qui mettait fin à la contestation.

La charge d'amiral, comme celle de connétable, mettait entre les mains du titulaire un pouvoir dangereux pour l'autorité royale, aussi, la monarchie, devenue absolue, la supprima-t-elle en 1626, pour la remplacer par celle de grand-maître de la navigation, et tout en lui conservant ses attributions essentielles, en élagua ce qui pouvait porter ombrage à son autorité.

Plus tard, lorsque l'abaissement de la noblesse eut écarté tout danger d'usurpation de pouvoir, la Royauté rétablit, en 1669, le titre d'amiral, sans lui restituer, bien entendu, ses attributions primitives.

Les jugements en matière de prise étaient rendus, en théorie, par l'amiral lui-même, mais comme le titulaire de cette charge avait rarement la compétence nécessaire pour décider de questions particulièrement délicates, il s'adjoignait des conseillers d'état ou maîtres de requêtes qui rédigeaient ses jugements. Cette mesure devenait indispensable, lorsque la charge, comme c'était le cas pour le Comte de Vermandois et le Comte de Toulouse était donnée à des enfants. De là à l'établissement d'un tribunal constitué, il n'y avait qu'un pas; il fut franchi par les Lettres-patentes du 20 décembre 1659, qui établissaient une commission en forme, composée de membres d'une compétence reconnue. — Le conseil des prises était créé. Il était présidé par l'amiral, mais pendant la minorité du Comte de Toulouse, incapable comme tel de prendre part aux affaires, les jugements rendus en son absence, cessèrent d'être intitulés en son nom et furent expédiés au nom du roi.

Le comte de Vermandois, mort en minorité, eut pour successeur le comte de Toulouse, également mineur.

Lorsque ce dernier eut acquis l'âge exigé pour présider
le conseil des Prises, il s'éleva la difficulté suivante.
L'amiral prétendait que les jugements devaient être rendus en son nom, comme ayant seul droit de les rendre,
par un privilège attaché à sa charge de toute ancienneté.
De leur côté, les commissaires du conseil des prises, qui
avaient perdu de vue cet usage depuis plus de vingt-
cinq ans que l'amiral n'avait présidé, soutenaient que les
jugements devaient être rendus au nom du roi.

Le règlement du 9 mars 1695 leur donna tort et confirma l'amiral dans son ancien privilège, qui jusqu'à la
fin de l'ancien régime, ne fut jamais remis en question.

Ce même règlement fixait le nombre et la qualité des
juges appelés à composer le tribunal — dix conseillers
d'état et six maîtres de requête. En cas de partage,
l'affaire était remise au conseil suivant, lorsque l'amiral
était absent. Lorsqu'il se trouvait malade ou en
voyage, il intervenait une ordonnance de partage, qui
était vidé au Conseil des Finances en la même forme
que les appels du conseil des Prises.

La distribution des affaires était faite par l'amiral à
ceux des commissaires qu'il jugeait à propos, et à son
défaut par le plus ancien commissaire au conseil. Le
secrétaire général de la Marine y obtint, par A. du C.
du 13 août 1707, voix délibérative. Les jugements
étaient signés et expédiés dans les huit jours de leur date
à l'amirauté qui avait fait l'instruction, par un greffier-
adjoint spécialement au conseil.

Il y avait en outre, un procureur général du roi, nommé comme les autres membres du conseil, pour la durée de la guerre.

Il n'était resté aux officiers des amirautés que le droit de faire l'instruction de la procédure des prises, et de faire exécuter les jugements rendus par l'amiral à leur sujet. Nous avons vu, qu'à la suite des plaintes réitérées des armateurs, ils avaient été autorisés à permettre la vente des prises évidemment bonnes, sans attendre le jugement, à charge d'en garder le produit en dépôt jusqu'au moment de la décision du conseil.

L'instruction terminée, l'amirauté devait envoyer les pièces composant la procédure au Conseil des Prises. Cet envoi pouvait se faire avant le déchargement des marchandises et leur vente provisoire, les seules nécessaires pour le jugement étant — le rapport du capitaine preneur — le procès-verbal de transport des officiers de l'amirauté à bord de la prise, — l'interrogatoire du capitaine capturé et de deux hommes de son équipage, — les papiers de la prise avec la traduction des plus importants.

On envoyait des expéditions de la procédure et non les minutes qui devaient rester au greffe de l'amirauté.

L'envoi de la procédure, dit l'instruction du 6 juin 1672, confirmé par le règlement du 21 octobre 1688 « doit se faire au secrétaire général de la Marine, à la diligence du procureur du Roi, qui y tiendra soigneusement la main. » Les règlements des 16 août 1692 et 9 mars 1695 spécifièrent l'envoi des pièces par le greffier dans le mois de l'arrivée de la prise au plus tard, à moins d'empèchement légitime dont il fallait faire mention en les envoyant.

Le greffier devait coter et numéroter toutes les pièces, avec une note au haut de chacune, indiquant sommairement le contenu, et y joindre un état ou inventaire du tout, avec un mémoire des frais de justice faits jusqu'à l'envoi — Lettres de l'amiral du 27 mai 1708 et 20 août 1710.

Nous faisons suivre, comme exemple, la liste des pièces envoyées par l'amirauté de Nantes pour le jugement de la prise *Hop*.

« 28 juillet 1781. Inventaire de la procédure du *Hop* envoyée à Ducoudray, secrétaire général de la Marine, en exécution de la déclaration du 24 juin 1778, comprenant.

Copie du procès-verbal de prise du *Hop*.

Copie de déclaration de prise faite au greffe du Croisic.

Copie de procès de transport à bord du *Hop*, et apposition de scellés par Drézigué, greffier du siège au Croisic.

Copie de l'inventaire du gréement.

Copie de la déclaration faite au greffe de l'amirauté de Nantes, le 11 juillet 1781, par Godefroy, capitaine de la prise anglaise *Hop*.

Copie de procès-verbal de transport au Croisic, d'inventaire et apposition des scellés.

Copie de la lettre d'avis de la prise du *Hop* envoyée par Drézigué.

Copie de certificat de Vanneunen, interprète, au sujet des lettres trouvées à bord du *Hop*.

Reçu du bureau de la poste de cette ville pour la décharge du présent et des espèces y référées » (1).

Pendant la guerre de l'Indépendance, des prises anglaises furent conduites à Nantes par des corsaires américains.

Le règlement du 27 septembre 1778 concernant les prises que des corsaires français conduisent aux Etats-Unis et vice-versa, portait que les prises faites par les corsaires français et conduites aux Etats-Unis devaient être soumises aux mêmes formalités auxquelles elles auraient été soumises en France. Les magistrats américains accomplissaient la procédure confiée en France aux amirautés, et l'envoyaient au conseil des prises.

Quant aux prises conduites en France par les corsaires américains, l'instruction en était faite par les amirautés dans la forme ordinaire, mais le jugement était rendu par le conseil des prises, comme si la capture avait été faite par un corsaire français.

La procédure de ces prises était envoyée, non pas directement au conseil des prises, mais aux députés des Etats-Unis en France, qui la faisait parvenir au conseil.

(1) Archives du département de Loire Inférieure. B, Amirauté, prises, 1781.

Nous faisons suivre les deux lettres suivantes, que la personnalité dont elles portent la signature rend particulièrement intéressantes.

La première est écrite en français.

« Passy, ce 21 décembre 1779.

Monsieur,

J'ai reçu les procès-verbaux et autres papiers que vous m'avez fait l'honneur de m'adresser, en conformité de l'article 11 du règlement du 27 septembre 1778.

Ces pièces concernant la prise du navire *Betsy*, dont était capitaine le sieur Daniel Saint-Calair, parti du port de Saint-Augustin et qui étoit destiné pour le port de Londres et qui a été pris, le 16 du mois de may, par le capitaine G. Wright Babrock, commandant le navire américain *Général Misslin*, et muni d'une commission du congrès des Etats-Unis d'Amérique.

Par l'examen, Messieurs, que j'ai fait des susdittes pièces, il me paroit que ledit navire le *Betsy* et les marchandises trouvées dans le même étoient de bonne prise, étant fait sur les ennemis des Etats-Unis, et je vous prie, lorsque vous en serez requis par le capitaine ou armateur dudit navire *Général Misslin*, ou par leur représentant, de procéder à la vente de la susdite prise, en conformité du règlement du 27 septembre 1778.

J'ai l'honneur d'être, Messieurs, votre très humble et très obéissant serviteur.

B. Franklin.

Ministre plénipotentiaire des Etats-Unis de l'Amérique septentrionale, à la cour de France » (1).

Cette lettre avait été précédée d'une autre au sujet de la même prise, écrite en anglais, et dont nous avons fait la traduction.

« Passy, August. 12, 1779.

Sir,

I received duely the letter you did me the honour of writing to me of the 6th instant, tagether with the pacquet of papers therein mentioned, relating the english vessel called the *Betsy*, agreable to the inventory that accompanied them.

I have the honour, to be with great regard, sir.

Your most obedient and most humble servant.

B. Franklin » (2).

Lettre adressée à M. Perret, greffier de l'amirauté de Nantes.

Franklin était, au dire de M. de Boeck (3) un adver-

---

(1) Archives du département de Loire-Inférieure B, Amirauté, prises, 1778-1779.

(2)   Passy, 12 août 1779
                              M.

J'ai bien reçu la lettre que vous m'avez fait l'honneur de m'écrire le 6 courant, en même temps que la liasse de papiers qu'elle mentionnait. concernant le navire anglais *Betsy*, et conformes à l'inventaire qui les accompagnait.

J'ai l'honneur d'être, avec grande considération, votre très humble et très obéissant serviteur.

                              B. Franklin.

(3) DE BOECK. De la propriété privée ennemie sous pavillon ennemi, p. 61.

saire résolu de la capture de la propriété privée. Constatons cependant, que dans ces deux lettres, il ne
formule aucunes réserves, mêmes indirectes, sur le
principe de la course lui-même.

Il n'appartenait point aux officiers d'amirauté de faire
le triage des papiers trouvés à bord de la prise pour
n'envoyer que ceux qui leur paraissaient nécessaires ou
utiles ; ils devaient les expédier tous, sans en retirer un
seul, quelque inutile qu'il put être — jugement de
l'amiral du 25 avril 1697.

Le jugement du conseil des prises déclarant la capture bonne et valable, ou en décidant l'invalidité était
envoyé à l'amirauté qui avait fait l'instruction.

Voici le texte du jugement de bonne prise du *Hop*
cité précédemment.

« Nantes.   Nº 1342.

Louis-Jean-Marie de Bourbon, duc de Penthièvre,
amiral de France, vu la procédure instruite par les officiers de l'amirauté de Nantes, sur la prise du navire
anglais *Hop*, faite par le corsaire *Duchesse de Polignac*,
commandé par F. Roussel, contenant le rapport fait
au Croisic, le onze juillet de la présente année, par
le sieur Godefroy, capitaine conducteur de ladite
prise, portant entre autres choses, que le sept dudit,
étant en croisière par la latitude Nord de 50º49' et 14º50'
de longitude, méridien de Paris, ledit corsaire *Duchesse*

de Polignac, se seroit emparé d'un sloup anglais nommé *Hop*, du port d'environ vingt-cinq et trente tonneaux, armé d'un canon et quatre pierriers, venant de Port-en-Port en Portugal, avec un chargement de vin et de jambons, ledit rapport duement vérifié par l'audition des nommés Lemaigne et Daniel Labbé. Autre rapport fait à Nantes, le seize juillet par ledit Godefroy, portant mêmes faits que le précédent. Le procès-verbal d'inventaire, apposition des scellés et établissement de gardiens sur ladite prise. Certificat d'un interprète, portant qu'il a examiné les pièces trouvées à bord consistant en un journal et trois lettres, et qu'elles ne méritent pas d'être traduites, l'inventaire des pièces de ladite procédure. Tout considéré.

Nous, en vertu du pouvoir à nous attribué à cause de notre ditte charge d'amiral, avons déclaré et déclarons de bonne prise ledit navire anglais le *Hop*, ses agrès et apparaux, ensemble les marchandises de son chargement, et les adjugeons audit capitaine F. Roussel, ordonnons que le tout sera vendu, si fait n'a été, et les deniers en provenant à luy remis, à ce faire, les gardiens, séquestres et dépositaires contraints par corps, quoy faisant déchargés. MANDONS au lieutenant général et à tous autres officiers dudit siège de l'amirauté de Nantes qu'il appartiendra, de tenir la main à l'exécution de la présente ordonnance, et ordonnons au premier huissier ou sergent sur ce requis, de faire pour son entière exécution, tous exploits requis et nécessaires. De ce faire, lui donnons pouvoir. Fait à Paris, le vingt-neuf aoust, mil sept cent quatre-vingt-un.

Bigot.

Enregistré au greffe de l'amirauté de Nantes, le 11 septembre 1781. Holstein. » (1)

Le jugement du conseil déclarant la validité de la prise contenait parfois un jugement de confiscation, lorsque par exemple, la prise avait été faite sans commission ou avec une commission irrégulière. C'est ainsi que l'équipage de la *Fidèle Mariane*, nature armé en marchandises seulement, capturé, le 13 août 1781 par le corsaire anglais *Ranger*, ayant réussi à se rendre maître des ennemis et à s'emparer de leur bâtiment, vit sa prise, faite sans commission, confisquée par le même jugement qui la déclarait bonne et valable. — Jugement du Conseil des prises du 19 septembre 1781. (2)

Il était généralement d'usage, lorsque le défaut de commission n'était pas imputable au capteur, de lui faire, par mesure gracieuse, remise de la confiscation. C'est ainsi que la prise faite par la *Fidèle Mariane* lui fut rendue, comme en témoigne la pièce suivante.

« Amirauté de Nantes.

Ordre de remise

S. A. S. s'étant fait représenter son ordonnance rendue le 19 septembre de l'année dernière, au Conseil

(1) Archives du département de Loire-Inférieure. B, Amirauté, prises, 1871.
(2) *Id.*

des Prises, portant confiscation à son profit du corsaire anglais le *Ranger*, de Jersey, pris par le capitaine Léon Naudin, maître du bâtiment la *Fidèle-Mariane*, de Bayonne, qui l'a conduit à Nantes, et désirant traiter favorablement ledit capitaine Naudin, ainsi que les gens de son équipage, a bien voulu, par grâce, lui faire don et remise du susdit corsaire, circonstances et dépendances, à la charge pour lui de payer tous les frais de gardiennage, de justice et autres qui peuvent être dus, et en outre, une gratification aux gens de l'équipage de son navire la *Fidèle Mariane*, qui l'ont aidé à s'emparer du corsaire le *Ranger*, laquelle sera arbitrée par les officiers de l'amirauté de Nantes que son altesse autorise et commet à cet effet.

Mandes et ordonne S. A. S. aux officiers de l'amirauté de Nantes de se conformer aux dispositions du présent ordre, qu'elle veut être enregistré au greffe de leur siège, à la diligence du procureur du Roi.

Veut, en outre, S. A. S., qu'en rapportant par le sieur Laisse de la Brosse, receveur de ses droits audit port de Nantes, expédition du présent ordre de remise, il demeure bien et valablement déchargé dans son compte, de recouvrement de la confiscation du corsaire le *Ranger*, fait à Sceaux, le 24 mars 1782.

L. J. M. de Bourbon.

Par son altesse sérénissime,

Ducoudray »(1).

(1) Archives du département de Loire-Inférieure. B, Amirauté, prise, 1782-1783.

Citons une affaire semblable. Le *Saint-Philippe*, armé en marchandises, capitaine Richard, appartenant au sieur Le Boucher, de la Martinique, avait fait, en 1709, au cours d'un voyage de la Martinique en France, la capture d'un navire conduit à Mouros (Espagne), déclaré de bonne prise, le 18 novembre 1709, et confisqué en même temps, au profit de l'amiral, pour défaut de commission.

Les propriétaires du navire capteur avaient chargé les sieurs Michel, négociants à Nantes, de les représenter dans cette affaire, et de demander, par voie gracieuse, la remise de la confiscation prononcée contre eux, en désavouant leur capitaine, qui avait, sans les consulter, interjeté appel du jugement prononçant la confiscation de leur prise.

Le dossier contenant les pièces relatives à cette affaire, ne mentionne pas si leur requête fut favorablement accueillie (1).

L'appel des jugements du Conseil des prises fut porté devant le Conseil du Roi jusqu'au règlement du 9 mars 1697, et ensuite devant le Conseil des Finances. Il en fut ainsi jusqu'à la fin de l'ancien régime.

Il ne pouvait pas être appelé du jugement du Conseil des prises après six mois de leur enregistrement au greffe des amirautés.

Les avocats qui avaient *occupé* au Conseil des prises

_____

(1). Archives de la Chambre de Commerce. Corsaires, 689.

étaient tenus d'occuper également sur l'appel du jugement, et l'appelant était tenu de fournir ses moyens et
d'achever sa procédure dans un délai de six semaines,
après lequel il n'était plus reçu de requête ni fait
aucun acte de procédure et l'instance était jugée sur les
pièces produites, à moins qu'il n'en fut autrement ordonné
par le roi.

A l'époque où les officiers d'amirauté exerçaient la juridiction en matière de prises, l'appel de leurs jugements
était souvent porté devant les parlements, comme en
témoigne une lettre écrite, en 1597, par Duvau à
Henri IV (1). « Ces entreprises, dit Valin, ont toujours
été réprimées, comme il en résulte de quantité d'arrêts du
Conseil d'Etat qui ont cassé ceux des parlements, avec
défense à eux de connoître de pareilles affaires et aux parties d'y faire aucune procédure, à peine de nullité, cassation
d'icelles, et de tous dépens, dommages et intérêts » (2).

Parmi ces arrêts du Conseil, citons celui du 15 novembre 1689, par rapport au parlement d'Aix, ceux des
1er novembre 1698, 25 janvier 1699 et 9 avril 1707, concernant le parlement de Bordeaux, et celui du 18 juillet 1708,
au sujet du parlement de Paris. Ces deux derniers
avaient ajouté la peine de 10.000 livres d'amende contre
les parties qui n'observaient pas ces défenses.

Le conseil des prises avait parfois à juger des captures

---

(1) PISTOYE ET DUVERDY. *Traité des Prises*, t. ii p. 147.
(2) VALIN. Nouveau commentaire sur l'ordonnance de 1681, t. ii,
p. 308.

d'une nature particulière — celles de navires tombés au pouvoir de l'ennemi, et repris ensuite sur eux par des corsaires français. C'est ce qu'on appelait faire une *reprise* ou *recousse*.

Nous distinguerons les reprises de *navires français* et les reprises de *navires neutres*.

En ce qui concerne la reprise de navires français, nous voyons le *Consulat de la mer* distinguer si elle a été faite avant ou après que le capteur a mis sa prise en lieu sûr. Dans le premier cas, le navire était restitué à son propriétaire, dans le second, il devenait la propriété du repreneur.

Ce système, peu favorable à la Course, ne fut pas adopté par l'ordonnance de 1584, qui décida que les navires français, repris avoir passé 24 heures au pouvoir de l'ennemi appartiendraient en entier au recapteur, et que ceux qui seraient repris avant ces 24 heures, seraient restitués à leurs propriétaires, sauf un tiers attribué au recapteur.

L'ordonnance de 1681 reproduisit les mêmes dispositions dans les termes suivants. « Si aucun navire de nos sujets est repris sur nos ennemis, après qu'il aura demeuré entre leurs mains pendant 24 heures, la prise en sera bonne ; et si elle est faite avant les 24 heures, elle sera restituée au propriétaire avec tout ce qui est dedans, à la réserve du tiers qui sera donné au navire qui aura fait la recousse. » Art. 7, t. des prises.

Le propriétaire d'un navire français recous ou repris,

moins de 24 heures après sa capture par l'ennemi n'en
perdait donc qu'un tiers, il le perdait entièrement lorsque
l'ennemi l'avait conservé 24 heures.

Les parlements de Bordeaux et de Rouen refusaient
d'accepter les principes posés par l'ordonnance de 1584
et jugèrent d'après l'ancienne théorie du Consulat de
la Mer, les contestations au sujet de ces sortes de prises,
portées indûment devant eux, à la fin du xvie siècle, et
jusqu'au milieu du xviie, les affaires de prise étant de la
compétence exclusive de l'amiral jusqu'à la création du
Conseil des prises.

Lorsque le navire repris était neutre, fallait-il le traiter
comme s'il avait été français et d'après les dispositions
de l'ordonnance de 1681, ou le restituer purement et
simplement à son propriétaire ? — l'ordonnance de 1681
étant muette à ce sujet.

On pouvait, en faveur de la première solution, faire
valoir les arguments suivants. Le navire neutre pouvait
être considéré comme ennemi par le fait seul de sa capture. De plus, on pouvait regarder comme illogique de
traiter un neutre plus favorablement qu'un national.

Une deuxième solution, qui triompha plus tard, exa-
minait, si le neutre repris avait été capturé légitimement ou non. Si la capture avait été légitimement faite,
la reprise était valable, sans application de la règle des
vingt-quatre heures; si, au contraire, la capture était
manifestement illégale, d'après les règles adoptées par
le pays du capteur, et non d'après celles du pays du

repreneur, le vaisseau recous devait être remis à son
propriétaire.

Ce principe, admis par le Conseil des prises, au commencement du xixᵉ siècle était encore fort controversé
pendant la période que nous étudions.

Dans l'affaire *Fidèle Mariane* — *Ranger*, citée précédemment comme exemple de confiscation de prise faite
sans commission, il y avait aussi une question de
recousse. L'équipage de la *Fidèle Mariane*, transporté
à bord du corsaire capteur, ayant réussi à s'en rendre
maître, s'était ensuite repris du navire français — Interrogatoire du capitaine du Ranger (1), qui capturé le
13 août 1781, vers les quatre heures après-midi, avait été
repris le lendemain, à peu près à pareille heure — Même
interrogatoire.

La *Fidèle Mariane*, reprise après vingt-quatre heures
de possession par l'ennemi, devait donc être attribuée,
ainsi que ses marchandises, destinées à des négociants
de Nantes, aux recapteurs.

L'amiral rendit le jugement suivant, qui s'écarte un
peu, en ce qui concerne les marchandises de la reprise,
de la rigueur du principe.

« Nous, en vertu du pouvoir à nous attribué à cause
de notre ditte charge d'amiral, avons fait et faisons main
levée dudit navire, la *Fidèle Mariane*, de ses agrès et
apparaux, ensemble des marchandises de son charge-

_____

(1) Archives du département de la Loire-Inférieure. B. Amirauté,
prises, 1781.

ment, ordonnons que le tout sera rendu et restitué,
scavoir le navire, agrès et apparaux, au capitaine Naudin,
et les marchandises de son chargement au sieur
Lincoln et autres propriétaires d'icelles, à la charge pour
ces derniers de payer audit capitaine Naudin, par forme
de récompense, le tiers de la valeur desdites marchandises, suivant l'estimation qui en sera faite à l'amiable,
sinon par experts.

Sur le surplus de leurs demandes, les parties hors de
cours, dépens compensés. »

Mentionnons encore la reprise sur les anglais d'un
navire espagnol, *Dame Bigoyna*, conduit à Nantes par le
corsaire américain *Hercule*, et l'instruction faite à ce
sujet par l'amirauté de Nantes, le 16 septembre 1780. (1)

Il y avait *recousse recousse*, lorsque, par exemple,
un navire anglais était pris sur un croiseur anglais, qui
l'avait déjà repris à un autre croiseur français.

Fallait-il, dans ce cas, suivre la règle des vingt-quatre
heures et accorder au deuxième capteur la totalité ou
le tiers de la capture faite sur l'ennemi repreneur ?

Ou bien, devait-on lui attribuer la totalité de la recousse
recousse, dans tous les cas ?

On faisait valoir, en faveur de la première solution que
le premier capteur français, dans le cas où il avait
gardé sa prise vingt-quatre heures, en avait acquis la
propriété, de sorte que, ce délai passé, le navire anglais

(1) Archives du département de la Loire-Inférieure, B, Amirauté,
prises, 1780.

capturé devait être considéré comme français, si l'ennemi recapteur ne l'avait pas gardé vingt-quatre heures, et soumis, comme tel, aux règles ordinaires de la recousse — le droit à la prise étant acquis dès l'instant de la capture.

On faisait observer, dans le second système, qu'une prise n'appartenait au capteur, qu'autant qu'il l'avait conservée et qu'elle avait été jugée valable, et que la propriété de la prise, n'étant pas incommutable, pouvait être perdue comme elle avait été acquise.

On ajoutait, qu'en règle générale, le délai de vingt-quatre heures ne décidait pas de la validité d'une prise en soi, car il se produisait un véritable changement de propriété dès l'instant de la prise, et que ce délai de vingt-quatre heures, simple arrangement de convenance, introduit pour tempérer la règle en faveur des navires français, repris sur l'ennemi, n'était qu'une exception au principe général du transfert de la propriété par la capture de la prise.

Un jugement du Conseil des prises du 2 janvier 1695 et des arrêts de Conseil des 17 octobre 1705, 5 juin 1706 et 14 juin 1710 avaient adopté ce dernier système.

A la suite d'un Arrêt du Conseil du 5 novembre 1748, réformant un jugement du Conseil des prises qui avait attribué une recousse recousse au premier capteur, parut l'A. du C. du 5 novembre 1748, décidant que les navires ennemis pris par les vaisseaux du roi ou par ceux de ses sujets armés en course, recous par les

15 P

ennemis et repris ensuite sur eux, appartiendraient en entier au dernier capteur.

On suivit, pendant les guerres de la Révolution et de l'Empire, le principe posé par cet arrêt, les lois postérieures étant restées muettes sur ce cas pourtant assez fréquent.

La Révolution, avons nous fait remarquer dans l'introduction de cette étude, trouvant la pratique de la course solidement établie par une expérience de deux siècles, ne pouvait faire autrement que d'en adopter le fonctionnement, tout en y faisant quelques modifications de détail rendues nécessaires par les réformes opérées de tous côtés. Il convient pourtant de faire observer que l'une de ces modifications portant sur la juridiction en matière de prises fut inutile et maladroite.

Nous donnons, en un bref résumé, l'énumération des multiples changements opérés sur ce point pendant un espace de quelques années, en soulignant le contraste entre cette instabilité excessive et la fixité de l'organisation du conseil des prises sous la Monarchie absolue.

Après avoir supprimé les amirautés en même temps que les autres offices, le 4 août 1789, et fait table rase de l'ancienne organisation, on voit la Révolution, par un mouvement de réaction inconsciente bien curieux, revenir peu à peu, après certaines innovations malheureuses, à l'ancien ordre de choses, par le rétablissement du Conseil des prises, le 6 germinal an 8.

Lorsque les hostilités éclatèrent, en 1793, avec

l'Angleterre, il fallut établir une juridiction nouvelle. Un décret de la Convention, du 14 juillet 1793, attribua aux tribunaux de commerce, le jugement des prises, et leur instruction au juge de paix du lieu où elles étaient conduites.

Le défaut le plus apparent de la nouvelle juridiction était l'attribution de la connaissance des prises à des juges, le plus souvent incompétents pour trancher des questions aussi délicates. De plus, ces mêmes magistrats, nommés à l'élection, souvent armateurs eux-mêmes, ayant des intérêts trop semblables à l'une des parties dont ils jugeaient la cause, devaient avoir une tendance, inconsciente sans doute, mais réelle, à déclarer valables toutes les prises et à donner tort au demandeur.

L'appel était porté devant le tribunal de district dont les juges nommés aussi pendant quelques temps à l'élection étaient encore en trop grande communauté d'intérêt avec les défendeurs.

La Convention, par un décret du 18 brumaire an II, enleva aux tribunaux de commerce la connaissance des affaires de prise, et décida que toutes les contestations, nées ou à naître sur la validité des prises faites par les corsaires, seraient jugées, par voie administrative, par le conseil exécutif provisoire.

Ce conseil ayant été supprimé le 12 germinal an II, sans avoir eu le temps de s'occuper des prises, « un décret du lendemain 13, chargea le comité de Salut

Public de proposer à la Convention les moyens de remplacer le conseil exécutif provisoire dans les fonctions qui lui étaient attribuées. Mais le comité du Salut Public ne fit, à cet égard, aucune proposition à la Convention ; il se borna, le 4 floréal an II, à prendre un arrêté, par lequel il annonça qu'il ne statuerait sur ces sortes d'affaires que d'après un rapport du Commissaire de la Marine. C'était déclarer que le comité de Salut Public entendait se substituer au conseil exécutif, et la Convention, témoin de l'arrêté du 4 floréal, ratifia, par son silence, la mission que le comité de Salut Public s'était attribuée à lui-même » (1).

Les jugements rendus en matière de prise par le comité de Salut Public, le furent. avec ce mépris souverain pour toute espèce de forme, qui caractérise son passage aux affaires.

Cette deuxième phase des variations de la juridiction chargée de décider du sort des prises, dura jusqu'au 3 brumaire an IV. A cette date, la Convention vota, avant de se dissoudre, une loi qui attribuait de nouveau l'instruction des prises aux juges de paix des ports où elles étaient conduites, et aux tribunaux de commerce le droit de les juger, le jugement devant être prononcé dans les dix jours de la réception des pièces. « Or, cette disposition qui avait peu d'inconvénient sous le régime de concentration politique, judiciaire et administratif de la

(1) Pistoye et Duverdy. Traité des Prises, t. ii, p. 147.

Convention, pouvait, au contraire soulever les plus graves difficultés, sous un gouvernement qui avait la prétention d'être régulier et dans lequel le pouvoir judiciaire était distinct et séparé du pouvoir exécutif et du pouvoir législatif » (1).

Les appels des jugements rendus par les tribunaux de commerce étaient portés devant les tribunaux de district.

Lorsqu'un neutre se trouvait intéressé d'une façon quelconque dans une affaire de prise, la loi établissait la nécessité d'en communiquer les pièces au commissaire du directoire exécutif dans les 24 heures de leur dépôt au greffe du tribunal. Le commissaire devait en référer sur le champ, s'il le jugeait nécessaire, au ministre de la justice, qui, après avoir consulté le directoire, répondait dans les dix jours, à la communication du commissaire. Ce dernier, avant le jugement, venait déposer devant le tribunal de commerce des conclusions par écrit. On avait cru, par cette disposition, empêcher les juges de commerce de rendre des jugements par trop fantaisistes, espérant sans doute qu'ils tiendraient compte des indications contenues dans les conclusions du commissaire.

Nos consuls, établis dans les ports où des prises pouvaient être amenées, étaient chargés d'en faire l'instruction, en suivant les formalités imposées aux juges

(1) Pistoye et Duverdy. Traité des Prises, t. ii, p. 152.

de paix. Ils avaient, en plus, le droit de les juger en premier ressort, et les appels de leurs jugements étaient portés devant les tribunaux de première instance de certains départements maritimes.

Nous faisons suivre la relation des diverses décisions judiciaires rendues au sujet d'une prise faite par le corsaire *Entreprise*.

Cette affaire se trouvait placée, par sa date, en dehors de la période dont nous faisons l'étude spéciale, mais l'intérêt exceptionnel qu'elle présente, nous a déterminé à ne pas tenir compte d'une seule objection de temps et à lui réserver une place dans ce travail.

Le 25 vendémiaire an VI, le navire Suédois *Censor*, chargé de bois de construction, avec expéditions portant qu'il se rendait de Riga à Lisbonne — pays alors allié avec l'Angleterre — pris par le corsaire *Vengeance*, repris par la frégate anglais *Pique*, était recous par le corsaire l'*Entreprise*, du Croisic, armateur Gaudin, et conduit à Saint-Nazaire. Or, le *Censor* était, en réalité, affrété pour le compte du gouvernement français, et les papiers dont il était porteur étaient des pièces simulées, pour donner le change aux croiseurs anglais.

Le 26 pluviôse an VI, le tribunal de commerce de Nantes déclara la prise du *Censor* bonne et valable au profit du corsaire l'*Entreprise*, malgré les protestations du commissaire principal de la Marine à Nantes, et sa décision fut confirmée, le 23 floréal an VII, par un jugement du tribunal civil de la Loire-Inférieure.

Le gouvernement porta l'affaire devant le Conseil des Prises qui venait d'être établi, et voici le texte du jugement rendu, le 13 thermidor an VIII, sur cette affaire, conformément aux conclusions (1) de Portalis, alors commissaire du gouvernement.

« Le Conseil des Prises établi par l'arrêté des consuls du 6 germinal an VIII, en vertu de la loi du 26 ventôse précédent a rendu la décision suivante.

Entre Eric Wigren et Hans Handeck, premier et deuxième capitaines du navire suédois le *Censor* d'une part,

Et le citoyen Gaudin fils, armateur du corsaire *Entreprise*, du Croisic, d'autre part.

En présence du citoyen commissaire du gouvernement, stipulant pour la République Française, propriétaire de la cargaison.

Vu le procès-verbal de capture dressé en mer, le 25 vendémiaire an VI, et constatant l'arrestation faite par le corsaire *Entreprise*, capitaine Morin, du navire le *Censor*, sous pavillon suédois, qui a dû avoir été pris, en premier lieu par le cutter la *Vengeance* et repris par la frégate anglaise *Pique*.

Vu l'acte de libre navigation, expédié par le Collège de commerce de Stockholm, le 8 juin 1797, et prouvant

---

(1) PISTOYE et DUVERDY ayant, dans leur Traité des Prises, t. I, p. 415, donné ces conclusions, il était complètement oiseux de les reproduire à nouveau. Quant au jugement que nous faisons suivre, il n'a, ainsi que les autres pièces relatives à cette affaire, jamais été reproduit.

que le navire le *Censor* a été construit à Albo, appartient
à J. Bremer, sujet suédois, et a été commandé par Eric
Wigren, bourgeois de la ville d'Albo.

Vu le passeport turc du 4 juin 1797, donné au navire
le *Censor*, pour la Méditerranée.

Vu la lettre écrite par le ministre de la Marine et
des Colonies à l'ordonnateur de la Marine, à Brest,
le 22 brumaire an VI, en lui adressant un connaissement de mâts, planches de sapin, et matériaux
chargés pour le compte de la République sur le navire
Censor, capitaine E. Wigren, destiné pour les ports de
France, mais avec des papiers simulés pour Lisbonne,
avec invitation audit ordonnateur de faire usage de cette
pièce, soit en accélérant le déchargement dudit navire,
s'il arrive au port de Brest, soit en la faisant passer à
celui des ports où il pourra mouiller.

Vu la lettre écrite le 24 brumaire an VI, au commissaire principal de la Marine à Nantes, par le Ministre de
la Marine, lequel informé que le navire le *Censor* a été
pris et conduit à Saint-Nazaire par le corsaire l'*Entreprise* ordonne au commissaire principal d'en faire sur le
champ la réclamation au tribunal de commerce, et de
faire procéder sans délai au déchargement conformément au compte de chargement dont il lui envoya
copie.

Vu ledit compte de chargement dressé à Copenhague,
le 8 septembre 1797, duquel il résulte que la cargaison
du navire *Censor*, consistant en 64 mâts et matériaux et

1162 planches de sapin, était destiné pour France, pour compte du ministre de la Marine, à Paris.

Vu le mémoire adressé au 26 pluviôse an VI par le tribunal de commerce de Nantes, lequel ne s'arrêtant qu'à ces papiers qui couvraient la destination véritable du *Censor*, en mettant en principe que la fraude, fut elle mise en œuvre pour l'intérêt de la chose publique, ne peut servir de base à ses décisions, déclare de bonne prise le navire le *Censor* et sa cargaison, confisque le tout au profit de l'armement du corsaire l'*Entreprise*, et déboute de ses demandes le commissaire principal de la Marine à Nantes.

Vu le jugement du 23 floréal an VII rendu par le tribunal civil du département de Loire-Inférieure, et confirmatif de toutes les dispositions du jugement du tribunal de commerce dont est appel.

Vu la requête en cassation dudit jugement du tribunal civil de la Loire-Inférieure, présentée par les premier et deuxième capitaines du navire *Censor*, et le commissaire principal de la Marine à Nantes, le 24 prairial an VII.

Vu le mémoire adressé au conseil par l'armateur du corsaire *Entreprise*, à l'effet de prouver qu'il a bien fait d'arrêter le navire le *Censor*, dont le passeport ne se trouve pas au nombre des pièces, qui n'en fit qu'une représentation tardive au tribunal de commerce, qui était chargé de mâtures, objet de contrebande, destinées pour un pays ennemi, qui d'ailleurs, par l'effet de la recousse se trouvait avoir été pris sur l'ennemi, qui malgré sa destination simulée pour France, se rendait directement en Portugal ; pour quoi ledit armateur conclut, si le conseil vient à ne pas confirmer les deux jugements déjà rendus en sa faveur, à ce qu'il lui plaise, du moins, faire indemniser son équipage pour les peines qu'il a eues, et lui tenir compte des déboursés et frais qu'il a faits pour le sauvetage et la cargaison, et la livraison qu'il en a faite dans le port de Nantes aux agents de la République.

Vu le mémoire des officiers commandant le *Censor*, lesquels après avoir soutenu : 1° Que le passeport fut représenté au moment de la capture, mais que le corsaire en dédaigna pour lors l'examen. 2° Que le chargement, par sa nature, n'entraînait point la confiscation; aucun règlement général n'ayant classé parmi les objets de contrebande les matières et planches de sapin; que l'arrêté du 12 ventôse n'est qu'une mesure particulière qui découle d'engagements antérieurs pris par les Américains, il ne doit pas regarder les autres neutres. 3° Que pour échapper aux Anglais, il fallait bien que la destination du navire fut simulée, que les renseignements fournis par le Ministre de la Marine les déchargeaient de toute imputation de fraude. 4° Que la recousse, par elle-même, n'autorisait point la confiscation, la question de neutralité restant indécise jusqu'au jugement, concluent à ce qu'il plaise au conseil, sans s'arrêter aux jugements rendus déclarer nulle la capture du

navire *Censor*, condamner Gaudin fils personnellement
à restituer la cargaison, sans dégradation ni détérioration, sauf aux dits Wigren et Bremer à en faire la
livraison et à en retenir la valeur à qui et de qui de
droit, à défaut de restitution, condamner Gaudin fils à
payer la valeur sur le pied du connaissement, sauf son
recours, condamner pareillement à payer au capitaine
Wigren 1702 francs pour la valeur de la pacotille, et
attendu la dégradation absolue du navire, condamner
ledit Gaudin à en payer la valeur, ensemble le fret dû au
capitaine Wigren, et la surestarie montant, le tout
suivant état à 220.714 fr. 40 c. et en outre au remboursement de tous les frais.

Oui le rapport du citoyen Montigny, membre du
conseil, tout vu et considéré.

Le conseil, sans s'arrêter aux jugements du tribunal
de commerce de Nantes, et du tribunal civil du département de Loire-Inférieure du 26 pluviôse an VI et 23
floréal an VII, fait pleine et entière mainlevée du navire
suédois *Censor*, au profit d'Eric Wigren et Hans
Handeck, premier et deuxième capitaines, ordonne qu'il
leur sera rendu avec ses agrès et apparaux, à quoi faire
tous gardiens seront contraints par toutes voies dûes et
raisonnables, même par corps.

Ordonne pareillement que les objets composant la
cargaison dudit navire seront remis, si fait n'a été,
entre les mains des propriétaires désignés par le connaissement envoyé à l'ordonnateur de la Marine à Brest, du

22 brumaire an VI, à quoi faire tous gardiens et dépositaires seront également contraints quoi faisant, ils en
seront valablement déchargés.

Fait le 13 thermidor an VIII de la République
Française, une et indivisible, le citoyen Bertier président, Niou, Lacoste, Moreau, Barenne, Montigny,
Duffault, Parseval Grandmaison, Tournachou, tous
membres du conseil des prises séant à Paris, maison
de l'Oratoire » (1).

Une lettre du Ministre de la Marine, du 9 fructidor
an VIII, prescrivit au conseil d'administration de la
Marine à Nantes, à la suite de la décision du Conseil
des prises, de procéder au règlement des indemnités dûes
au capitaine Wigren, et de vérifier le montant des frais
de déchargement avancés par l'armateur du corsaire
Entreprise. Ces indemnités furent arrêtées au chiffre
de 133.093 l. 45 s. pour le capitaine Wigren, et à celui de
1774 l. 6 d. pour l'armateur Gaudin.

Le *Censor* devait être remis à son propriétaire en
conformité du jugement du Conseil des prises. Ce bâtiment, étant resté plusieurs années sur la rive du Bas-
Paimbœuf, sans être réclamé, le préfet du département,
sur les plaintes de ses administrés, fit observer au commissaire principal de la Marine, que ce navire tombant
en vétusté et encombrant la rivière pouvait occasionner
des accidents. Celui-ci en écrivit au ministre de la

(1) Archives de la Marine à Nantes. Corsaires, an VIII.

Marine, qui ordonna de le faire vendre comme épave. La Marine prit, après estimation, les objets utiles à son service, dont le montant fut versé à la Caisse des Invalides, à titre de dépôt, la coque du navire fut également vendue et le prix aussi versé à la Caisse des Invalides, le 26 septembre 1809. (1)

La décision rendue par le Conseil des prises sur l'affaire *Censor-Entreprise* est une application rigoureuse du principe que le corsaire, simple délégué de l'Etat, et fonctionnaire momentané, ne pouvait prétendre aux prises qu'il capturait, en vertu d'un droit ferme, et que la part de prise accordée généralement au preneur, n'était qu'une concession purement gracieuse du commettant, octroyée ou non selon les circonstances, sans tenir compte du préjudice causé à l'armateur.

Si le *Censor*, au lieu d'être chargé pour le compte du gouvernement, l'avait été pour celui d'un simple citoyen français, il est plus que probable que sa prise aurait été déclarée bonne ou valable au profit de l'armateur de l'*Entreprise*, car celui-ci faisait valoir un moyen très fort — la recousse du navire resté trois jours entre les mains des ennemis, et qu'on devait considérer comme devenu anglais, non par le fait même de sa prise par eux, mais parce que sa condamnation en Angleterre, aurait été certaine, si la fausseté de ses papiers avait été reconnue.

Le *Traité des prises*, de Pistoye et Duverdy cite les

(1) Archives de la Marine à Nantes. Corsaires, an VIII.

jugements rendus dans les affaires de prise suivantes :
Nostra Segnora del Carmen contre *Venus de Médicis* (1)
— *Acteon* contre *Friendship* (2) — *Brutus* contre *Dame Ernouf* (3) — *Censor* contre *Entreprise* (4) — *Hofnung* contre *Anonyme* (5).

L'*Acteon,* l'*Entreprise,* l'*Anonyme,* la *Vénus de Médicis,* la *Dame Ernouf* sont des corsaires armés à Nantes pendant la période révolutionnaire et l'empire (6).

(1) PISTOYE et DUVERDY. *Traité des prises,* t. I, p. 106.
(2)   —   —   t. I, p. 505.
(3)   —   —   t. I, p. 131.
(4)   —   —   t. I, p. 445.
(5)   —   —   t. II, p. 12.
(6) Archives de la Marine à Nantes. Corsaires.

CHAPITRE IV

LIQUIDATION

SECTION PREMIÈRE

Vente des Prises

La prise étant jugée définitivement bonne, il s'agissait d'en attribuer le bénéfice aux nombreux intéressés.

L'armateur adressait à l'amirauté une mise en demeure de procéder sans délai au déchargement des marchandises de la prise s'il n'avait pas été fait, puis à leur vente, si elle n'avait pas provisoirement été autorisée.

« Requeste aux fins de vente de la prise *Hop*, 18 septembre 1781.

A MM. les tenants du siège Royal de l'amirauté de Nantes.

Supplient humblement nobles gens Marion et Brillantais Marion, négocians en société à Saint-Malo, armateurs de la frégate corsaire *Duchesse de Polignac*, étant en croisière a capturé le navire anglais *Hop*, chargé de vins. Cette prise est arrivée au Croisic depuis longtemps, le siège y est descendu et il en a dressé procès-verbal et fait l'inventaire de cette prise.

Les supplians ont appris que le jugement de bonne prise est arrivé de Paris. Dans cette circonstance, il n'est plus question que de procéder à la vente, tant du navire que de la cargaison, mais dans quel endroit est-il plus intéressant que cette vente soit faite ? Est-ce en cette ville ou en celle du Croisic où la prise est amarrée et où sa cargaison est en magasin ? Plusieurs raisons portent à croire que c'est en celle du Croisic.

1° Il pourroit résulter de grands inconvénients d'une vente faite ailleurs qu'au Croisic. Cette vente ailleurs ne pourroit se faire que sur des montres ou échantillons, et par cette raison, elle serait sujette à de grandes contestations à la livraison, et peut-être à des réparations considérables, si le lot ne répondait pas à la montre ou échantillon.

2° Les enchérisseurs ne pouvant juger des vins que sur ces mêmes montres, ils ne seroient pas si hardis dans leurs enchères, et par conséquent, la vente n'en seroit pas si avantageuse.

3° Il n'y a aucun inconvénient à faire la vente au Croisic, parce que ces vins n'étant pas bien estimés à Nantes, les négocians de cette ville ne les feroient valoir pour leur compte qu'à bas prix, attendu les frais de transport de là ici ; s'il se trouvent des ordres donnés aux négocians par l'étranger, ils pourront très bien se transporter au Croisic.

4° Il est à croire que ces vins seront mieux vendus au
Croisic, parce que les particuliers de cet endroit et de
Guérande n'auront aucun frais de transport à payer. Le
suppliant est d'ailleurs instruit que plusieurs négocians
du Croisic ont reçu des ordres, qu'ils y penchent eux-
mêmes, et que les particuliers en désirent pour leur
consommation.

D'après toutes ces considérations, il est sensible qu'il
est plus avantageux que la vente, tant du navire *Hop* que
de sa cargaison soit faite au Croisic qu'en tout autre
endroit, et est porté à croire que le siège ne balancera
pas un moment à l'ordonner de la sorte, c'est pourquoi
les supplians requièrent avec confiance, le considéré.

Qu'il vous plaise, MM. ayant égard à ce que devant
exposé, ordonner qu'il soit procéder à la vente du *Hop*
et de sa cargaison, les premiers jours du mois d'octobre
prochain, ou tels autres jours qu'il plaira au siège fixer,
au Croisic, où le dit navire est ancré et où sa cargaison
est en magasin et ferez justice.

Brillantais.

Soit communiqué au procureur du roy à Nantes, le
15 septembre 1781.

Roger.

Vu par nous conseiller, procureur du Roy au siège
général de l'amirauté de cette ville, et l'ordonnance au
pied de nous soit communiqué, nous requérons pour le
Roy que la vente en question soit faite à l'hôtel de la

16 P

Bourse, à Nantes, les bannies d'usage préalablement
faites.

Nantes, le 18 septembre 1781.

Landays.

Nous, lieutenant particulier de l'amirauté de cette ville,
vu la présente requête, ensemble l'ordonnance de soit
montré au procureur du Roy, signé Roger, et des conclusions du procureur du Roy, ordonnons que la vente
de la prise *Hop* se fera à l'hôtel de la Bourse en cette
ville, et à cet effet avons fixé le jour au 13 octobre prochain pendant lequel les bannies usitées se feront en la
manière et aux lieux accoutumés.

18 septembre 1781.   Bascher » (1).

La vente était le plus souvent précédée de trois publi-
cations affichées et d'autant de remises d'enchères. Les
délais entre chaque publication étaient ordinairement de
huit jours. Elles étaient généralement faites le dimanche,
à l'issue de la messe paroissiale du lieu où la prise était
amarrée, et on apposait des affiches, le lendemain de
chaque criée au grand mât du navire, à la principale
porte de l'église et de l'auditoire de l'amirauté, et dans
les endroits les plus fréquentés. De plus, lorsque la prise
était de valeur considérable, on faisait imprimer l'état
général de la cargaison ainsi que celui des agrès, apparaux et ustensiles du navire. Le procureur en envoyait
des exemplaires au ministre et au secrétaire général de

(1) Archives du département de la Loire-Inférieure, B. Amirauté,
prises, 1781.

la Marine, ainsi qu'aux procureurs des amirautés voisines, pour les faire afficher et augmenter ainsi la publicité de la vente — Lettres de Valincourt, 9 juin 1696 — de l'amiral, 2 mars 1705 — de Romieu au nom de l'amiral, 18 novembre 1746.

Il existe, dans les archives de l'amirauté de Nantes, quelques-unes de ces curieuses affiches que le défaut de place nous empêche de reproduire.

L'affiche de vente du *Hop* et de son chargement faisait connaître, en ces termes, les conditions de la vente.

« Le tout sera vendu en l'état qu'il se trouvera à la livraison, sans que les acquéreurs puissent, sous quelque prétexte que ce soit, prétendre aucune réfraction ou diminution quelconque, parce qu'ils auront la faculté de voir et examiner ledit navire, et de déguster les vins composant la cargaison par des échantillons qui seront présentés lors de l'adjudication.

Les adjudicataires seront tenus de payer tous et aucuns droits dus, de prendre livraison le lendemain de la vente sans interruption et de payer dans les vingt-quatre heures de ladite livraison entre les mains de MM. Canel Meslé et Bernard le prix de leurs adjudications.

Toutes les parties intéressées, y compris les agents des Fermes, devaient être appelées à la vente — A. du C. du 7 août 1744 et 15 mars 1757. Le capitaine du vaisseau capturé, assigné à comparaître à toutes les opérations antérieures à la vente n'y était pas appelé, puisqu'il n'avait plus d'intérêt dans la prise.

Le dossier contenant la procédure de la prise *Hop*, comprenait encore les pièces suivantes, dont nous donnons simplement le titre.

« Procès-verbal de vérification de vins et prises d'échantillons d'iceux.

1re Annonce de vente faite à la Bourse par Maisonneuve, huissier de l'amirauté — 10 octobre 1781.

2e Annonce ou bannie du 16 octobre 1781.

3e Annonce de vente, 21 octobre 1781 » (1).

L'instruction du 6 juin 1672 portait que la vente devait avoir lieu à l'issue de l'audience, au siège de l'amirauté, mais elle n'était pas observée, en pratique, dans certaines amirautés, où la vente définitive avait lieu à la Bourse des négociants. On y apportait des échantillons des marchandises à vendre; et pour celles dont on ne pouvait juger sur échantillon, on avertissait le public, par affiches, des jours et heures où il pouvait être admis à les visiter dans les magasins. On divisait, selon les cas, les marchandises en lots, pour en faciliter la vente et exciter les enchères — Lettre de l'amiral du 20 février 1696.

Procès-verbal des opérations de la vente était ensuite dressé dans la forme suivante.

« L'an 1781, le samedi 13 octobre, onze heures du matin, devant nous, P. V. Roger, conseiller du Roy, lieutenant général civil et criminel, commissaire enquêteur, examinateur et garde scel du siège royal de l'ami-

(1) Archives du département de la Loire-Inférieure. B, amirauté, prises 1781.

rauté de Nantes, ayant avec nous Mᵉ Holstein, commis
au greffe du siège, de lui serment pris au cas requis,
présent M. Landais, procureur du Roy audit siège, étant
au greffe, a comparu le sieur Bernard, négociant à Nantes,
faisant pour sa compagnie de commerce, sous la raison
de Canel Meslé et Bernard, au nom et comme procureurs
spéciaux de MM. Marion et Brillantais Marion frères,
armateurs du corsaire *Duchesse de Polignac*, de Saint-
Malo, lequel a dit que la dite frégate ayant pris sur les
ennemis de l'État le navire *Hop*, et qu'après les formalités requises, ce navire ayant été jugé de bonne prise,
Il nous a présenté sa requête, tendant à être autorisé à
vendre en bourse, à la manière accoutumée ledit navire,
agrès, apparaux et cargaison, composé de vins de Porto,
jambons et lièges, que cette requête a été répondue de
notre ordonnance en date du 18 septembre dernier,
laquelle ordonnance a fixé à ce jour la vente dudit
navire *Hop*, agrès, apparaux, et cargaison. Qu'en exécution de cette ordonnance, il a fait bannir aux prônes des
grandmesses de cette ville, et en la Bourse, par exploit
de Maissonneuve, huissier, du dix de ce mois, dûment
contrôlé ce jour, ladite vente dudit navire et cargaison,
qu'il l'avait fait annoncer par des placards imprimés et
apostillés par les receveurs des fermes et des devoirs,
afficher en Bourse et partout où besoin a été, aux fins de
tout quoy il requiert notre transport à l'hôtel de la Bourse
de cette ville pour procéder à la vente de ladite prise et
autrement, ainsi qu'il sera vu appartenir, aux conditions

de l'affiche imprimée, qui sont de prendre le tout en l'état qu'il sera vendu à la livraison, sans que les acquéreurs puissent, sous quelque prétexte que ce soit, prétendre aucune diminution du prix de l'adjudication, de payer tous et chacun les droits dûs et accoutumés ainsi que ceux qui seront à l'endroit fixé par le commissaire pour les réparations du palais et de prendre livraison le lendemain de la vente, sans interruption, et de payer dans les vingt-quatre heures de la livraison entre les mains des sieurs Canel Meslé et Bernard, le prix de leur adjudication, savoir, comptant les lots de 1000 livres et au-dessus, et ceux au-dessus de 1000 livres, en lettres de change sur Paris ou Nantes, acceptées par des banquiers solides à la satisfaction de MM. Canel Meslé et Bernard.

Signé : Canel Meslé et Bernard.

Duquel réquisitoire, nous juge susdit, avons décerné acte, en conséquence, de compagnie dudit sieur Bernard, du procureur du Roy, de notre greffier et suivi de l'huissier Maisonneuve, nous nous sommes transportés jusqu'à l'hôtel de la Bourse de cette ville, où, étant arrivé environ midy, nous avons ordonné à l'huissier de faire annoncer par le crieur le premier lot » (1).

Suivaient le détail de la vente des marchandises et du navire et le procès verbal de livraison de la prise *Hop* et des objets composant la cargaison.

(1) Archives du département de Loire-Inférieure. B. Amirauté, prises, 1781.

Procès de livraison de la prise *Hop* et cargaison vendue
à la bourse de cette ville, 24, 25, 26, 27, 30, 31 oct. 1781.

L'an 1781, mercredi 24 octobre, 7 heures matin ;
étant au greffe, devant nous M. P. Bascher, conseiller du
Roy, lieutenant particulier civil et criminel du siège
royal de l'amirauté de Nantes, avec nous C. Holstein,
commis au greffe du siège, de lui serment pris au cas
requis :

A comparu J. Urieu, avocat du Roy audit siège,
lequel a dit que la vente du *Hop* et cargaison ayant été
achevée ce jour d'hier, il croit devoir requérir tant à
raison de l'absence des armateurs du bâtiment preneur
et pour faire courir les événements au plus tôt sur
la tête des adjudicataires, que pour remplir les intentions des ordonnances du Roy, qu'il soit descendu
sur le champ au lieu du Croisic où se trouve ledit navire
avec sa cargaison pour en faire de suite la livraison aux
différents acquéreurs, lesquels ont été prévenus qu'elle
aurait lieu immédiatement après la vente, non-seulement
par l'affiche d'icelle vente qui l'annonçait ainsi, mais
encore par l'avertissement verbal qui fut donné à chacun
d'eux à l'instant de l'adjudication, aux fins de tout quoy
il demande présentement que nous nous transportions
sur le champ en sa présence au Croisic, pour procéder à
ce que dessus par défaut ou contradictoirement avec les
parties intéressées, se réservant de requérir à l'endroit
ce qu'il juge convenable, et a signé. Urieu.

Desquels dire et réquisition, nous, juge susdit, avons

donné acte, en conséquence, étant sorti du greffe, de
compagnie de l'avocat du Roy, de notre greffier et de
M. Maisonneuve, huissier mandé pour l'exécution de
nos ordres, nous serions rendus au bas de la Fosse, où
nous nous serions embarqués dans la barge dénommée
Ollive et étant arrivé à Saint-Nazaire, vers les sept
heures du soir, aurions remis à demain la continuation
du présent et avons signé, avec l'avocat du Roy, notre
greffier et huissier ».

Suivaient les signatures. (1)

Le procureur du roi avait le droit, si les marchandises
étaient vendues trop au-dessous de leur valeur, de
requérir, dans l'intérêt de l'amiral, de la Caisse des
Invalides et des équipages, que l'adjudication fut différée.
— Lettre de l'amiral du 26 février 1696.

Le montant de la vente était remis de droit à l'armateur ; il n'y était fait exception que lorsque sa solvabilité
était par trop douteuse.

Il fut admis pendant longtemps que le partage des
prises pouvait se faire, à la demande de l'armateur, en
argent ou bien en nature — Règlement du 6 juin 1672
et ordonnance de 1681.

« On ne voit point, dit Valin, quand a cessé cette
faculté accordée aux armateurs de demander la délivrance des prises en nature. On voit seulement que
lorsque l'amiral prétendit que son dixième dans les
prises lui fut délivré en nature, l'usage étoit établi géné-

(1) Archives du département de Loire-Inférieure. B, Amirauté,
prises, 1781.

ralement dans tous les ports du royaume de faire vendr
judiciairement toutes les prises » (1). Quoi qu'il en soit
le partage des prises se faisait, dès la fin du xviie siècle,.
exclusivement en espèces.

Pendant la période révolutionnaire, les ventes de
prises furent faites d'après les règlements dont nous-
venons de parler, avec cette différence que les diverses
formalités accompagnant celles-ci étaient faites sous le
contrôle des juges de paix, au lieu et place des officiers-
d'amirauté. Plus tard, parurent sur ce point, les arrêtés:
des 17 floréal an IX et 2 prairial an XI, reproduisant
les anciens règlements sauf quelques modifications peu
importantes.

Les profits de la course auraient été beaucoup plus:
élevés, si la vente des marchandises de prise n'avait pas.
été entravée de diverses façons.

Tout d'abord, par les longueurs apportées par les
amirautés aux différentes formalités d'inventaire, déchargement de marchandises, vente... etc. et par la cherté de
leurs vacations.

« Tous les armateurs de corsaire ont éprouvé que
les officiers des amirautés bien loin de chercher l'avan--
tage de la course ont travaillé à sa perte, en prolongeant
les inventaires et les ventes de façon qu'une prise qui
pourroit être inventoriée, affichée et vendue en huit
jours, l'on a été des trois à quatre mois à faire l'opéra-

(1) VALIN. Nouveau commentaire sur l'ordonnance de 1681, t. ii,
p. 339.

tion, ce qui fait des frais immenses, dégouste les armateurs et rebutte entièrement les équipages.

Que si messieurs des amirautés doivent se trouver aux ventes des prises et effets, qu'il leur soit ordonné de faire expédition et que ce soit sans autres frais que leurs vacations ordinaires, aux lieux indiqués par l'armateur, soit pour le déchargement et inventaire des prises, soit à la vente, à cette fin que le tout soit expédié promptement et que l'on puisse travailler aux heures ordinaires de tous autres travaux, et que sur leur refus de se prêter à une prompte expédition, on puisse les y contraindre par une sommation, et qu'ils supportent les frais qui résulteront du retardement qu'ils occasionnent » (1).

Le fisc, d'autre part, prélevait des droits considérables sur les marchandises de prise.

Un certain nombre de ces marchandises étaient dites *prohibées*, et, en principe, leur introduction dans le royaume était interdite ; d'autres étaient dites de *monopole*. C'était une des conséquences de la politique protectionniste de Colbert, qui, tout en donnant un essor considérable à l'industrie française, atteignit indirectement la course dans ses intérêts. pour le seul avantage, dans bien des cas, des compagnies et des manufactures privilégiées.

Citons, dans la liste de ces marchandises — cafés —

(1) Mémoire des armateurs en course de Nantes, 1748, Chambre de commerce, corsaires, 688.

draps — étoffes de soie et de coton — glaces — salpêtres
— sel, etc.

Comme il était impossible de maintenir le principe
dans toute sa rigueur sans porter un coup mortel à la
Course, on avait cherché à concilier le tout, en permettant le débarquement et la vente des marchandises prohibées, mais à la condition expresse que les acquéreurs
exporteraient ces marchandises dans un court délai.
Les adjudicataires avaient la faculté de les envoyer en
transit à l'étranger sans payer de droits, à charge de
passer par certains ports et bureaux, et le délai accordé
était d'une année.

Toutes ces entraves rebutaient et éloignaient les
acquéreurs, de sorte que les marchandises prohibées
n'atteignaient que des prix dérisoires.

Certaines marchandises prohibées, dites de *monopole*,
étaient encore d'une défaite plus difficile. — Le sel devait
être directement réexporté à l'étranger, sans pouvoir
jouir du transit.

Citons parmi les monopoles, celui de la compagnie des
Indes et celui des poudres. Un grand nombre de produits exotiques ne pouvaient être importés et vendus
que par les compagnies privilégiées, et les corsaires
détenteurs de ces sortes de marchandises étaient dans
l'alternative ou de les rembarquer à grands frais et avec
tous les risques de capture, ou de les céder à vil prix à
la compagnie. Il en était de même pour les poudres, que
la Marine avait, en plus, le droit de réquisitionner pour
les vaisseaux du roi.

Les plus favorisées des marchandises de prise payaient les mêmes droits que les similaires importées en France par le commerce ordinaire. Nous disons *commerce ordinaire* car en considérant parfois la course comme un genre de commerce d'une espèce particulière.

« On peut regarder les courses des armateurs comme une espèce de commerce qui supplée en quelque sorte à celui qui se fait pendant la paix » (1).

Les marchandises de prises *non prohibées* ne pouvaient rester dans les magasins plus de six mois sans payer de droits. Lorsque, avant l'expiration de ce délai, l'adjudicataire déclarait son intention de les réexpédier à l'étranger, en transit, il devait prendre un acquit à caution, portant soumission de rapporter dans un délai de six mois un certificat de sortie du dernier bureau désigné suivant la route, justifiant de la sortie à l'étranger desdites marchandises, et de l'état des plombs de fermeture, à peine de confiscation et d'amende.

Quant à celles destinées à la consommation pour l'intérieur, l'acquéreur payait au bureau des Traites du lieu d'adjudication un droit variant de 5 à 10 % du prix de vente. Les sucres étaient soumis à un tarif spécial—celui de 1667. — A. du C. des 7 août et 24 décembre 1744 — 6 avril 1745 — 15 mars 1755, etc.

Les matières d'or et d'argent, en espèce ou en vaiselle,

---

(1) Extrait d'un mémoire sur le commerce de M. Blondel, secrétaire honoraire du Roy, ancien consul de France, 1675 -- Archives de la Mairie de Guérande.

devaient être envoyées à l'hôtel des monnaies le plus
proche, et leur valeur était payée sur le pied des tarifs.
Il était défendu à tous officiers publics d'en faire la
vente à peine d'une amende du quadruple de leur valeur,
et de confiscation contre les propriétaires.

Déclaration du 14 décembre 1689.—Arrêt du Conseil
du 3 juillet 1782.

C'était une des conséquences de cette idée que le
métal précieux, étant la principale sinon la seule richesse,
l'exportation en devait être prohibée.

Les approvisionnements de toutes sortes que nécessitaient les armements de corsaires étaient, en principe,
exempts de tout droit de sortie—Règlement de 1745,
mais il fallait, pour bénéficier de cette dispense, se sou-
mettre à une foule de formalités aussi longues que
gênantes.

Toutes ces entraves, ainsi que celles apportées à la
vente et au transport des marchandises de prise, aggra-
vées encore par la rapacité et l'arbitraire des traitants,
devaient peser bien lourdement sur les armements en
course, si on en juge par la multiplicité des plaintes formulées à ce sujet, et dont nous reproduisons quelques-
unes. Les archives de la Chambre de commerce de Nantes
renferment un nombre considérable de mémoires, sup-
pliques, demandes de réforme sur ce point.

Citons un mémoire de 1702 intitulé : « Observations
faites par les juges et consuls de Nantes sur l'arrest
du 20 juin 1702, portant règlement pour les marchan-

dises provenant des prises faites sur les ennemis de l'Estat ».

Un autre mémoire non daté, mais fait indubitablement en 1746 ou 1747, portant le titre suivant « Raisons à représenter pour que la course contre les ennemis de l'Etat soit poussée avec vigueur et que les armateurs puissent armer de manière qu'ils ne tombent plus dans les cas digratieux et couteux où ils se sont trouvés depuis la guerre ».

On demande, entre autres choses, « que les prises et chargements ne soient sujettes en aucune façon à autres droits qu'à ceux des domaines du Roy, aux six deniers pour livre du tiers revenant aux équipages, et aux frais ordinaires de décharges, livraisons, commissions ».

Un autre mémoire de Juin 1748, des juges et consuls de Nantes, protestant contre les marchandises prohibées et demandant tout au moins pour elle « un entrepôt illimité, et pour celles dont l'usage est permis, et que cependant on destine pour l'étranger, deux ans ». Il y était également demandé « qu'on accorde à toutes espèces de marchandises provenantes de prises la faculté d'être vendues pour le royaume et d'y pouvoir être consummées (sic), à l'exception du tabac et de la toile peinte ». On s'y plaignait encore de l'interprétation donnée par la Compagnie des Fermes à l'A. du C. du 6 avril 1747, sur l'exemption des approvisionnements des corsaires. Les Fermes prétendaient que l'exemption ne s'appliquait qu'aux droits des denrées du cru du lieu où se faisait l'armement et non à celles qu'on faisait venir d'une autre province. Le mémoire cite le cas de vins de Bordeaux, embarqués à Nantes sur un corsaire pour sa consommation, après avoir été transportés par acquit à caution, auxquels la Compagnie prétendait faire payer les droits de sortie de Blaye.

En 1747, un sieur Berouette, négociant et ancien juge consul à Nantes, ayant acheté des marchandises *non prohibées*, les fit exporter en Amérique.

La ferme lui réclama alors certains droits, dits de *domaines*, prétendant que l'A. du C. du 7 août 1744, permettant d'expédier à l'étranger les marchandises de prise, non prohibées, sans payer de droits, ne visait que les droits d'entrée du royaume, et non les droits, de sortie, aides et domaines.

Le sieur Berouette fit alors paraître un mémoire (1) où il cherchait à prouver le mal-fondé des prétentions de la ferme, mais la mention suivante, écrite à la fin de ce document — « jugé en faveur du 'fermier » permet d'affirmer qu'il n'obtint pas gain de cause.

Deux autres mémoires, l'un du 10 février 1756, l'autre de 1757 reproduisent à peu près les mêmes doléances. Le second, avant d'entrer dans le détail des revendications des armateurs, s'exprime en ces termes. « On prend la liberté de représenter qu'il n'est pas toujours possible de tout concilier et qu'il y a quelquefois des dangers à vouloir le faire.

(1) Archives de la Chambre de commerce. Corsaires, 689.

Qu'il est évident que dans la conjoncture présente, c'est la course qu'il s'agit de favoriser principalement, qu'ainsi quand l'intérêt des manufactures s'y trouve-roit lézé, ce seroit un sacrifice à faire à la nécessité, que c'est ce que font en pareil cas les nations voisines, quoique ayant moins de raisons d'encourager la course, plus protégée par des forces de guerre, quoiqu'elles soyent extrêmement attentives à leurs manufactures, et qu'en traitant ainsi qu'elles le font les marchandises de prises comme nationales, elles se privent de droits exorbitants, perçus à l'ordinaire sur les marchandises de France, principalement; qu'il s'en faut beaucoup que la concurrence momentanée du produit des prises qui se trouvera être des manufactures étrangères avec les marchandises de France, ne cause à nos manufactures autant de préjudice qu'il en résulte de privilèges qui sont accordés pour des raisons de politique à diverses compagnies ; qu'au reste, ce n'est pas seulement pour faire honneur à l'industrie française que l'on cherche à les soutenir, mais pour donner de l'emploi au sujet de Sa Majesté et surtout pour attirer l'argent des étrangers dans le royaume, et que ce but est également rempli par l'emploi de beaucoup de monde dans les Corsaires et les travaux qu'occasionnent les armements, et par l'envoi à l'étranger des marchandises de prise, outre que les manufactures ont besoin de matières premières dont plusieurs ne peuvent se procurer actuellement que par le moyen de la course ; que les droits de ferme n'en

seroient pas moins sûrs quand les délais pour le transport des marchandises en exemption de droits seroient
plus longs ; quand il y aurait moins de gêne, dont quelques-unes sont purement gratuites et superflues, que
même l'intérêt des fermiers bien entendu demanderoit
que la course fut facilitée, parce que la diminution
même des droits leur seroit retirée beaucoup plus par
la grande introduction qui se feroit des marchandises,
laquelle cessera avec la course.

Enfin, que les abus qui peuvent naître des exemptions
ne sauroient entrer en comparaison avec les inconvénients des restrictions mises à ces mêmes exemptions
et des gênes qui y ont été jointes.

En effet, comment présumer que l'on fasse les frais
immenses des armemens en course, que l'on risque
dans un navire quelquefois jusqu'à cent mille livres,
car ce navire peut être pris en sortant, (1) et ce dans
l'espoir de frauder pour mille écus tout au plus de
droits, fraude, au surplus, si difficile à pratiquer, tant
par les précautions contenues dans les règlemens et la
surveillance des préposés des fermes, que par la multitude de gens de toutes espèces dont sont composés les
équipages de corsaires, qu'il est si aisé de faire parler ».

Citons enfin, toujours à propos de contestations sur
les marchandises de prise, l'affaire suivante :

(1) L'auteur du mémoire avait sans doute en vue le corsaire *Ménil
Montant*, parti de Nantes le 27 août 1756, et pris trois jours plus
tard, après une héroïque défense, par deux vaisseaux de guerre anglais
(Archives de la ch. de commerce).

Le corsaire *Guerrier*, ayant conduit en Portugal un navire anglais chargé de morue, fit passer ce chargement en France, sur un navire portugais, pour éviter les risques qu'il y avait à l'envoyer sous pavillon français, et l'expédia à Nantes, le 24 février 1762, muni d'un certificat du consul général de France à Lisbonne.

La compagnie des fermes refusa de considérer le chargement comme marchandise de prise, et prétendit lui faire payer les droits des marchandises étrangères. Les juges consuls de Nantes prirent fait et cause pour l'armateur du corsaire et adressèrent, le 20 avril 1762, au duc de Choiseul, et au contrôleur général des finances, un mémoire (1) combattant les prétentions de la compagnie. Ce mémoire étant resté sans réponse, ils en envoyèrent, le 1er mai 1762, un second (2) « tendant à obtenir du conseil de Sa Majesté, les conclusions du mémoire concernant les marchandises de prise, remis le 20 avril 1762 » Cette seconde réclamation ne paraît avoir été mieux accueillie que la première ; le dossier qui les renferme ne contenant rien qui permette d'affirmer qu'il y fut donné suite.

Pendant la période révolutionnaire, les nécessités du moment obligèrent à traiter les prises avec plus de faveur. La compagnie des fermes et les compagnies privilégiées n'existaient plus et les tarifs de 1664 et 1667 avaient été remplacés par celui de 1791 et par la loi sur

(1) Archives de la ch. de commerce de Nantes, corsaires, 689.
(2) *Id.*

les douanes du 19 février 1793. L'état. percevant directement ses droits par ses agents directs. se montrait en
général moins rapace et plus accomodant que les
fermes.

Nous donnons, en terminant cette section, le total des
ventes de prises faites pendant trois ans seulement par
les corsaires nantais. Ces chiffres parleront en faveur
de la course et feront valoir ses services plus éloquem-
ment que nous ne saurions le faire.

« État général du montant des prises vendues par le
juge de paix du sixième arrondissement de la commune
de Nantes. des années V, VI et VII de la république
française.

Récapitulation.

Noms des armateurs :

Cossin......................	8,522,646,	7	10
Dessaulx....................	6,344,268,	11	11
Coiron......................	932,185.		
Richer......................	2,662,463,	4	8
Courtois....................	665,466,	9	4
Renou......................	45,962.	11	1
Bertrand....................	286.498,	16	2
Kervegand..................	187,538,	13	
Levesque...................	20,143,	8	9
Savary.....................	3,354,327,	4	9
Schweighauser..............	332,564,	9	8
D'Haveloose................	68,922,	18	
De la Ville.................	543,764,		5

Vannunen...................	845,000,		
Cassy..........................	5,850,		
Tessier.......................	218,094,	14	3
	l.	s.	d.
Totaux..............	25,035,693.	9	10

Certifié véritable, sauf erreur ou obmission.

Délivré au citoyen Mary, contrôleur de la Marine à Nantes, signature illisible » (1).

SECTION DEUXIÈME

Attribution et Liquidation des prises.

Le montant de la vente des prises ou des billets de rançon ayant été encaissé par l'armateur, il restait à le répartir entre les divers intéressés, après en avoir défalqué les frais qui le diminuaient. C'était ce qu'on appelait la *liquidation*, opération rendue très compliquée par le grand nombre des copartageants, la diversité de leurs intérêts, et par ce fait que les frais supportés par les uns ne l'étaient pas par les autres.

Examinons d'abord quels étaient les divers intéressés et la part revenant à chacun d'eux — *amiral* — *Caisse des Invalides* — *capteurs.*

L'amiral eut de tout temps une part dans les prises des corsaires, et, d'après les anciens auteurs, l'origine

(1) Archives de la Marine à Nantes, corsaires, an VIII.

de ce droit ainsi que l'époque du début de sa perception
sont inconnues.

La part de l'amiral dans la prise était du dixième.
Ordonnances de 1400—1543—1584—1581. Il suppor-
tait seulement les frais déchargement et de garde des
marchandises et du vaisseau et non ceux d'armement
et de relâche, de vente de marchandises et de justice.
Il était également exempt de la retenue de la caisse des
Invalides.—Ordonnance de 1681.

Il avait le droit d'exiger de l'armateur une caution
pour sureté de son dixième, et prélevait sa part avant
tous les autres intéresés. Il avait de plus privilège sur
les deniers et effets mobiliers de l'armateur, et hypothèque sur ses immeubles à compter du jour de l'enregistrement de la commission, en vertu de l'édit d'août
1669 emportant privilège pour les droits royaux sur les
deniers comptants et sur le produit des meubles et
effets de ceux qui en étaient redevables, ainsi que
l'hypothèque sur les immeubles de comptables, du jour
de leurs provisions ou du commencement de leur régie
ou exercice. C'est que la charge d'amiral était considérée
comme un office de la couronne, et les droits attachés à
cette charge comme des droits royaux, comme tels
imprescriptibles. L'amiral n'avait pas le droit d'y renoncer ou d'y porter atteinte parce qu'ils n'étaient pas attachés à sa personne, mais à sa charge, dont il n'était
qu'usufruitier.

Sa situation était donc, on le voit, particulièrement

avantageuse puisqu'il participait à tous les bénéfices des corsaires sans supporter leurs risques.

La charge d'amiral, sinécure grassement rétribuée, pesait lourdement sur les armateurs en course, qui pendant longtemps demandèrent vainement l'abolition du dixième.

Nous avons vu qu'à l'origine, le partage des prises avait lieu soit en argent soit en nature, et que cet usage, confirmé en dernier lieu par une Instruction de 1672, tomba en désuétude vers la fin du xviie siècle, sans avoir été formellement abrogé.

Depuis lors, le dixième de l'amiral lui fut toujours remis en espèces.

En 1715, dit Valin « les armateurs de Nantes firent naître une difficulté au sujet du droit de commission qu'ils payaient à leurs correspondants, qui, chargés de leur pouvoir, vacquoient à l'armement ou au radoub des navires armés en course de même qu'à la vente et au compte des produits des prises. Ils prétendaient que ces frais de commission devoient être prélevés sur les prises et que c'étoit ainsi qu'il falloit interpréter l'article xxxii et le précédant.

La contestation portée deux fois au parlement de Rennes, par un premier arrêt du 16 mars 1715, leur prétention fut rejetée, et par un second du 6 mai suivant elle fut autorisée. Cette contrariété d'arrêts engagea le roi à rendre une déclaration, le 12 août de la même par laquelle Sa Majesté cassait et annulait le dernier arrêt du 6 mai et décidait que sur les deniers provenant de prises, il ne serait pris avant le dixième que la somme à laquelle se trouveroient monter les frais du déchargement, de la garde du vaisseau et des marchandises, après lesquelles distractions le dixième serait immédiatement levé sur le restant, sans pouvoir être chargé d'aucune autre distraction ni dépense sous quelque prétexte que ce put être » (1).

Au cours de la guerre de la succession d'Autriche, parut l'édit de 1743 qui décidait qu'à l'avenir la part de l'amiral ne serait perçue que sur le bénéfice net revenant à l'armement, c'est-à-dire aux capteurs, et ajoutait, pour prévenir toute contestation, qu'avant le partage, il devait être prélevé, non seulement les frais de déchargement et de garde des vaisseaux et marchandises, mais encore les frais de justice et généralement toutes les dépenses de l'armement. Il y était ajouté que l'amiral ne serait jamais tenu de contribuer aux dépenses d'armement, lorsque le produit des prises ne se trouvait pas suffisant pour les couvrir.

Quelque temps après la mise en vigueur de l'Edit de 1743, un certain nombre d'armateurs adressèrent un mémoire à l'amiral, demandant qu'il leur fut tenu compte du droit de commission, des frais de relâches, et d'assurance, comme rentrant dans les dépenses de l'armement.

(1) VALIN. Nouveau commentaire sur l'ordonnance de 1681, t. II, p. 360.

L'amiral consentit à supporter les frais de relâche, ainsi que le droit de commission à l'armement, mais refusa pour le droit de commission au désarmement, en donnant pour raison qu'il avait dans chaque port un receveur chargé de le représenter aux ventes et à toutes les opérations relatives à la liquidation des prises, auquel il attribuait des droits qui diminuaient d'autant son dixième.

Il refusa également de participer aux frais d'assurance en faisant justement observer que cette dépense n'était pas une conséquence nécessaire des frais d'armement, mais une simple précaution prise par les armateurs pour éviter le risque de la perte ou de la prise de leur vaisseau.

La Déclaration du 5 mars 1748 suspendit le dixième de l'amiral jusqu'à la fin des hostilités avec l'Angleterre, et au commencement de la guerre de Sept Ans, la Déclaration du 15 mai 1756 en décida de même pour toute la durée de la guerre.

Enfin, en présence des plaintes réitérées des armateurs, on se décida pour encourager la course, devenue par trop aléatoire, à supprimer complètement le dixième,. A cet effet, parut l'édit de septembre 1758, portant suppression à perpétuité du dixième de l'amiral, et lui attribuant une rente de 150 000 livres, comme compensation.

Après l'amiral, venait au partage la *Caisse des Invalides de la Marine*. Cette charge avait été imposée à la course par l'Edit de 1703, confirmé par deux autres de 1709 et 1713. Le prélèvement était de six deniers pour livre, qu'il ne faut pas confondre avec un autre de même valeur, retenu sur les gages de l'équipage.

L'édit de 1720 portait que la caisse des Invalides ne devait supporter que les frais faits pour la conservation et la vente des marchandises et venait au partage immédiatement après l'amiral. L'arrêt du 30 août 1745 décida que la Caisse des Invalides devait supporter à l'avenir la déduction des frais de justice, d'armement et de désarmement, et que, par suite, les six deniers pour livres, de même que le dixième de l'amiral, ne seraient plus perçus que sur le produit net et liquide des prises.

Il n'en était pas de même lorsqu'il s'agissait du produit d'une prise faite par un navire armé en guerre et marchandises. Il devait supporter le prélèvement des Invalides, sans aucune déduction des dépenses énoncées dans l'art. 58 de la Déclaration de 1778.

L'arrêt du 30 août 1745 portait de plus qu'à l'avenir le prélèvement des Invalides serait pris avant celui de l'amiral.

Les armateurs protestèrent souvent, mais toujours en vain, contre l'assujettissement de leurs deux tiers dans les prises au prélèvement des Invalides.

Un mémoire de 1748 (1) demande, entre autres choses, « de décharger des six deniers pour livre la part de l'arma-

(1) Archives de la Chambre de Commerce de Nantes. Corsaires, 688

teur et de ne les livrer que sur la part de l'équipage qui seul jouit des avantages des Invalides ».

Une lettre des juges et consuls de Nantes (1748) aux armateurs de Bayonne (1) contient le passage suivant. « Il ne seroit pas moins intéressant qu'on put parvenir à faire supprimer les six deniers pour livre sur les deux tiers du montant des prises revenant aux armateurs.On ne court aucun risque de faire sentir la justice de cette demande, mais il seroit bon qu'elle fut appuyée par tous les députés des villes de commerce. »

Un mémoire sur les armements en course (2) du 10 février 1757, contient le passage suivant. « L'équité réclama l'exemption des six deniers pour livre dus aux Invalides pour la part qui revient aux armateurs. Cette part n'y doit pas être plus assujettie que la cargaison d'un navire. L'imposition ne doit être levée que sur les équipages qui profitent seuls du produit.»

Venaient ensuite les *capteurs*. Nous réunissons sous cette même désignation l'*Armement* et l'*Equipage* du corsaire, la majorité de leurs intérêts étant communs,— par tous cependant, comme nous allons le voir.

Lorsqu'il s'agissait de partager des prises faites par les vaisseaux du roi, l'opération était simple, car il suffisait de prélever sur le produit de chaque prise les frais de décharge, de magasinage et de justice, ainsi que les droits des Fermes, lorsqu'ils n'étaient pas mis à la

---

(1) Archives de la Chambre de Commerce de Oantes, corsaires, 688.
(2)   —   id.   ⹀   689

charge des acquéreurs. On prélevait ensuite le droit des Invalides, et en procédait au partage entre le roi et l'équipage.

Le partage des prises faites par les corsaires était rendu beaucoup plus compliqué par ce fait qu'il fallait prendre en considération des intérêts dont on n'avait pas à tenir compte dans les règlements des parts des prises faites par les vaisseaux de l'Etat.

L'armateur et les équipages avaient à supporter ensemble les frais de déchargement et autres concernant la garde et les droits sur les marchandises, ainsi que les frais de justice. Ces derniers comprenaient les droits des juges et des procureurs d'amirauté, ainsi que des greffiers pour toutes les opérations d'armement, de liquidation et de partage des prises où leur ministère était obligatoire. Avant la mise en vigueur du tarif de 1770, les frais de justice variaient d'une amirauté à l'autre, trop souvent au gré des officiers intéressés, les instructions envoyées par l'amiral à ce sujet étant presque toujours inobservées.

Il y avait, en plus de ces frais communs, beaucoup d'autres auxquels l'équipage ne contribuait pas.

D'abord les frais d'armement du corsaire, appelés aussi frais de *mise hors*, comprenant l'achat du vaisseau — armes et munitions — approvisionnements, etc.

Les frais de relâche — dépenses faites par le corsaire dans les ports où il entrait, soit pour s'approvisionner, réparer des avaries, ou conduire des prises.

Les dépenses faites par le désarmement et la vente du corsaire.

Les différents *frais de commission*, c'est-à-dire la rémunération de l'armateur, considéré comme gérant de l'entreprise, dans lesquels on comprenait — la commission d'armement et de relâche — celle pour le recouvrement du produit de la prise. Cependant on discutait si cette dernière commission devait être supportée ou non par l'équipage. Valin, partisan de la négative, soutenait que le tiers de l'équipage ne devait « souffrir aucune diminution à l'occasion de la commission prétendue de l'armateur pour le recouvrement du produit de la prise. La raison est que l'équipage ne supporte aucuns frais d'armement ni de désarmement ni de relâche, et qu'il ne doit entrer que dans ceux de décharge et de justice, en un mot que dans les dépenses qui diminuent nécessairement le produit de la prise. Or, la commission au recouvrement du prix de la vente de la prise, est un objet étranger aux frais qu'elle exige, le tiers en doit donc revenir à l'équipage franc et quitte de toute commission, et cela est d'autant plus naturel que les deniers de la vente doivent être regardés comme déposés au greffe, au moins pour le tiers qui en appartient à l'équipage, à l'effet qu'il puisse toucher ce tiers par les soins du procureur du roi, chargé par état de soutenir ses droits, et qui le représente dans toutes les opérations des prises. En un mot, si l'armateur reçoit le tout, c'est à la charge de lui en rendre le tiers comme

le tenant en dépôt ; et ce tiers, il doit le restituer sans
retenue d'aucun droit de commission, parcequ'il ne
convient pas qu'il gagne sur lui. Je ne crois pas même
qu'il y ait d'exception à faire pour le cas où l'armateur
auroit payé la commission entière à un commissionnaire,
quoiqu'il puisse dire alors qu'il ne s'agit pas de le faire
gagner, mais de l'exempter de perdre : la raison de décider en est la même. Si faisant personnellement la recette,
il n'a pas de commission à prétendre, il s'en suit qu'il
en doit garantir l'équipage s'il l'a fait faire par un tiers ;
j'avoue néanmoins qu'il y a des personnes qui inclinent
à allouer la commission à l'armateur contre l'équipage » (1).

Pendant la guerre de Sept Ans, les armateurs en
course avaient peine à trouver des capitaines et étaient
contraints pour s'assurer leurs services, de leur promettre jusqu'à 2 1/2 0/0 sur le total des prises, en plus
de leur part légale, ainsi qu'une indemnité en cas de
capture.

On s'était demandé si cette charge supplémentaire
devait être supportée par tous les intéressés au partage
ou si elle incombait à l'armateur seul. Valin estimait
que la Caisse des Invalides devait en tenir compte à
l'armateur et s'exprimait ainsi. « Quant aux Invalides,
je n'ai jamais douté qu'ils ne dussent souffrir cette
déduction sur la prise, vis-à-vis de l'armateur, de même

(1) VALIN. Nouveau commentaire sur l'ordonnance de 1681, t. II,
p. 373.

que. des autres déboursés par lui faits La raison est que les six deniers par livres ne leur sont plus dus, toujours en égard à l'armateur, que sur ce qui lui revient net de la prise, et ceci est certainement un objet qui diminue d'autant ses deux tiers dans la prise » (1).

Il émettait un avis contraire en ce qui concernait l'équipage « Il n'en est pas de même des gens de l'équipage, et je pense que cette convention qui a fait la condition de capitaine meilleure qu'elle ne doit être aux termes du Règlement de 1693, ne peut en aucune façon leur préjudicier; de manière que sans y avoir égard, chacun doit avoir sa portion dans la prise, conformément audit règlement, qui ne permet pas d'aggraver la condition des uns en faisant un meilleur sort aux autres. Que la convention soit valable, à la bonne heure; mais ce ne peut-être qu'entre l'armateur et le capitaine, c'est-à-dire, qu'elle n'aura d'effet que sur les deux tiers de l'armateur, sans aucune influence sur le tiers attribué à tout l'équipage » (2).

A défaut de conventions particulières entre l'armateur et l'équipage, le partage se faisait d'après la règle suivante. — Deux tiers à l'armement, un tiers à l'équipage. Ordonnance de 1681. Titre des prises, art. 33.

A l'origine, l'armateur n'eut qu'un huitième dans les prises. L'ordonnance de 1543, confirmée par celle de 1584

_____

(1) VALIN. Nouveau commentaire sur l'ordonnance de 1681, t. II, p. 372.

(2) VALIN. Nouveau commentaire sur l'ordonnance de 1681, t. I, p. 373.

lui donna un quart. A cette époque, les vivres était ordinairement fournis par un tiers, appelé *Avituailleur*, qui
recevait un quart et demi, ainsi que l'équipage.

L'ordonnance de 1681 consacre le nouveau mode de
partage, déjà adopté par le règlement du 5 octobre 1674,
et améliore sensiblement la situation de l'armateur.

Le règlement du 25 novembre 1693 supprime la
faculté accordée par l'Ordonnance de 1681 aux hommes
de l'équipage de stipuler une part déterminée dans les
prises, et décida que la part de chacun serait à proportion de son mérite et de son travail. L'équipage pouvait
bien, par un contrat collectif, stipuler, dans le partage
des prises, une part supérieure au tiers légal, à repartir
ensuite entre les intéressés d'après l'esprit de l'Ordonnance de 1693, le contrat individuel stipulant avantage
pour un membre de l'équipage au détriment des autres
demeurant seul interdit.

Le réglement du 25 novembre 1693 déterminait le
maximum des parts attribuables à chacun des hommes
de l'équipage — capitaine, douze parts — capitaine en
second, dix — premiers lieutenants, lieutenant écrivain
et premier maître, six parts — enseigne, chirurgien et
maître, quatre parts — capitaine de prise, pilote, contre-
maître, capitaine d'armes, maîtres canonnier, charpentier et calfat, second chirurgien, quartier-maître, volontaires, etc....., deux parts. Le maximum de parts que
pouvait toucher chaque matelot n'était pas fixé et le
réglement de 1693 s'exprimant en ce qui les concerne dans

les termes suivants « les matelots (toucheront) à proportion de leur travail et de leur capacité », il faut en
conclure qu'un matelot pouvait recevoir le nombre de
parts le plus élevé, c'est-à-dire, douze. Les mousses
touchaient une demi part ou un quart, suivant leurs capa-
cités.

La déclaration du 24 juin 1778 reproduisait à peu près
les dispositions du règlement de 1693 en ce qui concernait le maximum de parts attribuables à chacun et
renouvelait l'interdiction de stipuler une part déterminée dans les prises.

Le règlement de 1693 et la déclaration de 1778, ne
font, dans la taxation des parts, aucune mention de
l'aumônier, nous en concluons qu'il n'entrait pas dans
le partage des prises, étant semble-t-il, considéré, par
sa mission même, comme détaché des biens de ce
monde.

Dans les huit jours de l'arrivée du corsaire, le capitaine et six des officiers-majors devaient s'assembler en
conseil, pour procéder, après serment par devant les
officiers de l'amirauté, à la répartition des parts à attribuer à chacun. Le nombre de parts attribué à chaque
gradé ne pouvait être diminué qu'à la pluralité de deux
voix, mais une seule suffisait pour déterminer le plus
ou le moins attribué aux volontaires, matelots, soldats,
novices et mousses, et en cas de partage d'avis à l'égard
de ces derniers, la voix du capitaine était prépondé-
rante. L'écrivain n'avait droit de vote que pour rem-

placer l'officier-major dont on fixait la part, et qui était
alors tenu de se retirer. Règlement du 25 novembre
1693 et Déclaration du 24 juin 1778.

A la suite de plaintes formulées par certains intéressés
se prétendant lésés par les règlements de parts, un A.
du C. du 15 décembre 1782 décida que ce règlement se
ferait, dès l'arrivée du corsaire, dans la chambre du
conseil de l'amirauté, par le capitaine et sept officiers en
présence du lieutenant général, du procureur du roi et
du commissaire aux classes, chargés de veiller à ce
qu'il fut fait avec impartialité, et à ce qu'il ne fut prononcée
aucune diminution ou privation de parts sans
motifs légitimes. Le règlement, outre les signatures des
officiers majors, devait porter celles du lieutenant général,
du procureur du roi et du commissaire aux classes.

Avant cet arrêt du 15 décembre 1782, le règlement des
parts avait lieu à bord du corsaire, et dès qu'il était
arrêté, le capitaine et les officiers majors, accompagnés
de l'écrivain, devaient le présenter au greffe de l'amirauté
où il en était fait lecture devant les officiers du
siège. Après avoir déclaré n'y vouloir rien changer, ils
affirmaient avoir procédé au partage en leur âme et
conscience. Procès-verbal était ensuite dressé de leur
déclaration et du dépôt du règlement.

« Aujourd'hui, 11 floréal, an VI de la République
française, une et indivisible, nous, capitaine et officiers
majors du corsaire la *Julie*, de Nantes, armateur Cossin,
nous nous sommes rassemblés conformément à la loi

du 24 juin 1778, article 32, à l'effet de travailler à la répartition des parts de prises revenant à chacun de l'équipage dudit corsaire, en raison de leur mérite et capacité pendant la croisière commencée en nivose de la présente année et finie en germinal suivant, et après avoir prêté le serment exigé par le même article de ladite loi, par devant le capitaine Lagoner, vice-consul, chargé des affaires du consulat de la République Française en Galice, de procéder fidèlement et dans nos âmes et consciences au règlement et répartition des parts, nous avons procédé à ladite répartition, en observant les lois y relatives et déterminé la part de chacun comme suit ».

Venait ensuite une liste des parts obtenues par chaque homme de l'équipage accompagnée des observations suivantes « Collet, deuxième lieutenant, huit parts au lieu de six, pour s'être montré et ayant développé beaucoup de courage en amarinant une prise dans un coup de vent.

Faulcon, timonier, réduit à une part, pour cause de vue faible, voyant peu, ne montant jamais en haut du mât, et ne sachant pas gouverner.

J. le Roy, matelot, réduit à trois quarts de part pour cause de surdité et d'incapacité.

Total 211 parts 1/2 » (1).

Le capitaine qui négligeait de réunir ses officiers dans

_____

(1) Archives de la Marine, à Nantes. Corsaires, an VI.

le délai prescrit était puni d'une amende de cent livres par jour de retard et d'une amende de vingt livres lorsqu'il ne déposait par le règlement de parts dans les trois jours de sa confection, le montant de ces amendes était partagé entre les matelots auxquels il n'avait pas été attribué plus d'une part.

Les équipages recevaient, en plus de leurs parts, certaines sommes provenant de gratifications de diverses sortes.

L'ordonnance du 5 décembre 1672 accordait aux équipages des corsaires, une prime de 500 livres par chaque canon trouvé sur les navires capturés, lorsque les prises étaient des vaisseaux de guerre ou des corsaires.

La Déclaration du 5 mars 1748 porte que la prime pour chaque canon pris serait accordée quelque fut la nature du vaisseau capturé, mais en proportionnant le montant au calibre des pièces — 100 livres pour les canons de 4 à 12 livres de balle — 150 livres pour les canons de 12 livres et au dessus. Elle accordait aussi une gratification de trente livres par tête de prisonnier, et lorsqu'il y avait combat, pareille somme pour chaque homme étant à bord du navire pris, au commencement du combat.

La Déclaration du 15 mai 1756 modifie le tarif des gratifications ainsi qu'il suit, — 150 livres pour chaque canon de 4 à 12 livres, pris sur un corsaire et 220 livres pour chaque canon de même calibre, sur un vaisseau de guerre — 225 livres pour chaque canon de 12 livres et au dessus, sur corsaire, et 300 livres pour chaque canon de pareil calibre pris sur un vaisseau de guerre — 40 livres par tête de prisonnier fait sur les corsaires, et 50 livres pour ceux des vaisseaux de guerre. Ces primes étaient augmentées d'un quart lorsqu'il s'agissait de prisonniers faits sur des vaisseaux de guerre ou des corsaires pris à l'abordage.

La Déclaraion de 1778 réduisait la prime accordée par canon pris sur les corsaires ennemis à cent livres pour les canon de 4 à 12, et à cent cinquante livres pour ceux de 12 et au dessus, mais maintenait les autres récompenses attribuées par la Déclaration du 15 mai 1756. Le nombre et le calibre des canons étaient constatés par le procès-verbal d'invention de la prise, et celui des prisonniers était établi par un certificat des officiers du port.

Les gratifications énumérées ci-dessus appartenaient en entier aux capitaines, officiers et équipages des corsaires, dans la proportion des parts attribuées à chacun. L'armateur les touchait et en faisait la distribution, sans pouvoir retenir des frais de commission pour le montant des avances données par lui à l'équipage. Déclaration de 1778.

Les capitaines de corsaire, avaient droit à l'origine, en plus de leurs parts, au coffre du capitaine pris, avec tout son contenu, de même que chaque homme de l'équipage s'emparait des dépouilles d'un prisonnier du même grade que lui.

Lorsque parut le règlement de 1693, cette pratique sau-

vage n'existait plus quant aux hommes de l'équipage,
mais le capitaine preneur avait conservé le droit de
s'emparer de toute la propriété personnelle du capitaine
capturé. Ce règlement décida qu'il ne pourrait. à l'avenir, garder le coffre du capitaine pris que si sa valeur ne
dépassait pas 500 écus, le surplus devant être joint à la
masse à partager.

La Déclaration de 1778 supprima complètement le privilège du capitaine preneur sur le coffre du capitaine de la
prise, mais lui permit de stipuler avec l'armateur un
préciput conventionnel, comme compensation. dérogeant
ainsi au Règlement de 1693. qui interdisait de stipuler
une part déterminée dans les prises. Ce préciput. dont le
montant était débattu de gré à gré, fut fixée par une
lettre du ministre de la marine de 1781, à un maximum
de 2 °/₀ de la valeur des prises.

En outre des parts de prises et des gratifications, des
secours en argent pouvaient être accordés, sur la masse
à partager, aux matelots estropiés, et aux veuves et
héritiers de ceux qui avaient été tués pendant la croisière.
Ce secours pouvait s'élever au double du montant de la
part revenant à l'intéressé ou à ses héritiers. Règlement
du 25 novembre 1693. La Déclaration de 1778 reproduit
cette disposition, avec cette différence que l'allocation
cessait d'être facultative pour devenir de rigueur.
D'autre part, l'Etat pouvait, en plus, entretenir les corsaires estropiés en demi solde, et servir une pension aux
veuves et héritiers des morts.

Les officiers majors qui s'étaient distingués pendant la croisière pouvaient obtenir des dispenses d'une ou deux campagnes sur les vaisseaux du roi, et même des emplois d'enseigne ou de lieutenant dans la marine royale. — Déclarations de 1756 et de 1778.

L'armateur, en distribuant à chacun ses parts de prise, retenait, de droit, le montant des gages ou avances convenus au moment de l'engagement et payables, comme nous l'avons vu, partie avant le départ du corsaire, partie après la terminaison de la course. C'était une innovation de la Déclaration de 1778 : auparavant, les gages des matelots engagés pour la course n'étaient pas imputables sur les parts de prise, à moins de stipulation contraire faite par écrit.

La distribution des parts devait avoir lieu 15 jours après la livraison des marchandises de prise, et en cas de retard des armateurs, les officiers d'amirauté pouvaient adjuger par provision, aux matelots, une part égale à leurs avances.

Les parts des déserteurs devaient être remises au bureau des classes « pour en être ensuite disposé selon de Sa Majesté », disait l'ordonnance du 25 Mars 1745. La Déclaration de 1747 attribuait ces parts aux Invalides.

Les armateurs se plaignaient vivement de cette obligation, et un mémoire sur les armements en course s'exprime ainsi. « Rien, sans doute, ne décourage tant de ces entreprises que le dépôt de la solde des déserteurs au bureaudes classes, ordonné par la déclaration de 1747, parce qu'en effet, rien n'est plus décourageant que de payer ce qu'on ne doit pas. Cette déclaration, évidemment surprise, répugne également à l'essence de la chose et à la loi. Le contrat qui se fait entre l'armateur et l'homme qui s'embarque oblige réciproquement les parties à des dédommagements respectifs si elles ne remplissent pas les conditions du marché. La désertion cause souvent la perte du bâtiment, elle fait abandonner des prises, elle empêche d'entreprendre, elle fait tomber un armement en pure perte. La solde des déserteurs ne sera toujours qu'un faible dédommagement. » (1)

La Déclaration du 24 juin 1778 vint donner en partie satisfaction aux armateurs, en décidant que les salaires et parts des déserteurs appartiendraient moitié aux armateurs, moitié aux équipages.

Les parts de prises non réclamées après deux ans à dater de la liquidation générale étaient partagées entre la caisse des Invalides, qui prenait deux tiers, et l'amiral qui recevait l'autre tiers — Règlement du 2 juin 1747.

Il arrivait parfois qu'un corsaire, pressé d'argent, cédait pour une somme dérisoire, ses futures parts de prise. Dans l'intérêt des équipages, un A. du C., du 12 juin 1781, avait formellement interdit ces sortes de marchés.

L'obligation pour les armateurs de compter avec leurs

(1) Archives de la Chambre de Commerce. Corsaires, 689.

équipages pour la délivrance des parts de prise était une
gêne dont ils se plaignaient vivement, pour plusieurs
raisons. Un mémoire des juges consuls de Nantes, du
mois de juin 1748, résumant leurs doléances, demande
« de débarrasser entièrement l'armateur du paiement des
parts de prise et de la discution (sic) de cette quantité
d'arrêts de la part de leurs créanciers.

C'est en effet un des plus grands obstacles à la course.

Ces embarras sont si excessifs et si onéreux qu'ils
absorbent tout le tems de l'armateur, et jusqu'à présent,
à cause des longues opérations des amirautés, il s'est
trouvé exposé dans sa maison et dans les rues aux
insultes les plus atroces de la part des matelots qui
l'accusaient publiquement de retenir leur bien, pendant
qu'il étoit dans l'impuissance de les payer, ne pouvant
avoir la liquidation d'une prise qu'à la fin d'une année,
quelquefois plus.

La plupart des matelots avant l'embarquement et pendant les relâches, dépensent ce qui peut leur revenir
dans la campagne. Les arrêts s'élèvent de toutes parts
chez l'armateur, de la part de leurs hôtes et hôtesses,
et se multiplient à un tel point qu'il s'en trouve accablé
et même dans l'impossibilité d'y donner les attentions
nécessaires. Il n'arrive que trop souvent que plusieurs
de ces arrêts ne sont pas remis à l'armateur par négligence ou infidélité des huissiers, et que l'armateur,
après avoir payé de bonne foi au matelot ce qui lui
revient, se voit traduit de la part d'un créancier de ce

matelot au tribunal de l'amirauté pour se voir condamner à payer une seconde fois à cause d'un arrêt fait dont il n'a eu aucune connoissance, ou auquel la multiplicité ne lui aura pas permis de faire attention.

Pour remédier à ces obstacles si rebutants, nous croirions nécessaire, qu'avant la première sortie, il seroit nommé de la part de l'état-major du corsaire une personne à qui il seroit donné un honoraire convenable pour recevoir de l'armateur, après la course finie et les prises entièrement liquidées, le tiers revenant à l'équipage, pour lui être distribué suivant les rôles de parts arrêtés par ledit état-major, et que la quittance de ce procureur fut une décharge sure pour l'armateur » (1).

Un autre « mémoire sur les armements en course » du 10 février 1756 exprime de semblables désiderata.

Les deux tiers du produit des prises revenant à l'armement étaient partagés entre les intéressés d'après le nombre de leurs actions ou les conditions particulières de leur société. Ils avaient, en plus, une part également proportionnelle dans le produit de la vente du corsaire et de ses agrès, des armes, munitions et approvisionnements non consommés pendant la croisière.

L'article 33 de l'Ordonnance de 1681 attribuant deux tiers des prises à l'armement, et un tiers à l'équipage devait-il être appliqué seulement pour le partage des

(1) Archives de la Chambre de commerce de Nantes. Corsaires, 688.

prises faites par un navire sorti avec une commission
en guerre, c'est-à-dire, ne faisant que la course, ou visait-
il également le partage des prises faites par un navire
armé en guerre et marchandises, faisant à la fois la
course et le commerce?

La question fut longtemps controversée : les armateurs soutenaient que l'équipage d'un vaisseau armé en
guerre et marchandises n'avait droit qu'au dixième de
la prise, et ils avaient obtenu, le 6 février 1714, un arrêt
du Parlement leur donnant gain de cause.

Ils faisaient valoir que dans l'armement en guerre et
marchandises, l'armateur payait des gages à l'équipage,
ce qui n'avait pas lieu dans l'armement en guerre, et
que cet armement en guerre et marchandises, très dis-
pendieux pour eux, étant à l'avantage de l'équipage
dont il assurait la sécurité, il convenait que l'armateur
eut, en compensation des frais supplémentaires d'armement, la presque totalité des prises.

Ils ajoutaient qu'il était plus avantageux en général
au matelot de n'avoir que le dixième des prises en conservant leur gages en entier, que d'obtenir le tiers à la
charge de rapporter les mois de salaire.

Valin soutenait la thèse contraire et mettait en avant
les arguments suivants.

L'Ordonnance de 1681, ne faisait, dans l'article 33 des
prises, aucune distinction et s'exprimait en termes très
généraux.

L'armement en guerre et marchandises étant beaucoup moins cher que l'armement en guerre, il n'était pas rationnel d'attribuer à l'armateur des 9/10 des prises dans le premier cas, et 2/3 seulement dans le deuxième.

Il faisait aussi valoir le cas de prise du navire abandonné, dans lequel l'équipage avait un tiers, dans le tiers à partager entre l'armateur et l'équipage, en disant que si l'équipage avait un tiers dans un cas où il ne courait aucun risque, il était naturel qu'il obtînt aussi un tiers, dans un cas où il en courait beaucoup.

Il invoquait, en outre, l'opinion de Cleirac ; mais ce dernier n'avait en vue que les prises faites par un navire en se défendant, tandis qu'il arrivait souvent qu'un navire armé, en guerre et marchandises, attaquait le premier, lorsqu'il pouvait le faire avec toutes chances de succès. C'est Valin qui imagine, pour les besoins de sa cause, la distinction des prises faites en attaquant par un navire armé en guerre de celles faites en se défendant par un navire armé en guerre et marchandises.

Valin faisait enfin observer qu'attribuer les 9/10 aux armateurs dans les prises faites par des navires armés en guerre et marchandises était les encourager à ne plus armer en guerre, et porter, par suite, un coup funeste à la course.

Le roi sollicité, tant par les armateurs que par les équipages, de trancher la question par un texte précis, rendit, le 10 janvier 1759, un arrêt du Conseil, dans lequel il était dit que « par rapport aux prises faites par les

navires équipés en guerre et marchandises, son intention était, à cet égard, qu'il en fut usé comme par le
passé ». C'était refuser d'une façon détournée d'interpréter la loi, car si certaines amirautés, suivant l'exemple
de celle de la Rochelle, attribuaient le tiers des prises
à l'équipage, le plus grand nombre ne lui reconnaissait
dans le même cas, qu'un dixième.

La question ne fut résolue que par l'art. 28 de la
Déclaration de 1778, décidant que les équipages des bâtiments armés en guerre et marchandises n'auraient que
le cinquième des prises, sans déduction des mois de
gage payés pendant le cours du voyage.

Le partage entre capteurs pouvait se trouver compliqué par ce fait que plusieurs vaisseaux avaient effectué
la prise en commun.

Nous distinguerons le cas de prises faites par des
navires réunis par l'effet du hasard, de celui de prises
faites par des navires opérant de concert à la suite
d'une convention formelle ou tacite.

Lorsqu'il s'agissait d'une capture faite par deux ou
plusieurs navires réunis par hasard, on partait de ce
principe qu'il ne suffisait pas, pour pouvoir prétendre à
une part dans la prise, de s'être trouvé à la vue de
l'ennemi ou d'avoir marché au canon. Il fallait, ou avoir
combattu, ou avoir contribué effectivement à la capture
de la prise. Ordonnance de 1584 et règlement du 27
janvier 1706.

La solution était un peu différente selon que les capteurs étaient deux corsaires opérant ensemble ou un corsaire joint à un bâtiment de l'État.

Lorsque les capteurs étaient deux ou plusieurs corsaires, les prises étaient partagées entre eux d'après le calibre de leurs canons, le nombre de leurs équipages et la force du bâtiment. Chaque pied de quille était compté pour une part. Les canons étaient divisés par trois livres de balle, et on comptait chaque nombre de trois livres de balle pour une part, de sorte qu'un canon de six livres valait deux parts, et ainsi des autres calibres, chaque homme était compté pour une part, chaque mousse pour une demi. Les officiers n'étaient comptés que comme hommes d'équipage. Ce n'était que dans le second partage effectué entre les intéressés de chaque corsaire qu'il était tenu compte des grades.

Dans le cas de prise faite par un corsaire et un navire de l'état réunis, on suivit les règles de partage fixées par le règlement du 27 janvier 1706, jusqu'à la Déclaration de 1748. Elle décidait que le partage aurait lieu sans avoir égard à la différence de calibres des canons, la force du bâtiment et le nombre de l'équipage. Cette mesure dont bénéficiaient déjà les armateurs de Dunkerque, devint alors générale. Elle fut confirmée par la Déclaration de 1756.

Le témoignage des prisonniers était, en cas de contestation, de toute importance, et passait, en raison de son impartialité, avant celui des équipages des capteurs, trop directement intéressés à la question.

Le deuxième cas se présentait lorsqu'il y avait à partager une prise entre plusieurs corsaires, d'après les termes d'un contrat de société intervenu entre eux. Ce contrat devait, pour être valable, être fait par écrit, et contenir les conditions de l'accord intervenu entre les capitaines, signé d'eux ou des écrivains du bord.

Par exception, on admettait la validité d'une convention de partage faite sans écrit dans le cas suivant. Lorsque deux ou plusieurs corsaires poursuivant un navire ennemi en apercevaient d'autres, ils pouvaient alors, en se séparant pour les poursuivre, convenir par des signaux de s'admettre réciproquement au partage des prises qu'ils pourraient faire. Le corsaire qui se séparait des autres en faisant un signal de pavillon rouge auquel il était répondu par un signal semblable, était censé faire une convention acceptée par laquelle il se mettait d'accord avec les autres poursuivants pour s'admettre réciproquement au partage des différentes prises qu'ils feraient, en sorte qu'il était admis au partage du navire dont il abandonnait la poursuite, et s'obligeait, par contre, à partager le vaisseau dont il s'emparait. Un signal de pavillon blanc fait en réponse du signal de pavillon rouge indiquait refus d'entrer en société.

Lorsque plusieurs corsaires attaquaient ensemble une flotte de navires marchands, on admettait qu'il y avait dans ce cas, une sorte de société tacite, et on décidait que chaque corsaire ne pouvait garder les prises faites par lui, mais qu'elles devaient être considérées comme faites en commun, et par suite partagées entre les intéressés d'après le réglement du 27 janvier 1706.

En principe, il ne pouvait être fait de contrat de société entre un corsaire et un vaisseau de l'Etat, depuis l'arrêt du Conseil du 29 octobre 1695, qui avait déclaré nulle pour l'avenir, toute association verbale ou par écrit, faite sans permission expresse du roi. Par exception cependant, lorsque des corsaires attaquaient une flotte de navires marchands en même temps que les vaisseaux du roi, ou lorsqu'ils contribuaient effectivement à la capture de l'ennemi, on admettait qu'il y avait société tacite et par conséquent, droit de partage pour les corsaires. On ne prohibait donc, en fait, que les contrats de partage par écrit.

Nous faisons suivre le texte d'un « Mémoire pour le sieur Duchesne Battas, commandant la frégate le *Prince de Conty*, de Saint Malo, appelant et demandeur en partage de la prise le *Rotterdam*.

Contre le sieur Thomas, commandant la frégate la *Salaberie*, de Nantes, intimé.

Ces deux capitaines se trouvant à la Goyre, coste de Caracq, firent un traité, dont voici les termes : nous soussignés..... etc., sur la nouvelle qui nous a été donnée à la Goyre, qu'il y avait à 18 lieues deux traiteurs hollandois richement chargés, avont résolu, d'un commun consentement de faire route pour les aller enlever, ou autres en chemin faisant, et pendant le temps que nous serons ensemble, que les prises que nous pourrons faire l'un et l'autre, se partageront moitié par moitié.

Fait double, sans aucune contestation, à bord de la *Salaberie*, le 25 may 1706.

Signé Duchesne Battas — Jean Thomas.

Ils partirent le même jour 25 may et continuèrent leur route ensemble jusqu'au 27 dudit mois, alors estant à 10 lieues au ouest de la Goyre, ils aperçurent un desdits traitteurs hollandois, qui est le *Rotterdam* en question, ils luy donnèrent chasse conjointement jusqu'à minuit ; la prise, pressée par la chasse du sieur Duchesne, et profitant de l'obscurité de la nuit, revira et se cacha de luy sous l'ombre de la terre de Toucqua, mais en voulant éviter Duchesne, elle tomba dans le chemin de Thomas, qui suivoit à deux lieux derrière d'iceluy Duchesne.

Duchesne continuant sa chasse à toutes voilles dans le même aire de vent et ignorant que la prise avoit reviré, se trouva enfin si près de la terre de Toucqua, et en si grand danger de faire naufrage, qu'il fut obligé de revirer sur Thomas, sous le vent de luy, il luy montra des feux et lui tira du canon, sans que Thomas y ait voulu répondre, au contraire, assuré de la prise qu'il voyait enfermée dans le fond de la baie de Toucqua ou de Tristo, et ayant à son bord des pilotes de la Goyre, qui connoissaient bien les parages, il se déroba dans le moment de la vue de Duchesne, en serrant toutes ses

voiles, et en mouillant dans dix brasses d'eau après et sous
l'ombre de la terre, de telle manière que Duchesne et
la propre barque de Thomas, ayant employé cinq à six
jours à le chercher, il leur a été impossible de le retrou-
ver.

Thomas s'étant rendu maître de la prise dès le lendemain à la pointe du jour, 28 may, c'est-à-dire deux
heures après que Duchesne luy fit les signaux de feu et
de coups de canon, au lieu de mener la prise au large,
de la montrer à Duchesne et de l'amener en France, comme
ses officiers lui conseillaient et offraient de le faire, il se
tint caché avec ladite prise pendant six jours au fond de
la baie de Toucqua, en versa la cargaison dans la *Salaberie*, envoya quelques uns des Hollandoisde la prise à
la nage, descendit les autres dans des isles et côtes éloignées, supprima tous les papiers, brûla le vaisseau, disposa clandestinement de la cargaison, et, à son retour
en France, déclara par ses rapports, à Brest, le 28 février,
à Nantes, le 28 mars 1707, qu'il n'avoit sauvé de ladite
prise que quatre coffres de toille, mais se voyant poursuivi
en l'amirauté, et convaincu de toutes ses malversations
par les gens de son équipage, il déclara par un prétendu
rapport avoir sauvé toute la cargaison de la prise, mais
qu'il l'employa en présens à des puissances espagnoles,
que la bienséance et la reconnaissance l'empêchent de
nommer, et en rafraichissement pour ses gens. Ce sont
les propres termes de son dit rapport du 9 avril 1707.

Quoique le traité de société porte précisément que les

19 P

prises qu'ils pourroient faire l'un ou l'autre seroient partagées moitié par moitié, soit qu'elles fussent les deux
traiteurs hollandois, soit d'autres en chemin faisant,
Thomas prétend néanmoins se dispenser de donner
part à Duchesne de la prise en question, en supposant
qu'elle n'est pas celle qu'ils avoient chassé la veille, du
27 au 28 may 1706, que le traité n'a point esté suivy, et
que la chasse du suppliant n'a point contribué à la
prise.

Mais, pour luy fermer la bouche à cet égard, il n'y a
qu'à examiner 1° ses rapports faits en l'amirauté de
Nantes, le 27 et 28 mars 1707, page trois, recto et verso,
où il déclare que le 25 may 1706, Duchesne et luy firent
une société par écrit pour aller enlever deux traiteurs
Hollandois, qu'en exécution de ce traité ils partirent
ensemble le même jour, 25 may, que le 27. ils donnnè-
rent chasse conjointement à un desdits traiteurs
Hollandois, que la frégate de Duchesne étant meilleur
voillier, luy, Thomas la perdit de vue entre neuf et dix
heures du soir.

2° La déclaration de Lamandé, premier pilote de
Thomas, du 6 août 1707, qui dépose, page 4, que la
Salaberie et le *Prince de Conty* avoient donné conjoin-
tement chasse jusqu'à minuit à un des deux traiteurs
Hollandois ; qu'à cette heure le *Prince de Conty* qui
tenoit les devants, tira du canon au large et par le
travers du *Salaberie* et que dans le même instant la
Salaberie qui estoit entre le *Prince de Conty* et la terre

reserra ses voiles et mouilla dans dix brasses d'eau et que le lendemain, à la pointe du jour 28 may, ledit Thomas fit la prise du *Rotterdam* en question.

3° Paul Maublanc et Jean Bahuau, de l'équipage de Thomas déposent la même chose, page 6 de leur déclaration en ladite amirauté de Nantes.

4° Nicolas Bourie, Jean Carbais, Pierre Goupillon, Guillaume Quesnet et Pierre Lusto, tous de l'équipage de Thomas, déposent en ladite amirauté de Nantes, le 9 avril 1707, que le 21 may 1706, un habitant de la Goyre qui avait traité sur deux vaisseaux hollandois dans la baie de Toucqua, s'embarqua dans la *Salaberie* à dessein de le conduire pour prendre lesdits hollandois et que le 27 au 28 mois de may, ils firent échouer un desdits traiteurs hollandois dans le golfe de Tristo ou Toucqua. Clément Priat, aumônier, dépose la même chose en l'amirauté de Brest.

Peut-on, après cela, dire que Duchesne n'a pas suivy et exécuté le traité, ou que la prise en question ne soit un des traitteurs hollandois qui faisoit le premier objet de la société ; mais quand elle ne le seroit pas, n'est-elle pas une prise faite en chemin faisant et par conséquent, dans le cas de de la société, qui ne peut souffrir aucune équivoque, ainsi qu'il est expressément décidé par les art. 1 et 3 du règlement du mois de janvier 1706, qui porte que pour avoir part dans une prise, il suffit que l'on ait contribué à l'arrêter, ou que l'on ait contracté société avec celuy qui s'en est rendu maître, et que pour justifier la société, il suffit que l'on reporte l'acte écrit et signé des parties.

Indépendamment de l'acte de société qui seul est suffisant pour établir le droit de Duchesne, les rapports de Thomas et des gens de son équipage, justifient qu'il avoit donné chasse jusqu'à minuit ; que cette chasse a obligé la prise de revirer sur Thomas, que ladite prise est un des traiteurs hollandois, que l'interval de deux à trois heures qui s'est écoulé depuis deux heures du matin jusqu'à la pointe du jour 28 may, n'est pas un délai suffisant pour supposer une absence ou une discontinuation de chasse de la part de Duchesne, qui a couru risque de faire naufrage, et s'est détourné de son commerce pour accompagner Thomas, dans son entreprise.

En un mot, l'action de société dure trente (ans ?), ainsi nulle prescription, ny fin de non recevoir contre Duchesne ; il a agy de bonne foy, il n'a rien fait qui suppose une résiliation ou une rénonciation au traité de sa part, il n'a pas abandonné l'entreprise, il a fait valoir ses droits et a déclaré qu'il se pourvoiroit pour la moitié de la prise, tant par ses protestations faites par écrit à Thomas, le 17 aoust 1706, lors de leur rencontre à Bastimentos, que par celles contenues en son rapport du 17 mars 1707, jour de sa première arrivée à St-Malo. On ne peut donc luy objecter la moindre négligence. Thomas s'est caché de luy dans la vue de le frustrer et c'est pour cela qu'il n'a pas voulu répondre aux signaux de Duchesne, qu'il a soustrait les papiers de la prise, descendu les prisonniers dans des isles éloignées, brûlé le vaisseau et disposé clandestinement de la cargaison; il seroit donc injuste qu'il profitait de sa propre fraude au préjudice d'un traité de société, qui aux termes des susdits art. 1 et 3 du Règlement du mois de janvier 1706 n'est pas susceptible de la moindre contestation, ainsi il espère que sa Majesté ne luy refusera pas la moitié de la prise le *Rotterdam*, en question.

Présenté par Me Chanlon, conseiller en l'amirauté » (1).

Au mémoire ci-dessus, était joint un « avis de Maistres Chardon et Arrault, anciens avocats, sur le partage de la prise le *Rotterdam* », du 20 mai 1708, commentant et approuvant les conclusions du demandeur. Nous en donnons la reproduction.

20 may 1708.

Le soussigné, sur la question qui luy a esté proposée de sçavoir si Laurent Battas, sieur Duchesne, commandant la frégate le *prince de Conty*, de Saint-Malo, est bien fondé dans la demande qu'il a formée au conseil des prises contre le sieur Thomas, commandant la frégate la *Salabery* de Nantes, à ce que le dit sieur Thomas soit tenu de luy donner moitié dans la prise par lui faite du vaisseau le *Rotterdam*, le 28 may 1706, et ce, en exécution du traité fait entre eux le 25 dudit mois de may 1706, vu l'original dudit traité, un mémoire du fait telqu'il est exposé dans une requeste présentée au

(1) Archives de la Chambre de commerce de Nantes. Corsaires, 689.

Roy par ledit sieur Battas Duchesne, et autres pièces et procédures.

Est d'avis qu'on peut réduire la contestation à deux questions principales.

La première, si le vaisseau hollandois, le *Rotterdam*, pris par le sieur Thomas, commandant la *Salabery*, le 28 may 1706, dans la baye de Tristo ou Touqua, est précisément un de ces deux traiteurs Holandois que ledit sieur Thomas et le sieur Duchesne avoient résolu d'enlever, ou si c'en est un autre que ledit sieur Thomas ait pris en chemin faisant, c'est-à-dire, en cherchant ses deux traiteurs hollandois.

La seconde, si dans le temps que ledit sieur Thomas a fait cette prise, qui fut suivant son rapport et celuy des gens de son équipage, le 28 may 1706, à la pointe du jour dans la baye de Touqua ; le sieur Duchesne n'estoit plus en état de profiter de la société, ne l'ayant pas suivie, et ne s'estant pas trouvé à la prise quand elle fut faite par le sieur Thomas.

Sur la première question, le soussigné estime que la prise est l'un des deux vaisseaux Hollandois dont il est parlé dans la société et que le sieur Thomas et le sieur Duchesne estoient convenus d'enlever ; il se fonde sur les déclarations des gens de l'équipage du *Salabery*, entendus devant le lieutenant général de l'amirauté de Nantes en présence du procureur du Roy, portées par les procès-verbaux de ce juge, des 9 avril, 6, 18 et 26 aoust 1707.

Par les autres procès-verbaux, il paroist que Lamandé, pilote, et les nommés Paul Maublanc et Jean Bahuau, servans sur le *Salabery*, ont déclaré à peu près la même chose ; le sieur Thomas en convient luy-même par son rapport des 28 et 29 mars 1707, page 3, recto-verso dudit rapport ; en sorte qu'on peut assez évidemment conclure de ce qu'ils ont dit que la prise estoit en effet un des deux vaisseaux nommés traiteurs Hollandois, que lesdits sieurs Thomas et Duchesne poursuivoient ensemble, et qui fut rencontré par le sieur Thomas seul.

Au fond, cette discussion n'est pas absolument nécessaire, par une raison qui paroist sans réplique ; c'est que la société n'estoit pas seulement faite pour partager entre lesdits sieurs Thomas et Duchesne, ce qui proviendrait des prises qui pourroient estre par eux faites en chemin faisant, tellement qu'il n'y a qu'à voir si la prise du vaisseau le *Rotterdam* est dans ce cas, ce qui ne peut estre denié.

Il est donc constant sur cette première question que la prise de ce vaisseau, soit qu'il soit un des deux qui sont nommés dans la société, traiteurs hollandois, soit qu'il ait été pris par le sieur Thomas en chemin faisant, c'est-à-dire en le poursuivant, tombe dans le cas de la société, et par conséquent, que le sieur Thomas ne se peut pas dispenser d'en donner part au sieur Duchesne, à moins qu'il ne prouve que le sieur Duchesne n'ait pas suivy la société, et c'est ce qui donne lieu à la seconde question sur laquelle le soussigné estime qu'il n'est pas difficile de se déterminer.

Il paroist par ces mesmes procès-verbaux et par les autres pièces expliquées dans la requeste présentée au Roy par le sieur Duchesne, que la société est du 25 may. Les sieurs Duchesne et Thomas partirent ensemble pour aller chercher les deux vaisseaux hollandois qu'ils estoient convenus d'enlever pour en partager le profit : qu'en ayant rencontré un, ils luy donnèrent chasse jusqu'à la nuit, que le vaisseau du sieur Duchesne estant meilleur voilier que celuy du sieur Thomas, non seulement, il le devança mais il devança aussi le vaisseau qu'ils poursuivoient, et perdit de vue l'un et l'autre à cause de l'obscurité de la nuit, que le vaisseau poursuivy prenant avantage de ce qu'on le perdoit de vue, fit une fausse route, et entra dans le golfe de Tristo ou Touqua, où le sieur Thomas estant aussi entré de dessein, ou par hazard, y ayant esté porté par les courans, comme Lamandé l'a dit dans sa déclaration du 6 aoûst 1707. Il y apperçut ce vaisseau hollandois, qu'il prit sans combattre, l'ayant surpris en arborant pavillon hollandois, et dont il a disposé depuis, à l'insceu du sieur Duchesne.

Si ces circonstances alléguées par le sieur Duchesne dans sa requeste présentée au Roy sont véritables, comme il y a bien de la preuve, puisqu'elles résultent des déclarations données en justice par les gens de l'équipage du sieur Thomas, qui estant dans sa dépendance n'auroient pas osé déposer contre luy. Le soussigné ne voit pas comment le sieur Duchesne peut estre frustré de la moitié qu'il demande dans cette prise en

exécution de la convention faite entre luy et ledit sieur
(Thomas, par l'acte de société du 25 may 1706).

Le sieur Thomas n'allègue que deux moyens pour se
défendre.

Le premier, que le vaisseau qu'il a pris, nommé le
Rotterdam, n'est pas celuy auquel il a donné chasse
conjointement avec le sieur Duchesne le 27 may 1706,
et qu'il pretend avoir fait échouer la nuit du 27 au 28
may, dans le golfe de Touqua, puisque le *Rotterdam*
estoit entré dans ce golfe quatre jours auparavant.

La seconde, que la chasse donnée par le sieur Duchesne
n'a esté d'aucune utilité, qu'il n'a point combattu le
Rotterdam, qu'il ne luy a point coupé le chemin, qu'il
ne l'a pas intimidé, enfin qu'il n'a pas aperçu le sieur
Thomas, et qu'il n'estoit pas avec luy quand la prise a
esté faite.

Il paroist par les circonstances du fait tel qu'il est
expliquée dans ces procès-verbaux, qu'il y a de bonnes
réponses à ces deux moyens.

A l'égard du premier, on y a déjà répondu : quand il
serait vray que le *Rotterdam* pris par le sieur Thomas
dans la nuit du jour qu'ils donnoient chasse ensemble
à l'un des vaisseaux hollandois, pour la prise desquels
ils s'étoient associez, n'auroit pas esté l'un desdits
vaisseaux, il ne s'ensuivroit pas de la que le sieur
Duchesne dut estre exclu de participer à cette prise.

Au contraire, par les termes de la société, il y doit
nécessairement avoir part, puisqu'elle avoit esté faite

pour partager entre eux par moitié, non seulement les deux vaisseaux hollandois qu'ils devoient chercher et poursuivre ensemble, mais encore les autres qu'ils pourroient enlever en chemin faisant; et par conséquent que le sieur Duchesne y doit avoir part.

A l'égard du second moyen, le reproche que le sieur Thomas fait au sieur Duchesne paroist injuste. Le sieur Duchesne a autant contribué à la prise que le sieur Thomas. Ils ont donné chasse ensemble au vaisseau hollandois qu'ils ont découvert le 27 may 1706, avec cette différence que le sieur Duchesne l'a devancé dans cette poursuite. Cela estant.

Supposé que le *Rotterdam* pris par le sieur Thomas estoit le vaisseau qu'ils poursuivoient, comme il y a beaucoup d'apparence, il s'ensuit que le sieur Duchesne l'a intimidé, parce qu'il l'a joint de plus près, et qu'il l'a forcé de se jetter dans le golfe de Touqua où le sieur Thomas l'a pris : que si le sieur Duchesne ne l'a pas pris luy-même, ce n'est pas sa faute ; on ne luy en doit rien imputer, c'est qu'il l'a perdu de vue par l'obscurité de la nuit, et que le hazard a fait entrer le sieur Thomas dans le même golfe où le *Rotterdam* s'étoit retiré.

Au contraire, presupposé que le *Rotterdam* n'a point esté le vaisseau que lesdits sieurs Thomas et Duchesne ont poursuivy, c'est assez qu'il ait esté pris chemin faisant et dans un temps qu'ils donnoient la chasse ensemble au vaisseau qu'ils avoient découvert : les termes de la société le décident expressément ; ainsi cette

difficulté qu'on fait naistre sur la qualité du vaisseau est
une chose inutile.

Ce qui doit décider la question, c'est que les deux
vaisseaux, savoir celuy du sieur Thomas, et celuy du
sieur Duchesne, sont partis ensemble dans le mesme
dessein : le sieur Duchesne n'a point quitté le sieur
Thomas ; mais son vaisseau s'estant trouvé meilleur
voilier, il a suivy de plus près le vaisseau holandois
qu'ils vouloient enlever, la nuit seule les a separez,
mais la séparation n'a duré que deux ou trois heures :
le sieur Duchesne ayant apperçu le vaisseau du sieur
Thomas a fait des signaux auxquels le sieur Thomas n'a
point répondu, au contraire il a mouillé et plié ses voiles,
en sorte que le sieur Duchesne l'a perdu de vue une
seconde fois ; après quoy ledit sieur Thomas prenant
soin de l'éviter, il n'a pas esté possible au sieur Duchesne
de le rencontrer.

On ne peut donc pas accuser le sieur Duchesne de
n'avoir pas suivy la société, au contraire il a fait tout ce
qui étoit en son pouvoir mais il ne pouvoit pas empes-
cher que la nuit l'ayant séparé, le sieur Thomas mal
intentionné ne se prévalust de ce que ne pouvant pas
être découvert, il n'enlevast la prise, comme il fit le lendemain 28 may à la pointe du jour, et ne l'emmenant à
l'insçu dudit sieur Duchesne.

S'il s'étoit passé un temps considérable entre la séparation des deux vaisseaux desdits sieurs Thomas et
Duchesne, on pourroit accuser celuy-cy de négligence,

mais tout cela s'est fait en moins de 24 heures. Ils ont découvert le vaisseau le *Rotterdam* le 27, sur les trois heures après midy : Ils luy ont donné chasse jusqu'à minuit : le *Rotterdam* s'est sauvé dans le golfe de Touqua à la faveur de la nuit; et le lendemain à la pointe du jour il a esté pris par le sieur Thomas; il ne s'est pas trouvé dans si peu d'intervalle de temps un seul instant dans lequel on puisse accuser le sieur Duchesne d'avoir négligé de suivre la société, ainsi le sieur Thomas est sans excuse, et sa conduite marque le dessein qu'il a eu de profiter de l'occasion pour se rendre seul maître de la prise. C'est pourquoy le conseil estime qu'il y a lieu de le condamner.

Délibéré à Paris, le 23 may 1708.

Chardon.

Le conseil soussigné est d'avis que le jugement dont est appel, a eu pour fondement l'omission présupposée de la part de l'appelant, d'avoir fait son rapport lors de son arrivée en France, il paroist que ce motif cessa par la production que l'appelant fait de son rapport.

Au fond, on ne voit pas que le droit de l'appelant puisse estre raisonnablement contesté. Car, si les faits expliquez dans le mémoire sont prouvez, comme on l'expose, il en résulte deux vérités qui paroissent sans contredit.

L'une que le traité de société a esté suivi; puisque les associez ont effectivement cherché et poursuivi la prise

·conjointement après le traité, et ne l'ont poursuivie séparément que par la nuit qui les a surpris, et par l'inégalité de leur voiles, que l'un a perdu l'autre de vue.

. L'autre que la prise ayant esté faite par Thomas peu d'heures après que la nuit l'a séparé de Duchesne, il est toujours vray de dire qu'ils *estoient ensemble*, puisqu'ils étoient partis et avoient poursuivi dans un même esprit. Il n'estoit pas nécessaire que les deux fissent la prise conjointement, il suffisoit au terme du traité que l'un où l'autre la fist, pour estre commune aux deux. Si elle n'avoit pas esté faite ce jour là, ils auroient continué la chasse le lendemain. Ils sont censés avoir toujours esté ensemble, pendant qu'ils ne sont pas revenus à leur bord, ou qu'ils n'ont point quitté la poursuite de la prise pour faire d'autres courses séparées. La société est un traité de bonne foy qui ne souffre point les subterfuges et les déguisements dont il paroist que Thomas voudroit se servir pour fruster son associé de la part du profit.

Délibéré à Paris, le 23 may 1708

Arrault ».

« La révolution. ne changea rien dans les proportions des parts de prise qui revenaient à l'armement et aux équipages.

De l'examen des droits des intéressés dans l'attribution des prises, on peut conclure que ce partage, bien qu'assez compliqué, eut pu, presque toujours, se conclure à l'amiable. Il en était cependant autrement, et le

partage et l'attribution des prises devait se faire obligatoirement sous le contrôle de l'Etat — c'était la *Liquidation.*

La monarchie, devenue absolue, avait imposé la nécessité d'un partage officiel pour deux raisons. La première,
nous l'avons déjà fait ressortir, était une raison d'ordre
public incontestablement valable. La course, exercice
d'un droit exclusif de l'État, devait être réglée dans toutes
ses manifestations par celui même qui l'autorisait, et il
était de toute importance que le partage des prises fut
fait sous un contrôle d'une autorité indiscutable. La
seconde, beaucoup moins avouable, était d'ordre purement fiscal. Les officiers d'amirauté trouvaient, dans les
diverses opérations de la liquidation, l'occasion propice
de rentrer dans les déboursés de leur charge, par la
variété de frais multipliés jusqu'à l'abus.

On distinguait la *Liquidation particulière* et la *Liquidation générale.*

C'était un principe que les prises faites par un même
corsaire devaient être liquidées séparément et le plus tôt
possible, c'est-à-dire qu'on réglait à part ce qui revenait
aux intéressés, déduction faite des frais de toute nature.
C'est ce qu'on appelait liquidation particulière ou provi-
sionnelle.

On procédait ensuite au règlement définitif de toutes
les liquidations particulières, par un compte appelé liquidation générale, dans lequel étaient arrêtés les résultats
complets et définitifs de la Course.

La mise hors ? d'un corsaire ne donnait pas nécessairement lieu à une ou plusieurs liquidations particulières.
— ce qui arrivait lorsque le corsaire ne faisait pas de
prises — mais elle obligeait toujours à une liquidation
générale.

« Quinze jours après que la livraison des marchandises
vendues avait été achevée, l'armateur ou son commissionnaire était tenu de déposer au greffe de l'amirauté,
un compte du produit de la prise, sous peine de perte de
son droit de commission sur l'administration des prises,
s'élevant à 2 % sur les prises rentrées dans le port de
l'armement dont il avait eu l'administration particulière, et 1 % seulement pour celles conduites dans d'autres ports et administrées par des commissionnaires —
Déclaration du 24 juin 1778.

Il pouvait être accordé à l'armateur un second délai de
quinze jours, s'il n'avait pu réunir et présenter toutes les
pièces dans le délai voulu. — Ordonnance de 1681 et
Déclaration du 24 juin 1778.

Il devait être procédé à la liquidation particulière
dans le mois du dépôt du compte sans que l'arrêté de
ladite liquidation put être suspendu sous prétexte d'articles non encore en état d'être liquidés, lesquels devaient
être indiqués seulement pour mémoire, sauf à les comprendre ensuite dans la liquidation générale. — Déclaration du 24 juin 1778.

Un A. du C., du 4 mars 1781, renouvelle les dispositions de la Déclaration de 1778 et ordonne aux armateurs

« de déposer au greffe de l'amirauté du lieu de l'arme-
mement une expédition de chaque liquidation particulière
des prises qui auront été conduites dans d'autres ports
que celui de l'armement, aussitôt qu'elle leur sera parvenue, et au plus tard dans un mois de leur date ; de
déposer pareillement au même greffe, dans le mois après
la course finie ou que la perte du corsaire sera connue ou
présumée, le compte des dépenses de relâches et désarmement, à peine contre lesdits armateurs d'être privés
de droits de commission qui leur sont attribués par
l'art. 20 de la décision du 24 juin 1778.

Une lettre de M. de Castries, du 8 mars 1782, enjoint
aux amirautés de tenir la main à l'exécution au précédent
arrêt et aux articles 54 et 57 de la Déclaration du 24 juin
1778 sur les liquidations particulières.

Les formalités de la liquidation particulière commen-
çaient par le réquisitoire du procureur du roi aux officiers de l'amirauté d'avoir à y procéder. Il était ensuite
passé à l'examen du produit de la prise, sur lequel on
commençait par prélever les frais de déchargement et
de garde du vaisseau et des marchandises. Etaient compris sous cette rubrique, le loyer du magasin où les
marchandises avaient été déposées, les droits de quai et
cale du port où le navire avait été amarré... etc. On
déduisait ensuite les frais de justice suivant la taxe
dressée par le juge en présence du procureur du roi et des
intéressés, dit l'art. 31 de l'Ordonnance de 1681. t. des
Prises. En pratique, les intéréssés n'y assistaient pas,

du moins depuis la suppression du dixième de l'amiral, et l'officier chargé de la liquidation se contentait de communiquer à l'armateur ou à son commissionnaire d'état des frais avant de l'arrêter. Le total net de la prise étant déterminé, on ne procédait pas immédiatement au partage entre les intéressés qui était effectué seulement à la liquidation générale.

Lorsqu'il s'agissait de la liquidation particulière d'une prise amenée dans un port autre que celui de l'armement, on se contentait, depuis le règlement du 3 mai 1745, d'en faire une simple liquidation qui en fixait le produit, déduction faite des frais de justice et autres relatifs aux prises, sans en retirer le dixième, dont la fixation était renvoyée à la liquidation générale, qui devait être faite par l'amirauté du lieu où le corsaire avait été armé. Cette disposition devint sans objet par la suppression du droit de l'amiral.

Les liquidations, particulières ou générales étaient écrites sur des feuilles imprimées dont il suffisait de remplir les blancs.

Nous donnons la liquidation particulière de la prise Hop.

« Amirauté de Nantes   Année 1781.

Liquidation particulière de la prise nommée le Hop, faite le 7 juillet 1781, par la frégate corsaire Duchesse de Polignac, commandée par le sieur de Villeferon, armée par les sieurs Marion et Brillantais Marion.

Extrait des minutes du greffe de l'amirauté de Nantes.
Aujourd'hui, 8 du mois de janvier 1782, par devant
nous, Messire P. V. Roger conseiller du Roy, lieutenant général civil et criminel du siège royal de l'amirauté de Nantes, est comparu le procureur du roi de ce
siège, lequel nous a remontré que le corsaire *Duchesse
de Polignac* s'étant emparé d'un bâtiment auglais
nommée le *Hop*, il auroit conduit ladite prise dans le
port du Croisic, qu'après l'avoir fait décharger et remplir les formalités prescrites par la Déclaration du Roy
du 25 juin dernier, nous aurions procédé à la vente et
livraison, tant des marchandises et effets de la cargaison et du corps dudit navire, agrès et apparaux, dont le
recouvrement a été fait par les armateurs du corsaire
preneur, suivant le compte qu'ils ont déposé à notre
greffe, ainsi que l'état des frais et déboursés par eux
faits, avec les pièces justificatives à l'appui, et que tout
étant en règle, il convient de liquider le produit de ladite
prise ; en conséquence, il requiert qu'il nous plaise d'y
procéder et à signer.

Su quoi faisant droit, nous avons ordonné qu'il sera
par nous présentement procédé à la liquidation particulière de ladite prise *Hop*, en présence dudit procureur du Roi. A cet effet, nous étant fait représenter
l'état des frais et déboursés faits par lesdits armateurs
pour le déchargement et autres opérations, et, en ayant
examiné et vérifié tous les articles, ainsi que les pièces
justificatives, nous avons réglé et fixé lesdits frais à la

somme de 291 ll. 14 s, et arrêté ceux de justice à celle de
770 ll. 7 s. 10 d., conformément à la Déclaration du 24 juin
1778, et au tarif de 1770, ainsi qu'il est porté à l'état ci-
joint.

Après quoi, ayant pris lecture des procès-verbaux de
livraison par nous faits, ainsi que du compte déposé par
lesdits armateurs, vérifications faites et calculs faits de
tous les différents articles, nous avons trouvé que les
marchandises et effets de ladite prise ont produit la
somme de . . . . , 9.390. ll. 13 s.
et le navire celle de . . . . . 4.400. ll.
                                        ─────────────
                                        13.790. 13.

Sur laquelle, déduisant pour les
frais de déchargement et autres ci-
dessus réglés la somme de 291. ll. 14
et pour les frais de justice   770. ll. 7. 2

Le total se monte à . . . . 1068. ll. 9. 2.

Partant, la somme restante et
liquide est de . . . . 12.729 ll. 4 s. 10 d.

De laquelle somme il revient un tiers à l'équipage,
mais il ne sera point fixé quant à présent, non plus que
les six deniers pour livre dus sur icelui aux Invalides
de la Marine, de même que sur le bénéfice qui pourra
revenir aux intéressés et qui sera réglé à la fin de la
course dudit corsaire par la liquidation générale, lors
de laquelle lesdits armateurs compteront et rapporteront
ladite somme de 12729. ll. 4 s. 10 d., formant le produit net
de ladite prise.

Fait et arrêté la présente liquidation particulière, par nous, officiers susdits à Nantes, le jour et au ci-dessus.

Roger.   Holstein » (1).

La liquidation générale ne pouvait se faire, d'après l'Ordonnance de 1681, qu'au lieu où le corsaire avait armé, mais une lettre de l'amiral permit plus tard aux armateurs de rendre leurs comptes d'armement et de faire faire la liquidation générale au siège de l'amirauté du lieu de leur résidence, quoique leurs corsaires eussent été armés ailleurs.

La liquidation générale était une récapitulation et un résumé, lorsque le corsaire avait fait plusieurs prises, ou une répétition définitive de la liquidation particulière lorsqu'il n'avait fait qu'une seule prise.

L'armateur devait déposer au greffe de l'amirauté du lieu de l'armement ou de son domicile, une expédition de chaque liquidation particulière aussitôt qu'elle lui était parvenue, ou, au plus tard, dans le mois de sa réception. Lorsque le corsaire, rentrait, sa croisière ter-minée, sans avoir fait de prise, l'armateur n'avait à remettre à l'amirauté que les comptes d'armement et de désarmement.

En possession de toutes les pièces nécessaires pour établir la liquidation générale, les officiers d'amirauté devaient y procéder dans le délai d'un mois après leur

(1) Archives du département de Loire-Inférieure, B, amirauté, prises, 1781.

réception, sous peine de privation de toutes leurs vacations à cette liquidation, sauf à laisser pour mémoire les articles qui pouvaient donner lieu à un trop long retard, et qui devaient être réglés dans la suite par un supplément sommaire à la liquidation générale.

Nous donnons ci-après la copie d'une feuille en blanc de liquidation générale.

« Amirauté de . . . .
Feuille de liquidation générale et définitive de la première et seule course du corsaire, le . . . .
capitaine. . . . . . . Armateurs, les sieurs . . . .
commencée le . . . .
finie le . . . .
ledit corsaire ayant désarmé.

Extrait des minutes du greffe de l'amirauté de . . . .
aujourd'hui . . . .
jour du mois de . . . .
étant dans la chambre du conseil, par devant nous lieutenant général de l'amirauté de . . . .
est comparu le procureur du Roi de ce siège qui nous a représenté que la course du corsaire. . . . . étant finie, les comptes d'armement, relâches et désarmement, celui de la vente dudit corsaire, agrès et apparaux et munitions en dépendant, avec leurs pièces justificatives, étant déposés à notre greffe, ainsi que le réglement des parts des officiers-majors, officiers-mariniers, officiers volontaires, matelots et autres gens de l'équipage, qu'enfin les liquidations particulières des prises dont il s'est emparé ayant été par nous faites, il convient de faire la liquidation générale du produit de ladite course. En conséquence, il requiert, conformément à la Déclaration du 24 juin 1778, qu'il nous plaise y procéder et a signé.

Sur quoi, faisant droit sur le réquisitoire du procureur du roi, nous avons ordonné qu'il sera par nous présentement procédé en sa présence, à la liquidation générale et définitive des prises faites par ledit corsaire, le . . . . pendant la durée de sa course, et à cet effet, après avoir examiné, arrêté et vérifié sur les pièces justificatives, lesdits comptes d'armement, celui de la vente dudit corsaire, agrès et munitions, les liquidations particulières par nous faites et le réglement des parts, le tout déposés à notre greffe, nous avons formé le produit de ladite course ainsi que suit.

Premièrement, de la somme de . . . . pour le montant de la prise le. . . . . Suivant la liquidation particulière du . . . . . . ci. . . . . Celle de. . . . . . . pour le montant net des rançons des deux prises nommées. . . . . . . suivant. . . . . autres liquidations dudit jour du présent mois ci . . . . _____

De l'autre part,. . . . . lesquelles sommes revenant à celle de . . . . . formant le produit total de la course, ci. . . . . . .

De laquelle somme, il doit être déduit pour les dépenses communes entre les intéressés et l'équipage, la somme de . . . . accordée en gratifications aux blessés et aux veuves des officiers ou des gens de mer qui ont été tués dans les différents combats que ledit corsaire a essuyés, conformément à l'art. XXXV de la Déclaration du 24 juin 1778 . . . . ci . . . . Celle de . . . . promise au capitaine dudit corsaire pour lui tenir lieu de dédommagement du coffre du capitaine pris, en exécu-

'tion de l'art. XXIX de la susdite déclaration, ci . . .

·Celle de.   .   .   .   .

-à quoi nous avons réglé nos honoraires, ceux du procureur du roi et du greffier aux opérations de la présente
.liquidation, conformément au tarif de 1770 ci. . . .

Plus celle de.   .   .   .   .

.pour les huit sous par livre dus au roi sur les honoraires
·et expéditions du greffier ci. . . . .

.Et finalement, pour l'impression de la présente liquida-
.tion, la somme de.   .   .   .   .

.   .   .   .

.Formant ensemble les dits articles la somme de. .   .   .

.Partant, reste à repartir la somme de. . . .   _____

Dont le tiers revenant à l'équipage, est de. . ci   _ _ ___

·et les deux tiers revenant aux intéressés de. . .   _____

somme pareille   _____

:sur ladite somme de . . . .

.formant le tiers de l'équipage, il convient de

·déduire pour les avances qu'il a reçues, la somme de

Plus la somme de . . . .

.pour les frais de.   .   .   .   .   ·   ·   .   .   .   ._____.

.Formant ensemble, lesdits deux articles, la somme

·de   .   .   .   .   _____

Ci contre.   .   .   .   .

.Reste pour le tiers de l'équipage, la somme de. .

.Sur laquelle il convient de déduire encore les six
deniers pour livre, attribués aux Invalides de la
Marine, montant à la somme de. . . . . .

·qui sora payée par les armateurs ci. . . . .   _____

Partant reste net et liquide audit équipage, pour
:son tiers, la somme de . . . .   _____

_Au payement de laquelle dite somme de. . . · . ·

Nous avons condamné les armateurs, même par corps, pour être répartie entre ledit équipage, suivant le règlement des parts arrêté le. . . . .
conformément à la Déclaration du 24 juin 1773.

Nous avons procédé également à la fixation de ce qui qui revient aux intéressés à l'armement dudit corsaire le. . . . .
dont les deux tiers dans le produit net des prises et rançons ci-dessus, montant à la somme de . . . . ..

A laquelle il convient d'ajouter celle de . ·. . .
pour le montant de la vente dudit corsaire agrès et munitions, suivant un compte particulier. ci. . . . _____

Partant, il revient ent out aux armateurs la somme de.
sur laquelle somme de . . . .

Il convient de déduire celle de . . . .
pour les frais d'armement et mise hors dudit corsaire, distraction faite de. . . . .
pour les avances dont il leur a été fait raison sur le tiers de l'équipage ci . . . .
Plus, celle de . . . .
pour. . . . .
ci . . . .
Revenant lesdits articles à la somme de. . . . . _____

. . . .
Partant, restant net de bénéfice, celle de. . . . .
sur laquelle somme et bénéfice, doivent être prélevés et payés, par lesdits armateurs les six deniers pour livres aux dits Invalides de la Marine, conformément à la susdite déclaration du 24 juin 1778 montant à. . . . _____

. . . .
De l'autre part. . . . .
Partant, il reste définitivement et liquidé de tous frais, et en bénéfice à partager entre les intéressés la somme de
. . . . _____

En proportion et relativement à leur intérêt ou action,
ci.   .   .   .   . ._____
Fait et arrêté la présente liquidation générale et définitive, par nous officiers de l'amirauté susdite à   .   .   .
les jours. mois et ans susdits » (1).

Les contestations au sujet des liquidations étaient de
la compétence naturelle de l'amirauté qui les arrêtait..
Elles étaient jugées par les amirautés en première instance et en appel, par le conseil des Prises, mais
indirectement. Il était admis, en effet, que le Conseil
des Prises, ne jugeait jamais qu'en première instance..
On présentait donc un pourvoi devant le Conseil du
Roi, qui rendait, sans examen de l'affaire au fond, un
arrêt d'évocation, renvoyant les parties au Conseil des
Prises, pour leur être fait droit comme en première
instance.

Le lourd tribut prélevé sur la Course par le contrôle
obligatoire des amirautés, et les retards de toute nature
apportés au réglement des affaires par les lenteurs de
leurs procédures avaient excité de tout temps les plaintes
des intéressés, qui réclamaient des réformes. Dans
un mémoire déjà cité, des juges consuls de Nantes, 1748
on demande « de délivrer la course des formalités de
justice du tribunal de l'amirauté, dont les longues procédures, le retardement des liquidations des prises, que
souvent l'armateur n'a pas à la fin de l'année, retardent
la rentrée des fonds pour les intéressés et encore plus

(1) Archives de la Chambre de commerce de Nantes. Corsaires
1989.

le paiement dû aux équipages, ce qui dégoûte et met
même hors d'état les premiers d'entrer dans de nouvelles
entreprises, et les matelots de s'embarquer.

Il pourrait être nommé de la part de l'état-major du corsaire un sindic qui géreroit de concert avec l'armateur les
prises et conserveroit les droits de l'équipage ; cependant,
s'il ne paroissait pas possible à votre grandeur que les
droits des présens et absens pussent être surement con-
servés sans les procédures ordinaires des amirautés,
nous croyons qu'en ce cas, il seroit nécessaire de
prendre des mesures pour les accélérer. Le moïen le
plus simple seroit de fixer leurs honoraires à demi pour
cent sur le montant de la vente des prises au-dessous
de 50.000 livres, et un quart pour cent sur le montant
de celles au dessus.

Au-dessus, leurs honoraires connus les engageroient
à accélérer toutes les opérations nécessaires jusqu'à la
parfaite liquidation de la prise, et les empêcheroit de
multiplier des journées et des vacations inutiles qui
tirent tout en longueur, et sont, surtout en la saison
de l'hiver, souvent funestes à une prise dont les marchandises ne sauroient être trop tôt en magasin, soit pour
prévenir les accidens, soit pour en diminuer le pillage
de la part des équipages, alors, sitôt la déclaration faite
à l'amirauté, les officiers seroient obligés de se transporter à leurs frais sur les lieux pour y décharger la
prise, en faire l'inventaire, et suivre sommairement
toutes les opérations nécessaires jusqu'à la liquidation

qu'ils seroient obligés de délivrer à l'armateur un mois au plus tard après la livraison faite aux acheteurs, à peine d'être privés de la moitié de leurs honoraires. Et, dans le cas où ces officiers ne voudroient pas se transporter, qu'il fut permis à l'armateur, après sommation faite au greffe, de requérir le premier juge royal pour leur suppléer, avec les mêmes honoraires, et dont la liquidation seroit également valide.

· Jusqu'à présent nous avons toujours regardé cette partie comme le plus grand obtacle à la course » (1).

Un autre mémoire, « sur les armemens en course » du 10 Février 1756, dont nous avons donné précédemment des extraits, s'exprime en termes plus énergiques encore.

« Les frais immenses qui se font en quelques sièges d'amirauté et les longueurs que l'on essuie pour la liquidation des prises rebutent également les armateurs et les équipages.

L'expérience du passé sembleroit devoir faire désirer.

· 1° Que les fonctions des officiers de l'amirauté se bornassent à juger la légitimité des prises.

2° Que l'on abrégeat et que l'on fixat les délais dans lesquels ils devraient vaquer aux opérations que cette décision exige.

(1) Archives de la Chambre de commerce de Nantes. Corsaires 1896.

3° Que ces délais passés, il fut permis d'appeler tout
autre juge.

. 4° Que l'on taxat enfin et modérat leurs vacations, de
façon qu'ils ne fussent plus intéressés à les multiplier
sans nécessité.

A ce moyen, on ne voirait plus l'avidité de quelques-
particuliers oisifs faire, en quelque sorte, une diversion
en faveur de l'ennemi, en voulant partager ses
dépouilles avec ceux qui les ont achetées par leurs dépenses, leurs travaux et leur sang.

Les liquidations ne sauroient être trop accélérées. La
connaissance des prises pourroit être utilement attribuée
aux juges et consuls : Ils y vaqueroient sans frais, leur
juridiction étant gratuite. La connaissance parfaite qu'ils
ont de ses matières, l'habitude où ils sont d'expédier
promptement les affaires, la confiance que donneroit aux
armateurs et aux équipages les relations perpétuelles
qu'ils ont avec eux, l'esprit de conciliation qu'ils portent
partout garantissent les plus grands succès.

Si cet arrangement rencontroit trop d'obstacles, on
pourrait prendre un milieu. Ce seroit de laisser aux
amirautés la connoissance des prises, et de renvoyer
tout ce qui regarde la liquidation, les partages et tout
ce qui suit, après le jugement sur la prise, par devant
des arbitres négocians et marins choisis par les armateurs et les équipages, sinon nommés d'office, avec
défense d'emploïer le ministère des procureurs. On
s'épargneroit par la des longueurs désespérantes, et le

produit des prises ne seroit plus absorbé par les frais
d'amirauté, comme cela est arrivé plus d'une fois ». (1)

Tant que dura l'ancien régime, ces réformes si nécessaires n'avaient aucune chance d'être exécutées. Il était
réservé à la Révolution, de couper court, en abolissant
les offices d'amirauté, aux abus qui s'y étaient glissés
peu a peu.

Les frais, dits de justice, furent restreints dans une
appréciable mesure, mais, d'autre part, il n'y eut, pendant la période révolutionnaire, que des changements
peu importants à la manière de procéder à la liquidation
et au partage des prises faites par les corsaires. C'est
que la procédure usitée sous l'ancien régime avait pour
elle la sanction d'une longue pratique, et reposait sur
des principes dont la justesse évidente avait triomphé
des attaques dirigées contre l'ancien état de choses.

Il n'y avait donc eu que des modifications de détail,
dont la principale était le changement des autorités
chargées d'effectuer les liquidations et de veiller à
l'exacte répartition des prises. La grande ordonnance de
1681, restait toujours en vigueur, ainsi que les Instructions et Réglements rendus postérieurement pour la
compléter. L'important arrêté du 2 Prairial an XI, que
nous n'avons pas à analyser — n'étant pas compris dans
la période que nous étudions — ne fit guère que réunir
et codifier, en les adaptant au nouvel état de choses ces

(1) Archives de la Chambre de commerce de Nantes. Corsaires,
689.

précédentes manifestations de la puissance publique aux xviie et xviiie siècles.

Les liquidations particulières et générales, opérées comme avant la Révolution, furent exécutées par les juges de paix, jusqu'à l'arrêté du 6 germinal an VIII, qui en confia le réglement aux tribunaux de commerce.

La retenue des Invalides fut fixée à un sou par livre par la loi du 13 mars 1791, et confirmée par une autre loi du 9 messidor an III. Elle était prélevée non seulement sur le produit net des prises mais encore sur les diverses commissions allouées à l'armateur, et sur les gratifications supplémentaires accordées aux capitaines et aux équipages des corsaires. Il n'était fait exception que pour les gratifications accordées aux marins infirmes et blessés.

L'armateur, débarrassé de l'ennui du versement direct des parts de prise aux matelots, remettait ces sommes aux fonctionnaires de l'Inscription maritime, chargés de les distribuer aux intéressés. Ces versements portaient le nom de *remise du commerce*, par opposition aux sommes versées par le gouvernement pour les équipages, et désigner sous le titre de *remise de l'Etat*.

Les contestations au sujet des liquidations furent jugées, tantôt par les tribunaux de commerce, tantôt par le ministre de la Marine.

Les liquidations de prises, si elles étaient devenues moins onéreuses, n'étaient pas, en général, arrêtées plus rapidement qu'au temps des amirautés. C'est ainsi qu'un jugement du tribunal de commerce de Nantes, rendu le 18 septembre 1819 liquidait la prise *union*, faite en l'an VI, par la *Caroline*, armateur, P. Cossin. (1)

Citons, en terminant, l'affaire suivante, survenue au sujet d'une question de compensation, contestation dont nous n'avons pas trouvé d'autre exemple.

L'armateur F. Cossin avait mis à la disposition de l'Etat quatre de ses bâtiments, — *Eugénie*, *Musette*, *Adèle*, *Dépit des Envieux*, le 29 messidor an III, et 27 ventôse an IV, pour y introduire des farines dans la place de Belle-Ile, bloquée par les Anglais et menacée de famine.

L'Etat lui devait, de ce chef 202,045 fr. 08 c., qu'il ne pouvait obtenir. Lui-même devait à la Caisse des Invalides et à celle des gens de mer une somme un peu supérieure, pour la liquidations de prises.

Poursuivi par les administrations des ports de Nantes, pour être contraint de verser à la Caisse des Invalides les droits dont il était débiteur, M. Cossin avait adressé des réclamations au ministre, et sollicité une compensation que les règlements relatifs au service des Invalides de la Marine, et le mode de liquidation des créances arriérées du Trésor public ne permettaient pas, disait-on, de lui accorder.

Il s'adressa alors au général Brune, qui, le 7 ventôse,

_____

(1) Archives de la Marine, à Nantes. Prises, 1819.

an VIII, à Vannes, et, en exécution d'un ordre du premier consul du 25 pluviose précédent, prit un arrêté portant compensation des sommes dues par le trésor public à M. Cossin, avec partie de celles que celui-ci devait aux Invalides.

Cet arrêté fixait à 204.605 ll. 8 s., tournois ou 202.045 fr. 08, les sommes dues à M. Cossin, et enjoignait au trésorier des Invalides du port de Nantes de donner quittance de cette somme pour laquelle il ne lui devait être fait aucun versement. M. Cossin versa 200.000 fr. au général Brune pour l'armée de l'ouest qui en avait besoin, et les quittances de ces versements devaient être reçues comme comptant par la Caisse des Invalides, M. Cossin donnant en même temps décharge des sommes à lui dues par le trésor.

L'arrêté du général Brune fut considéré par le ministère des finances comme contraire à la loi du 24 frimaire, an VI, qui n'admettait aucune compensation, et le ministre de la marine et des colonies ordonna, le 9 germinal suivant, au commissaire principal de Nantes de faire toutes les dispositions nécessaires, pour faciliter dans la Caisse des Invalides de la marine, le versement des 200,000 fr. que l'arrêté du général Brune destinait à l'armée. Cet ordre du ministre reçut son exécution, et les 200.000 fr. furent versés à la Caisse des Invalides. Le même ministre demandait en même temps au Conseil d'Etat l'annulation de l'arrêté du général Brune et de tout ce qui s'en était suivi.

Il en résulta une série de procès, qui ne se terminèrent qu'en 1819. (1)

Nous arrivons au terme de notre étude. Elle n'aura pas été inutile, si elle contribue à montrer et à faire ressortir sous son véritable jour la course, si souvent discutée, si peu connue.

Vu : LE PRÉSIDENT DE LA THÈSE,

PAUL LESEUR.

Vu : LE DOYEN,

GLASSON.

Vu et permis d'imprimer,

LE VICE RECTEUR DE L'ACADÉMIE DE PARIS,

GRÉARD.

(1) Archives de la Marine à Nantes.

TABLE

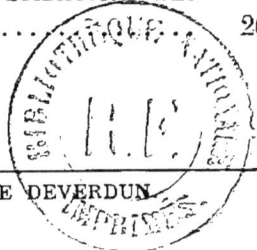

BUZANÇAIS (INDRE), IMPRIMERIE DEVERDUN

BUZANÇAIS (INDRE), IMPRIMERIE DEVERDUN.

www.ingramcontent.com/pod-product-compliance
Lightning Source LLC
Chambersburg PA
CBHW060354200326
41518CB00009B/1147